そこが危ない！

消費増税をめぐる契約実務 Q&A

弁護士法人北浜法律事務所
弁護士・税理士　米倉 裕樹

- セールストークと消費者契約法
- 営業担当者による税制の解説
- 経過措置
- ファイナンス・リース契約
- 工事における前払金と中間前払金
- 契約締結日のバックデイト
- 委託販売
- 下請法・独占禁止法上の留意点

清文社

はじめに

　平成24年の消費税法改正は、単なる税率の引上げに留まらず、取引上の契約実務にも大きな影響を及ぼします。

　例えば、消費増税前に節税対策を売りにしたセールストークを行うに当たり、改正消費税法に関する不正確な説明がなされていることも市中では散見されるところです。一見すると、税法の専門家ではない営業担当者に、複雑な税制改正に関する正確な説明を求めるのは酷なように思えるため、営業担当者や企業には何ら法的責任は生じないようにも考えられます。しかし、弁護士はもちろん、常日頃から企業のよろず相談役も兼ねている税理士の立場から、このような事態を漫然と見過ごしてしまうようなことが正しい姿勢とは言えません。

　結論を言えば、税法の専門家でない営業担当者にも、場合によっては正確な税法の知識、節税対策を顧客に提供しなければならない法的義務が認められます。それを怠ると、企業が損害賠償責任を負わなければならない事態にもなりかねません。そのような点を意識しているかどうか、意識していてもどのような点に気をつけなければならないかを把握しているかどうかで、トラブルを事前に回避できるかが決まります。

　消費増税を目前にして、契約実務上、法的トラブルに発展する事項はこれに留まりません。他にも、改正消費税法に関する経過措置の適用を受けることができるかどうか事前に専門家に確認し、正しいものと確信した上で顧客に説明した場合であっても、結果的に専門家の判断が間違っていたために、営業担当者による説明内容が客観的事実に合致していなければ、「重要事項の不実告知」として、契約が取り消されることもありえます。

　これらは税法と税法以外の民事法が交錯するテーマであるため、いずれ

かの知識に偏りがちな税理士、弁護士、あるいは企業の担当者にとっては、思わぬ落とし穴になりかねません。このような消費税法改正に伴う落とし穴がどういったところに潜んでいるのか、それを避けるためにはどのような点に留意すればいいのか、といった事項を、本書はわかりやすく解説しました。改正消費税法、経過措置の概要の解説から始まり、実務家が気になる論点、疑問点をQ&A方式で解説しています。

また、税制改正に伴う税理士の依頼者に対する責任と対応策、課税庁との関係、下請法・優越的地位の濫用に関する留意点、消費増税にまつわる国際取引での留意点等もテーマに加え、消費税法改正にまつわる論点を網羅的にカバーしています。契約書の雛形等も、随時紹介しておりますので、契約実務の現場で役立つ参考資料となれば幸いです。

本書の執筆に当たり、税理士法人山田＆パートナーズの藤原先生に貴重なご助言をいただきました。また、本書の企画段階からお世話になった清文社編集部の宮崎氏には心から感謝申し上げます。

平成25年5月

弁護士法人北浜法律事務所
弁護士・税理士　米倉　裕樹

目次 CONTENTS

第1章 改正消費税法の概要

❶ はじめに ——— 3

❷ 改正消費税法 ——— 4

1 消費税率の引上げ　4
2 特定新規設立法人の納税義務の免除に関する特例　5
　改正の経緯／特定新規設立法人に対する事業者免税点制度の不適用／解散法人がある場合の事業者免税点制度の不適用／調整対象固定資産の仕入れがある場合／適用時期
3 税額計算における端数処理の特例の検討・見直し　18
　過去の経緯／今後予想される改正
4 任意の中間申告制度　20

❸ 関連する諸政策の創設・改正等 ——— 21

1 住宅取得等に関する税制上の措置　21

一般住宅の取得等、一般の増改築等／認定住宅の取得等／省エネ改修工事／バリアフリー改修工事／耐震改修工事
2 複数税率の導入の検討　34
3 簡素な給付措置　35
4 簡易課税制度の見直し　35
5 個別間接税等の検討・見直し　36

第2章　経過措置の概要

Ⅰ　はじめに ———— 41

Ⅱ　指定日の前日までに契約を締結することにより適用されるもの ———— 43

1 工事等の請負契約に基づく課税資産の譲渡（改正法附則5③・16、改正施行令附則4⑤）　43

適用を受けるための要件／効果／適用対象となる契約の範囲／工事に関する対価の額の変更があった場合／通知義務

2 貸付契約に基づく資産の貸付け（改正法附則5④・16、改正施行令附則4⑥）　50

適用を受けるための要件／効果／適用対象となる契約の範囲／対価の額の変更／通知義務

3 指定役務の提供契約に基づく役務の提供（改正法附則5⑤・16、改正施行令附則4⑦）　54

適用を受けるための要件／効果／適用対象となる契約の範囲／対価の額の変更

4 予約販売に係る書籍等の譲渡（改正施行令附則5①）　57

適用を受けるための要件／効果／適用対象となる契約の範囲

　5　通信販売による商品の販売（改正施行令附則5③）　　60

　　適用を受けるための要件／効果／適用対象となる契約の範囲

　6　有料老人ホームに係る終身入居契約に基づく役務の提供（改正施行令附則5④）　　63

　　適用を受けるための要件／効果／適用対象となる契約の範囲／対価の額の変更

Ⅲ　施行日（一部施行日）にまたがる契約につき適用されるもの ——— 67

　1　旅客運賃等を対価とする課税資産の譲渡等（改正法附則5①・16、改正施行令附則4①）　　67

　　適用を受けるための要件／効果／適用対象となる料金（対価）の範囲

　2　電気、ガス等の供給等による課税資産の譲渡等（改正法附則5②・16、改正施行令附則4②〜④）　　70

　　適用を受けるための要件／効果／適用対象となる料金の範囲

　3　特定新聞等の譲渡（改正施行令附則5②）　　74

　　適用を受けるための要件／効果／適用対象となる契約の範囲

Ⅳ　消費税の計算において留意すべきもの ——— 77

　1　施行日（一部施行日）前の売上げにつき対価の返還等をした場合の課税売上高の計算（改正法附則3・16）　　77

　　適用を受けるための要件／効果／適用対象となる対価の返還等

　2　長期割賦販売等の特例（改正法附則6・16、改正施行令附則6・8）　　79

　　適用を受けるための要件／効果／適用対象となる契約の範囲

　3　工事進行基準の特例（改正法附則7・16、改正施行令附則9）　　83

適用を受けるための要件／効果／通知義務

4 小規模事業者に係る資産の譲渡等の時期の特例（改正法附則8・16）　86

適用を受けるための要件／効果／適用を受ける事業者

5 仕入れに係る対価の返還等を受けた場合の仕入税額控除の特例（改正法附則9・16）　89

適用を受けるための要件／効果／適用対象となる対価の返還等

6 納税義務の免除を受けないこととなった場合等の棚卸資産に係る税額調整（改正法附則10・16）　91

前期が免税事業者であった場合の経過措置の要件／前期が免税事業者であった場合の経過措置の効果／翌期が免税事業者となる場合の経過措置の要件／翌期が免税事業者となる場合の経過措置の効果

7 売上げに係る対価の返還等をした場合の税額控除（改正法附則11・16）　95

適用を受けるための要件／効果／適用対象となる対価の返還等

8 貸倒れに係る税額控除等（改正法附則12・16）　98

適用を受けるための要件／効果／貸倒れの原因となる事実の範囲

9 国、地方公共団体、公益法人等に対する特例（改正法附則14・16、改正施行令附則13）　101

適用を受けるための要件／効果／適用対象となる主体の範囲

第3章 消費増税にまつわる契約実務対策・留意点

❶ 消費税課税の原則 ─────────── 105

課税時期の原則に関する Q&A ……………………107

- Q1 棚卸資産の引渡基準の変更　107
- Q2 課税仕入れの時期・税率、現金主義　109
- Q3 短期前払費用　112
- Q4 委託販売　115
- Q5 加盟金・ロイヤリティ　117
- Q6 工事の請負・前払金　119
- Q7 人的役務の提供　126
- Q8 割賦販売、ファイナンス・リース取引　130
- Q9 契約上の引渡時期に遅れた場合の増税分の負担　135

❷ 経過措置適用に当たっての留意点 ─────── 142

- 1 工事等の請負契約　143
- 2 資産の貸付契約　144
- 3 契約書の修正　146
- 4 通知義務　147

経過措置をめぐる問題点に関する Q&A ……………149

- Q10 対価の額の変更　149
- Q11 契約締結日をバックデイトさせる行為の有効性　154
- Q12 マンション等の売買契約締結後に契約内容を変更する場合　157
- Q13 停止条件付き契約の場合　160

Q14　対価は別途協議するとした場合　162
　　Q15　契約の性質上、対価が契約時には定まらない場合　166
　　Q16　変更工事等が生じる場合　167
　　Q17　多額の請負代金を設定した上で減額する
　　　　　方法の妥当性　172

Ⅲ 契約締結に至るまでの留意点・対応策 ──── 174

　　1　消費者契約法　174
　　　　誤認させられた場合の取消権／不当な契約条項の無効
　　2　動機の錯誤　178
　　3　契約締結上の過失　179
　　4　景品表示法　180

契約締結に当たり留意すべき事項に関するQ&A …………183
　　Q18　消費者契約法の適用対象となり得るセールストーク　183
　　Q19　税法に関する正しい情報を説明・提供すべき義務　189
　　Q20　税額表示（内税・外税）　191
　　Q21　リスク回避のための注意点　195
　　Q22　税負担に関する動機の錯誤　203
　　Q23　裁判を見据えた記録の作成・証拠等の残し方　208

Ⅳ 課税庁との関係 ──────────────── 212

課税庁との関係で留意すべき事項に関するQ&A …………213
　　Q24　取消し・解除・無効主張・合意解除が
　　　　　なされた場合の課税関係　213
　　Q25　示談金への課税　216
　　Q26　税務職員による誤指導　219

Ⅴ 税制改正に関する税理士の依頼者に対する責任と対応策 ─── 223

税理士の職務責任に関する Q&A ……………………………225

- Q27 節税案・否認されるリスクのある節税案を提案した税理士の責任　225
- Q28 税理士の情報収集義務　229
- Q29 免責約款がある場合の情報収集義務　231
- Q30 税務職員の誤った説明に従い申告した場合　234

Ⅵ 下請法・優越的地位の濫用に関連する留意点 ─── 236

1 消費税率引上げに伴う下請法・独占禁止法違反行為　236
2 下請法　237
3 優越的地位の濫用　240
4 特殊指定　243
5 消費税の円滑かつ適正な転嫁・価格表示に関する対策の基本的な方針　243

下請法・独占禁止法上の留意点に関する Q&A ………………246

- Q31 消費増税に伴う下請法違反事例　246
- Q32 消費増税に伴う優越的地位の濫用・その他独占禁止法上の問題　250

消費増税にまつわる国際取引での留意点

工事等の請負契約に基づく課税資産の譲渡に関するQ&A ···· 260
 Q33 建物等の請負契約等　260
 Q34 外国法人からの設計依頼　266
 Q35 ソフトウェアの開発業務　268
 Q36 外国法人との製作物供給に係る契約　271

貸付契約に基づく資産の貸付けに関するQ&A ················· 273
 Q37 外国法人との資産の賃貸借契約　273

通信販売による商品の販売に関するQ&A ······················ 276
 Q38 インターネットによる国内外からの注文　276

旅客運賃等を対価とする課税資産の譲渡等に関するQ&A ···· 279
 Q39 国際旅客輸送　279

税金条項（タックスクローズ）に関するQ&A ···················· 282
 Q40 税金条項　282

【凡　例】

■法令等の略記

改正法	社会保障の安定財源の確保等を図る税制の抜本的な改革を行うための消費税法の一部を改正する等の法律
改正施行令	消費税法施行令の一部を改正する政令（平成25年3月13日公布・政令第56号）
消法	消費税法（平成26年4月1日以降施行される部分を含む）
消令	消費税法施行令（平成26年4月1日以降施行される部分を含む）
消基通	消費税法基本通達
民	民法
所法	所得税法
所令	所得税法施行令
所基通	所得税基本通達
法法	法人税法
法令	法人税法施行令
法基通	法人税基本通達
通則法	国税通則法
特商法（特定商取引法）	特定商取引に関する法律
独占禁止法	私的独占の禁止及び公正取引の確保に関する法律
下請法	下請代金支払遅延等防止法
外為法	外国為替及び外国貿易法
関法	関税法
景品表示法	不当景品類及び不当表示防止法
リース会計基準	リース取引に関する会計基準
施行日	平成26年4月1日
一部施行日	平成27年10月1日
指定日	平成25年10月1日
27年指定日	平成27年4月1日

■条数等の略記

消法9①一	消費税法第9条第1項第1号
消基通9-1-5	消費税法基本通達9-1-5

※1　法令、通達、判決文等の引用については、解説の都合上省略している場合があります。
※2　本書の内容は、平成25年6月1日現在の情報によっています。

第1章

改正消費税法の概要

はじめに

　平成25年度税制改正大綱により、消費税法に係る改正、及び関連する諸政策の創設・改正等の概要が明らかにされ、以後、関連法令等が公布されつつあります。

　消費税法に係る改正としては、消費税率の引上げ、特定新規設立法人の納税義務の免除に関する特例、税額計算における端数処理の特例の検討・見直し、任意の中間申告制度の創設が、関連する諸政策の創設・改正等としては、住宅取得等に関する税制上の措置、複数税率の導入の検討、簡素な給付措置、簡易課税制度の見直し、個別間接税等の検討・見直しが挙げられます。

　本章では、これら改正消費税法、及び関連する諸政策の創設・改正等について解説します。

改正消費税法

1 消費税率の引上げ

　社会保障の安定財源の確保等を図る税制の抜本的な改革を行うための消費税法の一部を改正する等の法律（改正法）と、社会保障の安定財源の確保等を図る税制の抜本的な改革を行うための地方税法及び地方交付税法の一部を改正する法律（地方税法等改正法）が平成24年8月22日に公布され、「経済状況等を総合的に勘案した上で、その施行の停止を含め所要の措置を講ずる」（改正法附則18③、地方税法等改正法附則19③）との条件付きではあるものの、平成26年4月1日に消費税率が8％（国6.3％、地方1.7％）に、平成27年10月1日に消費税率が10％（国7.8％、地方2.2％）にそれぞれ引き上げられることとなりました。

税率引上げ時期	税　率
平成26年4月1日 （施行日）	8％ （消費税6.3％　地方消費税1.7％）
平成27年10月1日 （一部施行日）	10％ （消費税7.8％　地方消費税2.2％）

　消費税率の引上げに伴い、施行日（または一部施行日）以降に国内において事業者が行う資産の譲渡等、課税仕入れ等に係る消費税については、それぞれ引上げ後の新税率が適用されます。

ただし、消費税率の引上げに伴い、特定の資産の譲渡等については、いわゆる経過措置として、一定の要件を満たすことを前提に、当該資産の譲渡等が施行日（または一部施行日）以降に行われるものであっても、旧税率（5％または8％）が適用されることとなります（なお、経過措置については、第2章で解説します）。

2 特定新規設立法人の納税義務の免除に関する特例

① 改正の経緯

　事業者免税点制度の適用の有無は、課税期間の開始日までに確定している基準期間（前々事業年度）の課税売上高により判定されるところ※、新たに設立された資本金1,000万円未満の法人については、基準期間が存在しないため、設立から2年間は免税事業者となります。

　しかしながら、この制度を利用している新設法人の中には、設立当初から相当の売上高を有する法人や、設立後2年間免税の適用を受け、設立3期目以降に解散等する法人が見受けられるとの問題点が指摘されていました。

　そこで、一定規模以上の課税売上高を有する事業者が直接または間接に支配する法人を新たに設立した場合等には、事業者免税点制度の適用を認めないとする改正が行われました（改正法2、平成26年4月1日より施行される消費税法（消法）12の3、平成26年4月1日より施行される消費税法施行令（消令）25の2～25の4）。

※　平成23年度税制改正により、新たに設立された法人の設立1期目の上半期（原則6か月間。これを特定期間という）の課税売上高が1,000万円を超える場合には、原則として設立2期目には課税事業者となります。平成25年1月1日以後に開始する事業年度から適用されます。

② 特定新規設立法人に対する事業者免税点制度の不適用

　平成26年4月1日以後に設立される法人（新規設立法人）が、基準期間がない事業年度開始の日において、①他の者に支配されており、他の者及び②特殊関係法人のいずれかの者の③基準期間相当期間における④課税売上高が5億円を超える場合には、新規設立法人の納税義務が免除されません（消法12の3①）。

　①「他の者に支配」されているとは、8頁以降の図表（図表1−1）中のいずれかの類型に該当する場合をいいます(消法12の3①、消令25の2)。

　なお、図表中の「親族等」、「50％超」、「100％」とは、それぞれ以下の場合を意味します。

　ⅰ　「親族等」（消令25の2②）
　　　ア　「他の者」の親族、内縁の夫（妻）、使用人
　　　イ　ア以外の者で「他の者」から受ける金銭その他の資産によって生計を維持している者
　　　ウ　内縁の夫（妻）、使用人、イの者と生計を一にするこれらの者の親族
　ⅱ　「50％超」（消令25の2①）
　　　ア　新規設立法人の発行済株式または出資（自己株式等を除く）の総数または総額の100分の50を超える数または金額の株式または出資を有する場合※
　　　イ　新規設立法人の以下の議決権のいずれかにつき、その総数（当該議決権を行使することができない株主等が有する議決権の数を除く）の100分の50を超える数を有する場合
　　　　● 事業の全部もしくは重要な部分の譲渡、解散、継続、合併、分割、株式交換、株式移転または現物出資に関する決議に係る議決権
　　　　● 役員の選任及び解任に関する決議に係る議決権

- 役員の報酬、賞与その他の職務執行の対価として法人が供与する財産上の利益に関する事項についての決議に係る議決権
- 剰余金の配当または利益の配当に関する決議に係る議決権

ウ　新規設立法人が合名会社、合資会社、合同会社の場合には、それら社員の総数の半数を超える数を占める場合

※　「他の者」が単独で新規設立法人の発行済株式または出資（自己株式を除く）の総数または総額の100分の50を超える数または金額の株式または出資を有する場合（消令25の2①一）には、このアの要件のみを検討することとなります（消令25の2①三・四）。

iii 「100％」（消令25の2③・25の3③）

ア　他の法人の発行済株式または出資（自己株式等を除く）の全部を有する場合

イ　他の法人の以下の議決権のいずれかにつき、その総数（当該議決権を行使することができない株主等が有する議決権の数を除く）の全部を有する場合

- 事業の全部もしくは重要な部分の譲渡、解散、継続、合併、分割、株式交換、株式移転または現物出資に関する決議に係る議決権
- 役員の選任及び解任に関する決議に係る議決権
- 役員の報酬、賞与その他の職務執行の対価として法人が供与する財産上の利益に関する事項についての決議に係る議決権
- 剰余金の配当または利益の配当に関する決議に係る議決権

ウ　他の法人が合名会社、合資会社、合同会社の場合には、それら社員の全部を占める場合

図表1-1　他の者に支配されている場合の類型（消令25の2①）

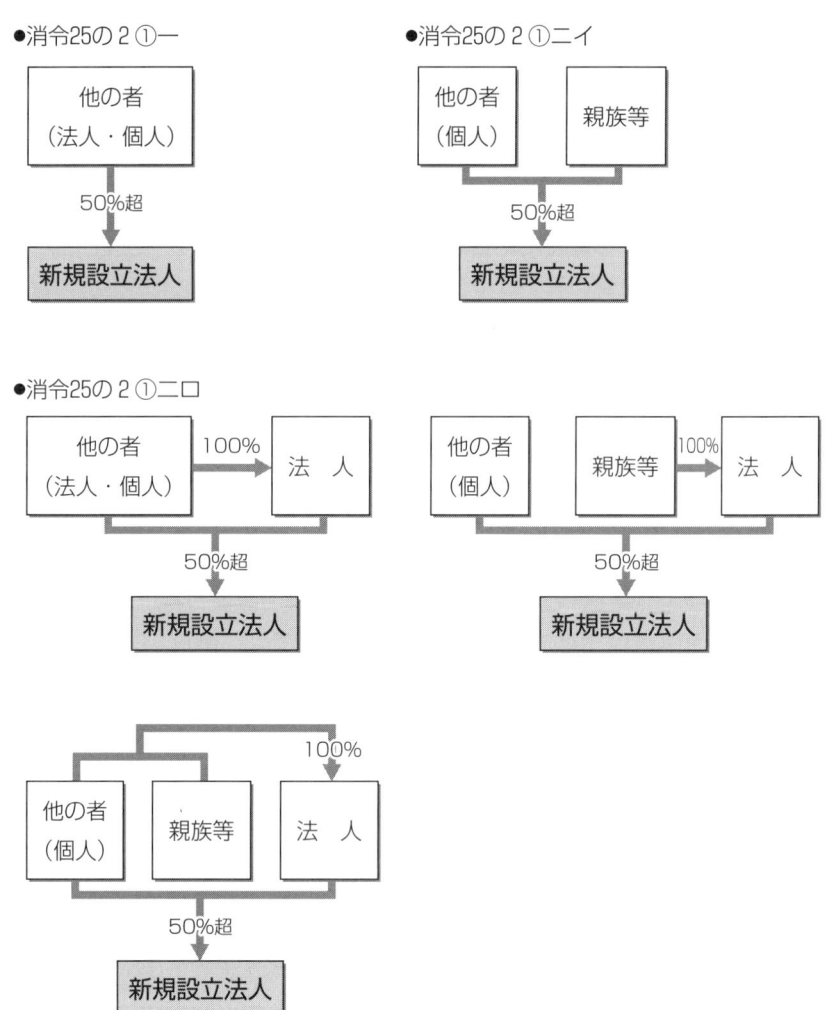

● 消令25の2①二ハ

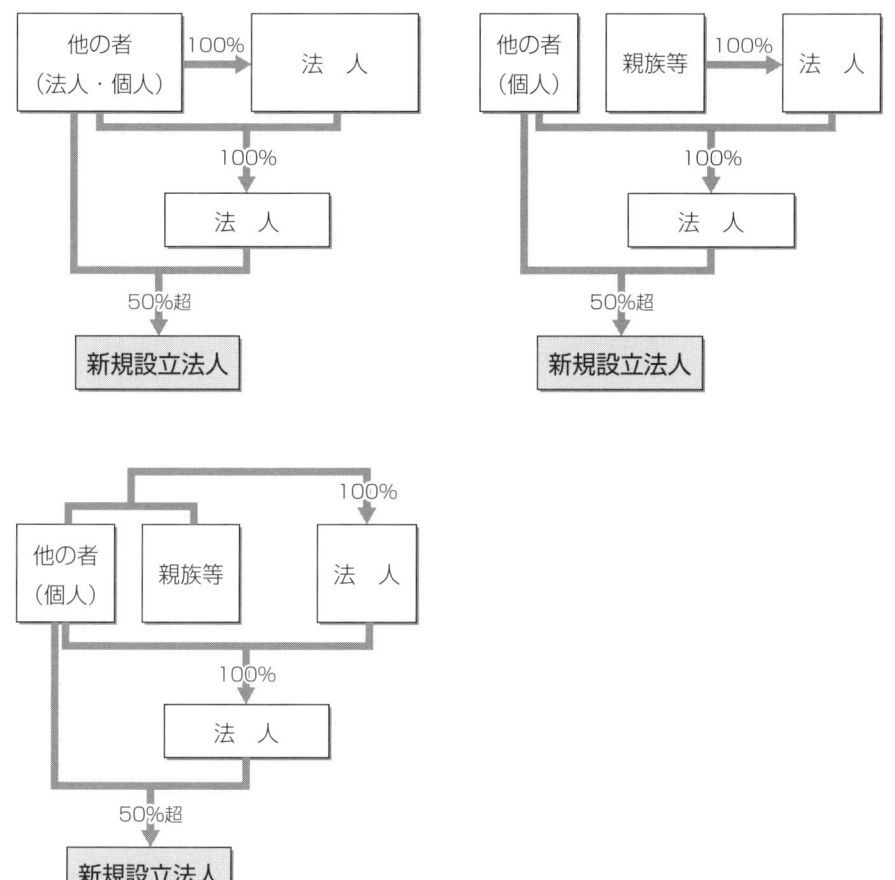

図表1-1のつづき

● 消令25の2①二二

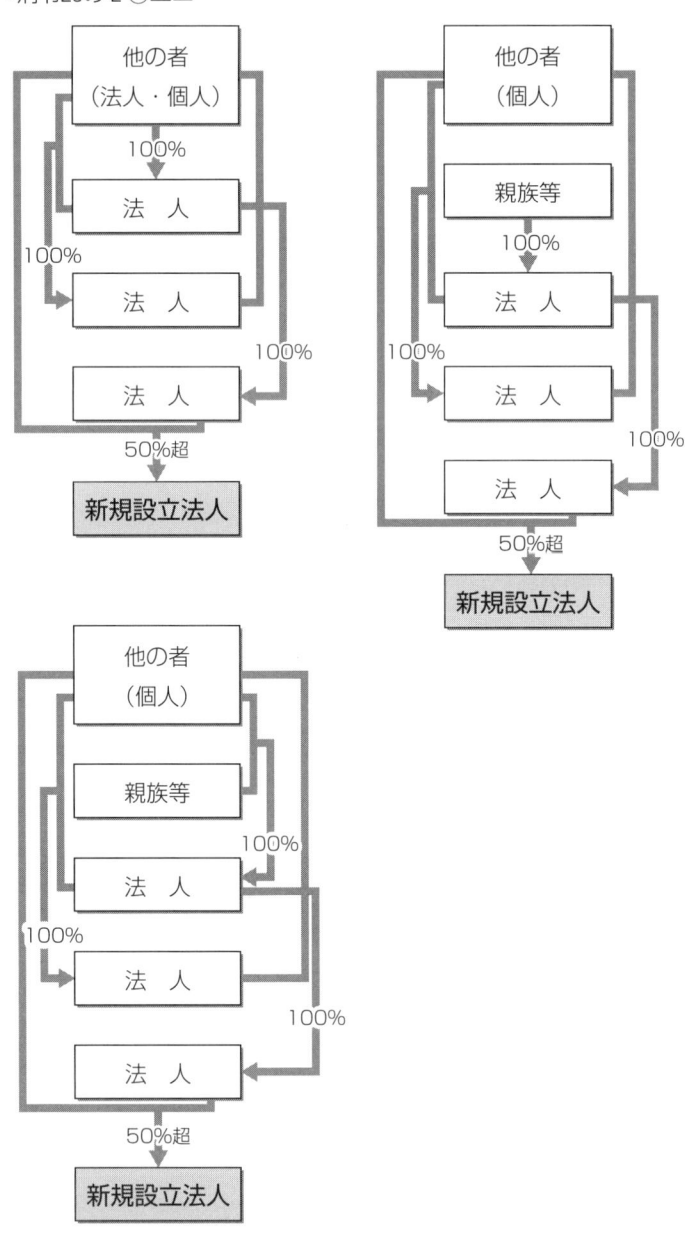

② 「特殊関係法人」とは、図表1－2のいずれかに該当する法人をいいます（消法12の3①、消令25の3）。

図表1－2　特殊関係法人の類型（消令25の3①）

●消令25の3①一

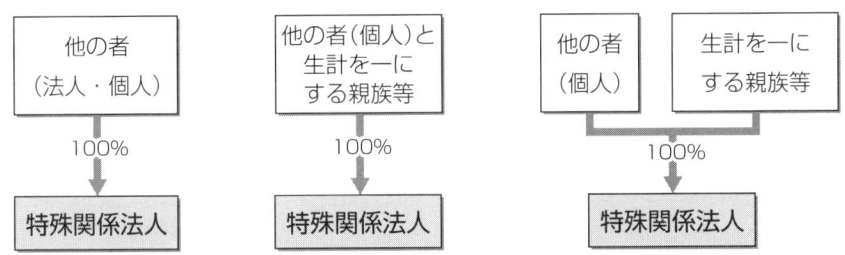

●消令25の3①二

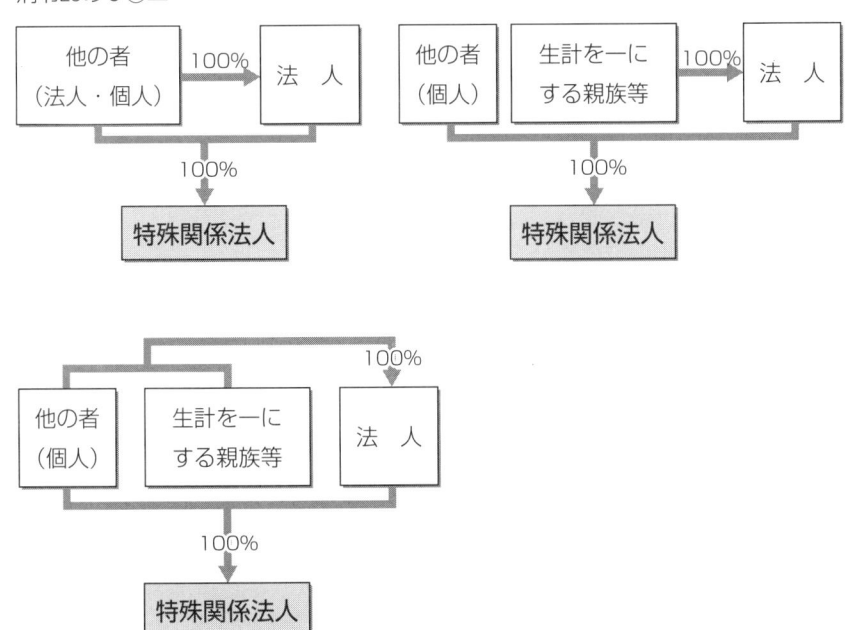

第1章　改正消費税法の概要

図表1-2のつづき

●消令25の3①三

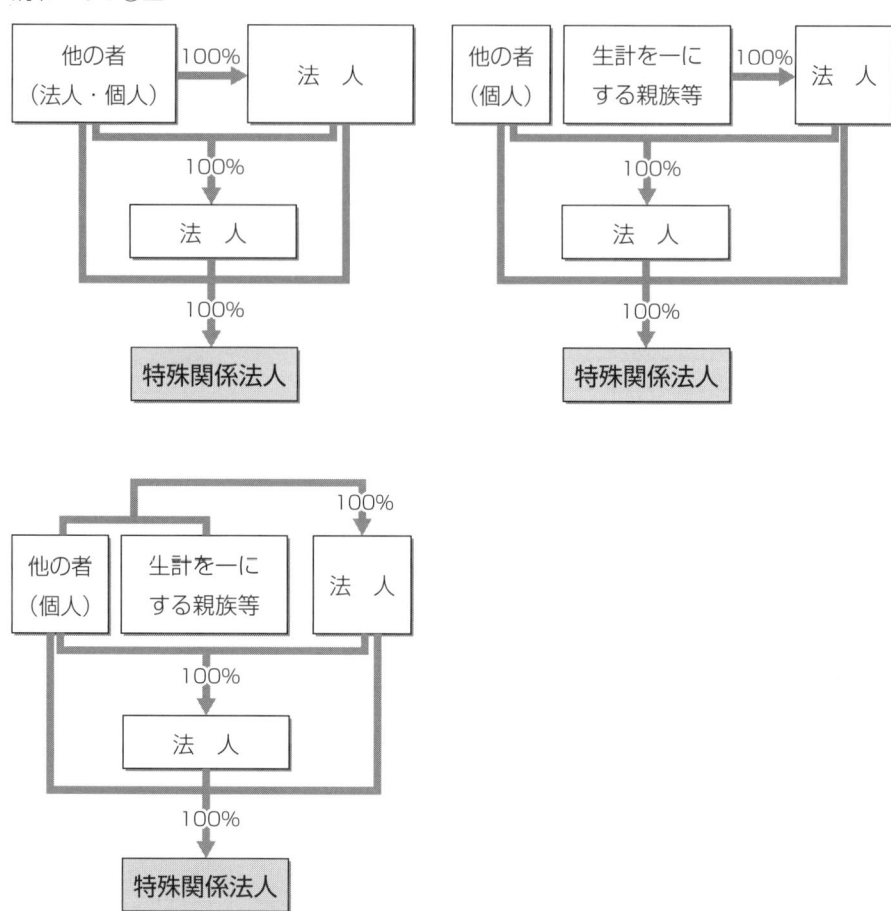

③「基準期間相当期間」とは、他の者、特殊関係法人に係る**図表1-3-1〜図表1-3-4**の斜線箇所の期間をいい（消法12の3①、消令25の4②③）、以下、イ、ロ、ハすべての要件をクリアした場合に事業者免税点制度が適用されます（図表中の新規設立法人の設立日は、平成26年4月1日とする）。

Ⅱ　改正消費税法

図表1－3－1　他の者が個人の場合（設立1期目）

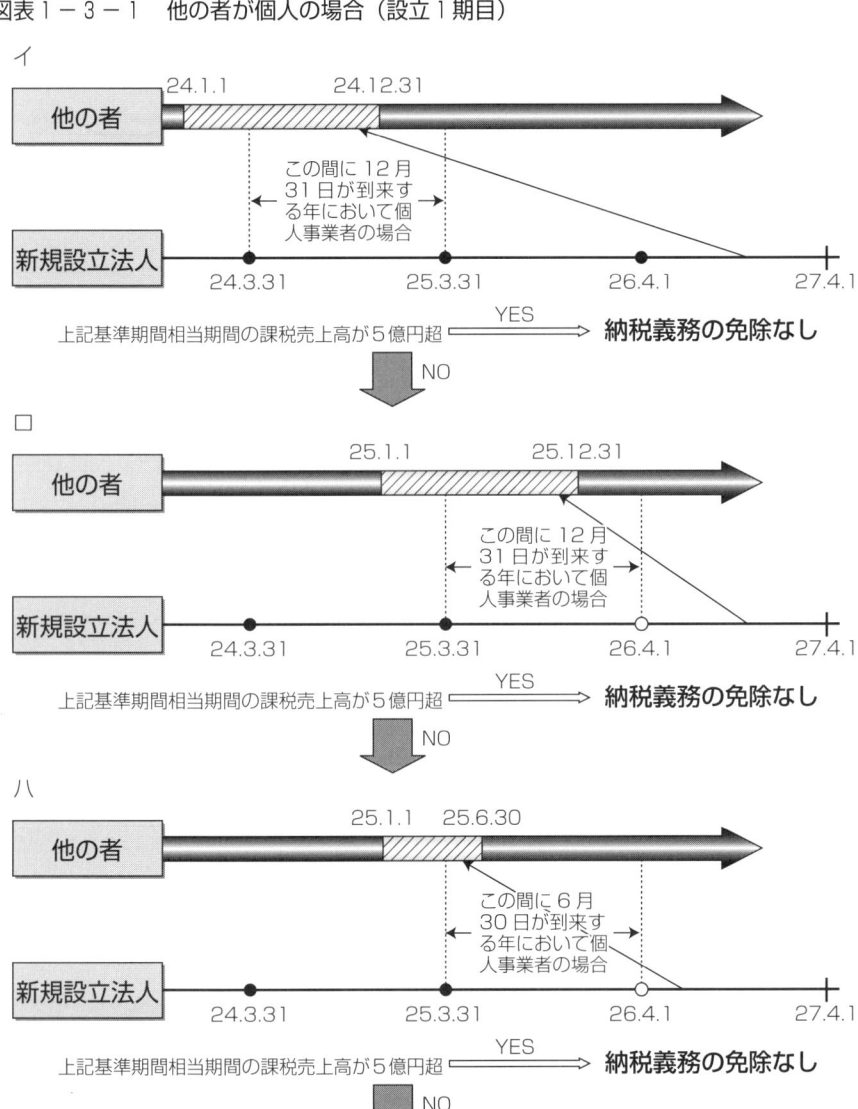

第1章 改正消費税法の概要

図表1-3-2 他の者が法人の場合（設立1期目）

イ

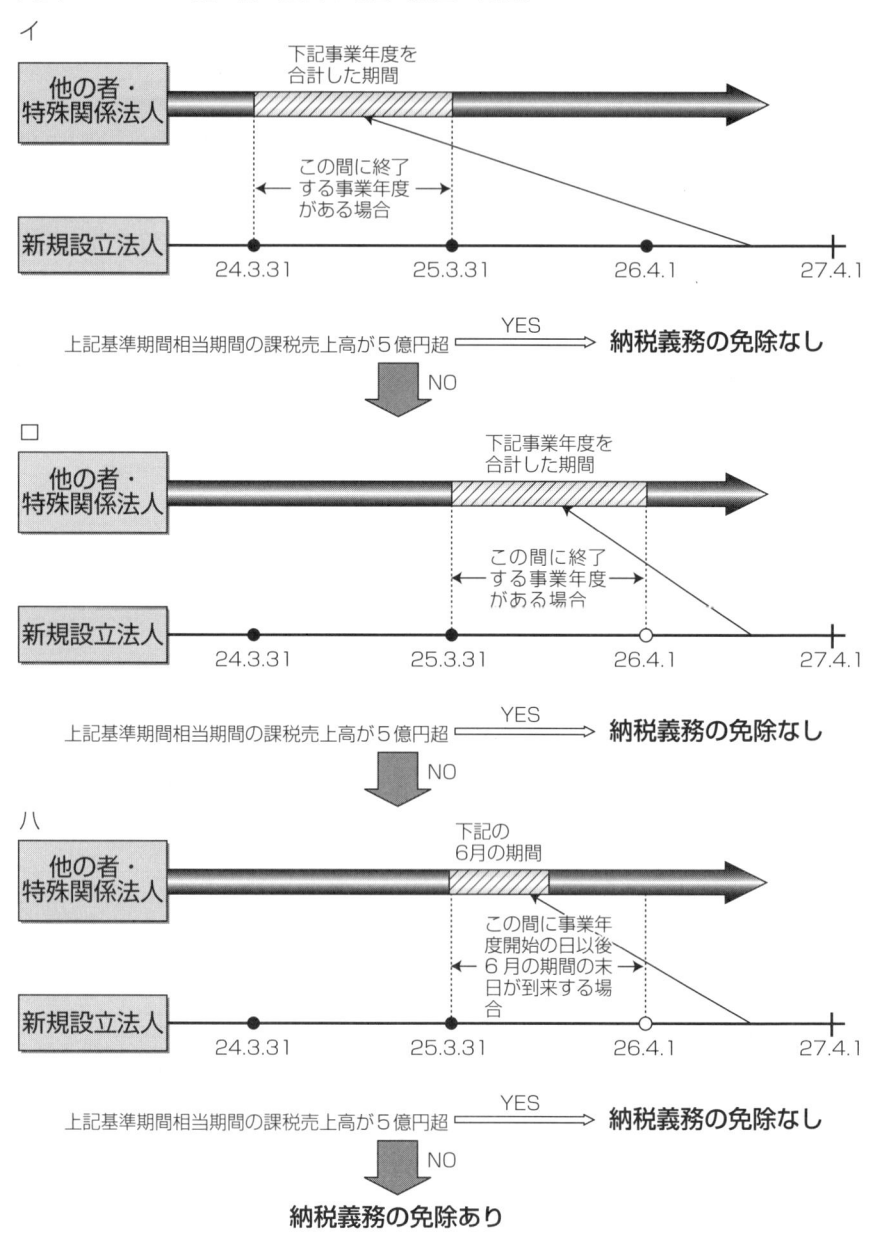

他の者・特殊関係法人　　　下記事業年度を合計した期間

新規設立法人　　この間に終了する事業年度がある場合

24.3.31　25.3.31　26.4.1　27.4.1

上記基準期間相当期間の課税売上高が5億円超 ──YES──▶ **納税義務の免除なし**

↓ NO

ロ

他の者・特殊関係法人　　　下記事業年度を合計した期間

新規設立法人　　この間に終了する事業年度がある場合

24.3.31　25.3.31　26.4.1　27.4.1

上記基準期間相当期間の課税売上高が5億円超 ──YES──▶ **納税義務の免除なし**

↓ NO

ハ

他の者・特殊関係法人　　　下記の6月の期間

新規設立法人　　この間に事業年度開始の日以後6月の期間の末日が到来する場合

24.3.31　25.3.31　26.4.1　27.4.1

上記基準期間相当期間の課税売上高が5億円超 ──YES──▶ **納税義務の免除なし**

↓ NO

納税義務の免除あり

II 改正消費税法

図表1－3－3　他の者が個人の場合（設立2期目）

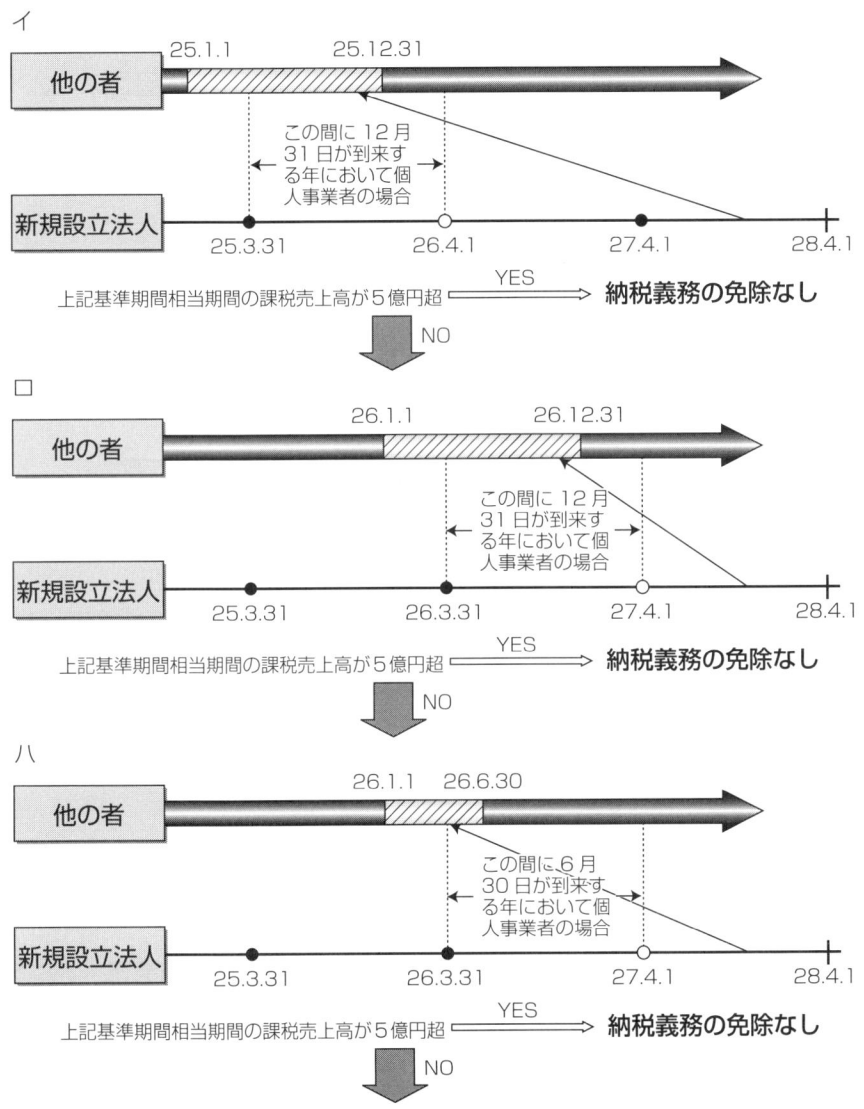

第1章 改正消費税法の概要

図表1-3-4 他の者が法人の場合（設立2期目）

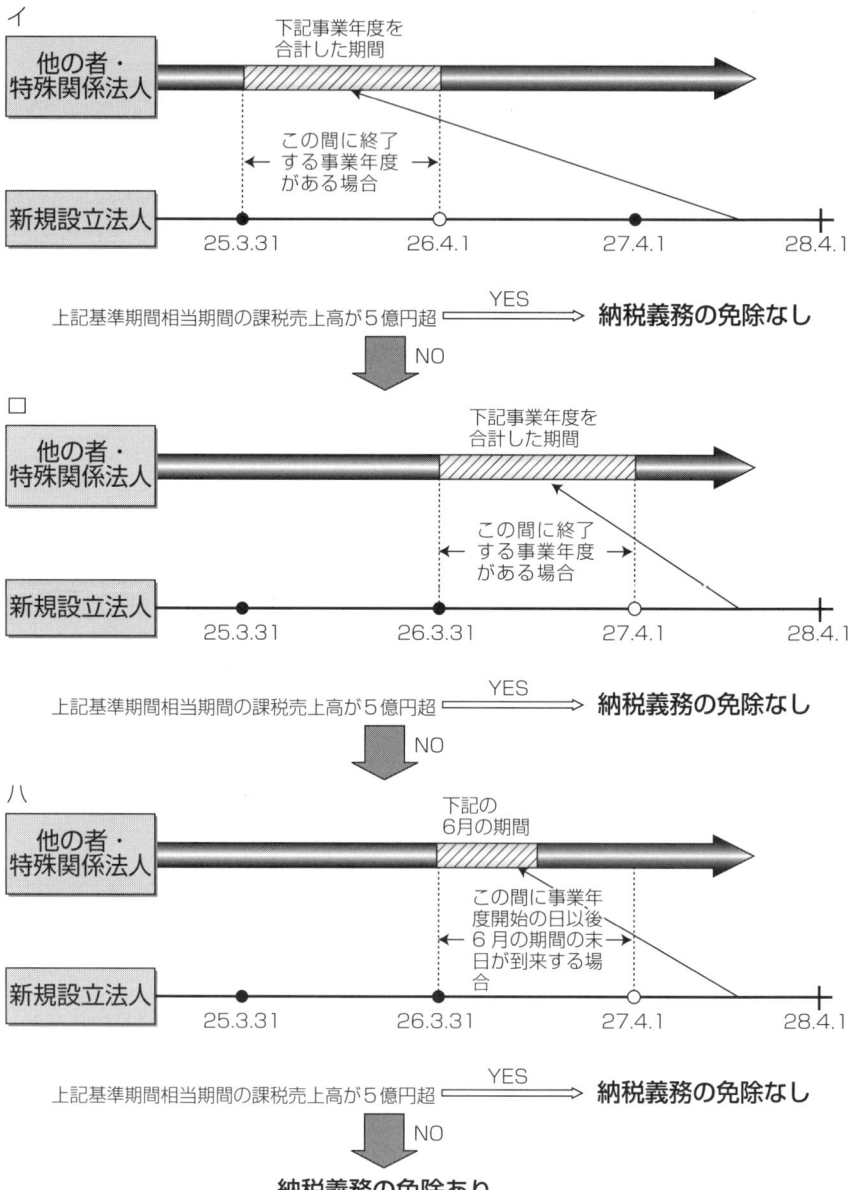

④「課税売上高」とは、以下の金額をいいます（消法12の3①、消令25の4①④）。

$$課税売上高（税抜き） - 売上げに係る対価の返還等の金額（税抜き） + 免税売上高 - 輸出取引等に係る対価の返還等の金額$$

なお、基準期間相当期間が1年に満たない場合には、上記計算式により算出された金額を当該基準期間相当期間の月数で除し、これに12を乗じて計算した金額となります（月数は暦によって計算し、1月未満は1月として計算します）。

③ 解散法人がある場合の事業者免税点制度の不適用

新規設立法人の設立日前1年以内（新規設立法人第1期目の場合）、もしくは新規設立法人の第2期開始日前1年以内（新規設立法人第2期目の場合）に、特殊関係法人が解散している場合であっても、新規設立法人の設立日（新規設立法人第1期目の場合）、もしくは新規設立法人の第2期開始日（新規設立法人第2期目の場合）において新規設立法人が「他の者に支配」されている場合には、当該解散法人は特殊関係法人とみなした上で、新規設立法人に関する事業者免税点制度の適用の有無を判断することとなります（消法12の3②）。

④ 調整対象固定資産の仕入れがある場合

他の者もしくは特殊関係法人の基準期間相当期間の課税売上高が5億円を超えるため納税義務が免除されない新規設立法人が、その基準期間がない事業年度に含まれる各課税期間中に調整対象固定資産の仕入れ等を行っ

た場合には、当該調整対象固定資産の仕入れ等を行った課税期間の開始日から3年を経過する日の属する課税期間までの各課税期間において、事業者免税点制度の適用を受けることができません（消法12の3③・12の2②③）。

⑤ 適用時期

上記の特定新規設立法人の納税義務の免除の特例は、平成26年4月1日以降に設立される新規法人について適用されます（改正法附則4）。

3 税額計算における端数処理の特例の検討・見直し

① 過去の経緯

平成15年度税制改正により、対消費者向けの取引に関しては、平成16年4月1日から消費税の総額表示が義務づけられました。消費者が値札等を見れば、消費税相当額を含む支払総額が一目で分かるようにすることを目的とするものです。

それに伴い、従前の消費税法施行規則第22条第1項（課税標準額に対する消費税額の計算の特例）も廃止されました。

この課税標準額に対する消費税額の計算の特例とは、事業者が代金決済のたびに、代金を税抜価格と消費税相当額とに区分して領収し、発行するレシート等にその消費税相当額の1円未満の端数を切り捨てるなどの処理をした後の金額を明示している場合に、消費税の納税申告に当たり売上げに対する消費税額を計算する際、その明示された端数処理後の消費税相当額をもとに計算できるとの特例です。

ただし、従前から税抜価格を前提として値付け等を行ってきた事業者が多いことなどから、対消費者向けの取引であっても、領収書等が税込価格

で発行されており、かつその領収金額に含まれる消費税相当額（その領収金額に5／105を乗じて算出した金額）の1円未満の端数を切り捨てるなどの処理をした後の金額が明示されている場合には、その明示された端数処理後の消費税相当額をもとに売上げに対する消費税額を計算することができるとの経過措置が設けられています。

② 今後予想される改正

　上記経過措置は、あくまでも、領収書等が税込価格で発行されている場合のみに適用されるものです。そのため、領収書等が税抜価格で表示されている場合にはこの経過措置の適用はありませんでした。その結果、本体価格が530円の商品であっても、領収書等において税込価格で表示するか、税抜価格で表示するかによって、売上げに対する消費税額において以下のような差異が生じることとなります。

　①　税込価格の場合

　　　556円（内税26円）

　　　本来、556円×5／105＝26.476…円が売上げに対する消費税額であるところ、1円未満の端数を処理した後の金額を明示している場合には、その明示された26円を売上げに対する消費税額とすることが可。

　②　税抜価格の場合

　　　530円（税抜価格）

　　　530円×0.05＝26.5円　　　1円未満切捨て26円（外税）

　　　合計556円（530円＋26円）

　　　556円×5／105＝26.476…円＝売上げに対する消費税額

　このように、税抜価格の場合には、消費者から26円しか消費税を受け取っていないにもかかわらず、26.476…円が売上げに対する消費税額となってしまいます。

しかしながら、システム変更コストの最小化、納入業者による価格への影響力、事業者間取引と対消費者取引での税額計算方式が異なることによる煩雑さ等から、現在でも百貨店等、一部の小売業では、対消費者取引においても、外税方式で処理せざるを得ないのが現実です。

そこで、代金決済方法の違いによる不公正さを解消するために、対消費者取引について総額表示を行っているものの、税抜価格を基礎とした代金決済を行っている場合でも、発行される領収書等において、当該領収金額に含まれる消費税相当額の1円未満の端数を処理した後の金額を基礎として消費税額の計算を行うことができるよう、今後改正が検討される予定です。

4　任意の中間申告制度

現行消費税法上、直前の課税期間の確定消費税額（地方消費税を含めた年税額）が60万円以下の事業者には、中間申告が義務づけられていませんが、今般の改正により、そのような中間申告義務のない事業者であっても、中間申告書を提出する旨の届出書を提出した場合には、任意の中間申告（年1回・半期）を可能とする制度が導入されました（消法42⑧）。この改正は、平成26年4月1日以後に開始する課税期間に係るものについて適用されます（改正法附則13①）。

直前の課税期間の確定消費税額 （地方消費税を含めた年税額）	中間申告の義務
6,000万円超	年11回
500万円超6,000万円以下	年3回
60万円超500万円以下	年1回
60万円以下	申告義務ないものの 任意に年1回

Ⅲ 関連する諸政策の創設・改正等

1 住宅取得等に関する税制上の措置

　住宅取得等については取引価格が高額となることから、平成26年4月1日からの消費税率引上げに伴う駆け込み需要、その反動等による影響を緩和、平準化するため、以下の住宅取得等に関する税制上の措置が講じられます。

① 住宅ローン減税（特定の増改築等を含む）を平成26年1月1日から平成29年末まで4年間延長する。

② その期間のうち平成26年4月1日から平成29年末までに長期優良住宅、低炭素住宅認定住宅などの認定住宅を取得した場合の最大控除額を500万円、それ以外の住宅を取得した場合には400万円にそれぞれ拡充する。

③ 同様に、認定住宅を取得した場合の所得税の住宅投資減税や住宅リフォーム、耐震改修工事を行った場合の減税措置も拡充する。

④ 個人住民税における住宅ローン控除の対象期間を平成26年1月1日から平成29年末まで4年間延長し、その期間のうち平成26年4月1日から平成29年末までに住宅を取得した場合の控除限度額を、所得税の課税総所得金額等の7％（最高13.65万円）に拡充する。

⑤ 所得税・個人住民税による住宅ローン減税の拡充措置を講じてもなお効果が限定的な所得層に対しては、別途、給付措置を講じるなど、平成29年末までのこれら減税措置と併せ、住宅取得に係る消費税負担

増をかなりの程度緩和する措置を検討する。
⑥ 東日本大震災の被災者等に係る再建住宅ローン減税措置を拡充する。

これら住宅取得等に関する税制上の措置を、
- 一般住宅の取得等・一般の増改築等
- 認定住宅の取得等
- 省エネ改修工事
- バリアフリー改修工事
- 耐震改修工事

の５つに分類した上で、それぞれ税制上の措置を利用する場合の「利用形態」、「対象」、「要件」、「控除額等」、「個人住民税からの税額控除」、「他の住宅ローン等減税措置との併用」に関してまとめると、以下のとおりとなります。なお、「利用形態」に関しては、住宅ローン等の年末残高を基準に計算した金額を税額控除する方法と、工事費用等を基準に計算した金額を税額控除する方法の２種類があり、以下、前者を「ローン型」、後者を「工事費用型」といいます。

① 一般住宅の取得等、一般の増改築等

一般住宅の取得等、一般の増改築等に関する税制上の措置の概要は、以下の①～⑥のとおりです。
① 利用形態
ローン型のみ（工事費用型は不可）
② 対象
主として居住の用に供する
ア 以下の要件を満たす住宅の新築
床面積50m²以上

イ　以下の要件を満たす新築住宅の取得
　　床面積50m²以上
　ウ　以下の要件を満たす既存住宅の取得
　　● 床面積50m²以上
　　● 築後20年以内（耐火建築物は25年以内）または地震に対する安全上必要な構造方法に関する技術的基準に適合すること
　エ　一定の要件を満たす土地の先行取得[※1]
　オ　以下の要件を満たす一定の増改築等[※2]
　　増改築後の住宅の床面積が50m²以上であること

※1　土地を先行取得した場合の土地に係る借入金の住宅ローンについて、土地取得から2年以内に当該土地上に住宅ローン付きで住宅を新築する等の要件を満たす場合には、先行取得した土地に係る借入金も住宅ローン控除の対象となります。

※2　一定の増改築等とは、一定の増改築・大規模修繕等、一定の耐震改修工事、一定のバリアフリー改修工事、一定の省エネ改修工事をいいます。

③　要件
　ア　平成29年12月31日までに、居住者が居住の用に供する対象物件を新築、取得等するために償還期間10年以上の住宅ローンを組むこと
　イ　取得等後（増改築後）6か月以内に入居し、各年12月31日まで引き続き居住していること
　ウ　控除を受ける年の合計所得金額が3,000万円以下であること
　エ　増改築の場合には補助金等を除いた工事費用が100万円超であること

④ 控除額等

居住年	借入金等の年末残高の限度額	控除率	各年の控除限度額	(10年間の)最大控除額
平成25年	2,000万円	1.0%	20万円	200万円
平成26年1月1日～平成26年3月31日	2,000万円	1.0%	20万円	200万円
平成26年4月1日～平成29年12月31日※	4,000万円	1.0%	40万円	400万円

※ 住宅の対価、費用または増改築費用に含まれる消費税等の税率が8％または10％である場合に適用があります。

なお、東日本大震災の被災者等の再建住宅ローン控除額等は以下のとおりです。

居住年	借入金等の年末残高の限度額	控除率	各年の控除限度額	(10年間の)最大控除額
平成25年	3,000万円	1.2%	36万円	360万円
平成26年1月1日～平成26年3月31日	3,000万円	1.2%	36万円	360万円
平成26年4月1日～平成29年12月31日※	5,000万円	1.2%	60万円	600万円

※ 対価等の額に含まれる消費税率にかかわらず、再建住宅を居住の用に供した日に基づいて適用されます。

⑤ 個人住民税からの税額控除（所得税から控除しきれなかった額）

居住年	住民税からの控除限度額
平成25年	所得税の課税総所得金額等 × 5％ （最高9.75万円）
平成26年1月1日〜 平成26年3月31日	所得税の課税総所得金額等 × 5％ （最高9.75万円）
平成26年4月1日〜 平成29年12月31日※	所得税の課税総所得金額等 × 7％ （最高13.65万円）

※ 住宅の対価等、増改築費用、または再建住宅の対価に含まれる消費税等の税率が8％または10％である場合に適用があります。

⑥ 他の住宅ローン等減税措置との併用

不可。ただし、増改築等の場合には、耐震改修工事との併用のみ可

② 認定住宅の取得等

認定住宅※の取得等に関する税制上の措置の概要は、以下の①〜⑥のとおりです。

※ 認定住宅とは、認定長期優良住宅、認定低炭素住宅をいいます。

① 利用形態

ローン型、工事費用型からいずれか選択

② 対象

主として居住の用に供する

ア 以下の要件を満たす住宅の新築
- 認定住宅
- 床面積50m²以上

イ　以下の要件を満たす新築住宅の取得
　　　　● 認定住宅
　　　　● 床面積50m²以上
　　ウ　一定の要件を満たす土地の先行取得
③　要件
　　ア　平成29年12月31日までに、居住者が居住の用に供する対象物件を新築、取得等するために償還期間10年以上の住宅ローンを組むこと（ローン型の場合）
　　イ　取得等後6か月以内に入居し、各年12月31日まで引き続き居住していること
　　ウ　控除を受ける年の合計所得金額が3,000万円以下であること
④　控除額等

【ローン型の場合[※1]】

居住年	借入金等の年末残高の限度額	控除率	各年の控除限度額	（10年間の）最大控除額
平成25年	3,000万円	1.0%	30万円	300万円
平成26年1月1日〜平成26年3月31日	3,000万円	1.0%	30万円	300万円
平成26年4月1日〜平成29年12月31日[※2]	5,000万円	1.0%	50万円	500万円

※1　東日本大震災の被災者等の場合には、認定住宅であっても一般住宅の取得等に関する減税措置を利用するほうが控除限度額において有利となります。
※2　認定住宅の対価または費用に含まれる消費税等の税率が8％または10％である場合に適用があります。

Ⅲ　関連する諸政策の創設・改正等

【工事費用型の場合】

居住年	対象住宅	控除対象限度額※4	控除率	控除限度額※5
平成25年	認定長期優良住宅※1	500万円	10%	50万円
平成26年1月1日～平成26年3月31日	認定長期優良住宅	500万円	10%	50万円
平成26年4月1日～平成29年12月31日※2	認定長期優良住宅 認定低炭素住宅※3	650万円	10%	65万円

※1　認定長期優良住宅とは、長期優良住宅の普及の促進に関する法律の規定に該当する家屋のうち、その構造及び設備等に関して耐久性、耐震性、省エネ性能、可変性、更新の容易性等の一定の措置が講じられている住宅で、長期優良住宅建築等計画の認定通知書において認定されたものをいいます。
※2　認定住宅の対価または費用に含まれる消費税等の税率が8％または10％である場合に適用があります。
※3　認定低炭素住宅とは、都市の低炭素化の促進に関する法律に規定する低炭素建築物の認定を受けたことが確認された住宅をいいます。
※4　認定住宅の認定基準に適合するために必要となる標準的なかかり増し費用となります。
※5　控除期間は原則、居住日の属する年分（1年間）のみ。

⑤　個人住民税からの税額控除（所得税から控除しきれなかった額）
【ローン型の場合】

居住年	住民税からの控除限度額
平成25年	所得税の課税総所得金額等 × 5％（最高9.75万円）
平成26年1月1日～平成26年3月31日	所得税の課税総所得金額等 × 5％（最高9.75万円）
平成26年4月1日～平成29年12月31日※	所得税の課税総所得金額等 × 7％（最高13.65万円）

※　認定住宅の対価または費用に含まれる消費税等の税率が8％または10％である場合に適用があります。

【工事費用型の場合】
不可
⑥ 他の住宅ローン等減税措置との併用
不可

③ 省エネ改修工事

省エネ改修工事に関する税制上の措置の概要は、以下の①〜⑥のとおりです。

① 利用形態
　ローン型、工事費用型からいずれか選択
② 対象
　主として居住の用に供する省エネ改修工事※で改修工事後の住宅の床面積が50m²以上であること
　※ 省エネ改修工事とは、すべての居室の窓全部の改修工事、またはその工事と併せて行う床の断熱工事、天井の断熱工事もしくは壁の断熱工事で、その改修部位の省エネ性能がいずれも平成11年基準以上となる工事をいいます。
③ 要件
　ア　自ら所有し、居住する住宅であること
　イ　平成29年12月31日までに、居住者が自己の所有する家屋について省エネ改修工事を行うために償還期間5年以上の住宅ローンを組むこと（ローン型の場合）
　ウ　改修工事後6か月以内に入居し、各年12月31日まで引き続き居住していること
　エ　控除を受ける年の合計所得金額が3,000万円以下であること
　オ　補助金等を除いた一定の省エネ改修工事費用が30万円超であること（平成26年4月1日以降は50万円超であること）
　カ　原則として前年に省エネ改修工事税額控除の適用を受けていないこと（工事費用型の場合）

④ 控除額等

【ローン型の場合】

居住年	省エネ改修工事借入金に係る限度額 / その他の借入限度額	控除率	各年の控除限度額	（5年間の）最大控除額
平成25年	200万円	2.0%	4万円	60万円
	800万円	1.0%	8万円	
平成26年1月1日～平成26年3月31日	200万円	2.0%	4万円	60万円
	800万円	1.0%	8万円	
平成26年4月1日～平成29年12月31日※	250万円	2.0%	5万円	62.5万円
	750万円	1.0%	7.5万円	

※ 省エネ改修工事費用に含まれる消費税等の税率が8％または10％である場合に適用があります。

【工事費用型の場合】

居住年	省エネ改修工事限度額※1	控除率	控除限度額※3
平成25年	200万円（300万円）	10%	20万円（30万円）
平成26年1月1日～平成26年3月31日	200万円（300万円）	10%	20万円（30万円）
平成26年4月1日～平成29年12月31日※2	250万円（350万円）	10%	25万円（35万円）

※1　実際の省エネ改修工事費用の額と当該省エネ改修工事にかかる標準的な工事費用相当額のいずれか少ない金額となります。
※2　省エネ改修工事費用に含まれる消費税等の税率が8％または10％である場合に適用があります。
※3　控除期間は居住日の属する年分（1年間）のみ。
※4　カッコ内の金額は、省エネ改修工事と併せて太陽光発電装置を設置する場合の省エネ改修工事限度額と控除限度額です。ローン型の場合には、太陽光発電装置設置工事は減税対象工事となっていません。

⑤ 個人住民税からの税額控除（所得税から控除しきれなかった額）
　ローン型、工事費用型いずれの場合も不可
⑥ 他の住宅ローン等減税措置との併用
　ア　ローン型による省エネ改修工事の場合
　　ローン型によるバリアフリー改修工事、または耐震改修工事との併用が可能です。ただし、前者との併用の場合、各年の控除限度額は合計12万円（平成26年4月1日以降に居住の用に供する場合には12.5万円）となります。
　イ　工事費用型による省エネ改修工事の場合
　　工事費用型によるバリアフリー改修工事、または耐震改修工事との併用が可能です。なお、前者との併用の場合の控除限度額は合計20万円（太陽光発電装置を設置する場合は30万円）ですが、平成26年4月1日以降に居住の用に供する場合にはこの上限が廃止され、合計控除限度額は45万円（太陽光発電装置を設置する場合は55万円）となります。

④ バリアフリー改修工事

バリアフリー改修工事に関する税制上の措置の概要は、以下の①〜⑥のとおりです。

① 利用形態
　ローン型、工事費用型からいずれか選択
② 対象
　主として居住の用に供するバリアフリー改修工事※で改修工事後の住宅の床面積が50m²以上であること
　　※ バリアフリー改修工事とは、通路または出入口の拡幅工事、階段の設置または勾配緩和工事、浴室改良工事、便所改良工事、手すり取付工事、床の段差解消工事、出入口戸改良工事、床の滑り止め工事で一定の要件を満たすものをいいます。
③ 要件
　ア　改修工事を行う者が以下のいずれかの要件を満たす居住者であ

ること
- 50歳以上
- 要介護または要支援の認定を受けている
- 障害者
- 同居親族が65歳以上または要介護・要支援もしくは障害者

イ　平成29年12月31日までに、居住者が自己の所有する家屋についてバリアフリー改修工事を行うために償還期間5年以上の住宅ローンを組むこと（ローン型の場合）

ウ　改修工事後6か月以内に入居し、各年12月31日まで引き続き居住していること

エ　控除を受ける年の合計所得金額が3,000万円以下であること

オ　補助金等を除いた一定のバリアフリー改修工事費用が30万円超であること（平成26年4月1日以降は50万円超であること）

カ　その年の前年以前3年内にバリアフリー改修工事を行い、バリアフリー税額控除の適用を受けていないこと（工事費用型の場合）

④　控除額等

【ローン型の場合】

居住年	バリアフリー改修工事借入金に係る限度額 / その他の借入限度額	控除率	各年の控除限度額	（5年間の）最大控除額
平成25年	200万円	2.0%	4万円	60万円
	800万円	1.0%	8万円	
平成26年1月1日～平成26年3月31日	200万円	2.0%	4万円	60万円
	800万円	1.0%	8万円	
平成26年4月1日～平成29年12月31日※	250万円	2.0%	5万円	62.5万円
	750万円	1.0%	7.5万円	

※　バリアフリー改修工事費用に含まれる消費税等の税率が8％または10％である場合に適用があります。

【工事費用型の場合】

居住年	バリアフリー改修工事限度額[※1]	控除率	控除限度額[※3]
平成25年	200万円[※2]	10%	20万円
平成26年1月1日～平成26年3月31日	200万円[※2]	10%	20万円
平成26年4月1日～平成29年12月31日	200万円	10%	20万円

※1 実際のバリアフリー改修工事費用の額と当該バリアフリー改修工事にかかる標準的な工事費用相当額のいずれか少ない金額となります。
※2 財務省ホームページ、平成25年5月30日公表「『所得税法等の一部を改正する法律』（平成25年法律第5号）の一部改正規定の内容について」参照。
※3 控除期間は居住日の属する年分（1年間）のみ。

⑤ 個人住民税からの税額控除（所得税から控除しきれなかった額）
ローン型、工事費用型いずれの場合も不可
⑥ 他の住宅ローン等減税措置との併用
　ア　ローン型によるバリアフリー改修工事の場合
　　　ローン型による省エネ改修工事、または耐震改修工事との併用が可能です。ただし、前者との併用の場合、各年の控除限度額は合計12万円（平成26年4月1日以降に居住の用に供する場合には12.5万円）となります。
　イ　工事費用型によるバリアフリー改修工事の場合
　　　工事費用型による省エネ改修工事、または耐震改修工事との併用が可能です。なお、前者との併用の場合の控除限度額は合計20万円（太陽光発電装置を設置する場合は30万円）ですが、平成26年4月1日以降に居住の用に供する場合にはこの上限が廃止され、合計控除限度額は45万円（太陽光発電装置を設置する場合は55万円）となります。

⑤ 耐震改修工事

耐震改修工事に関する税制上の措置の概要は、以下の①～⑥のとおりです。

① 利用形態

工事費用型のみ（ローン型は不可）

② 対象

昭和56年5月31日以前に建築された家屋であり、自己の居住の用に供する家屋であること

③ 要件

地震に対する安全性の向上を目的とした増築、改築、修繕または模様替えをした家屋が現行の耐震基準に適合すること

④ 控除額等

工事完了年	耐震改修工事限度額[※1]	控除率	控除限度額[※3]
平成25年	200万円	10%	20万円
平成26年1月1日～平成26年3月31日	200万円	10%	20万円
平成26年4月1日～平成29年12月31日[※2]	250万円	10%	25万円

※1 実際の住宅耐震改修工事費用の額と当該住宅耐震改修工事にかかる標準的な工事費用相当額のいずれか少ない金額となります。

※2 耐震改修工事費用に含まれる消費税等の税率が8％または10％である場合に適用があります。

※3 控除期間は工事完了日の属する年分（1年間）のみ。

⑤ 個人住民税からの税額控除（所得税から控除しきれなかった額）

不可

⑥ 他の住宅ローン等減税措置との併用

一般の増改築等（ローン型）、省エネ改修工事（ローン型・工事費用

型)、バリアフリー改修工事(ローン型・工事費用型)のうち、いずれか1つとの併用が可能です。

2 複数税率の導入の検討

平成27年10月1日に消費税率が10％に引き上げられる予定ですが、その際に、生活必需品等に対し、消費税率の軽減税率制度の導入が検討される見通しです。平成25年12月予定の平成26年度与党税制改正決定時までに、関係者の理解を得た上で結論が出される予定です。そのため、与党税制協議会に軽減税率制度調査委員会が設置され、以下の事項が協議されます。

- 対象、品目
- 軽減する消費税率
- 財源の確保
- インボイス制度など区分経理のための制度の整備
- 中小事業者等の事務負担増加、免税事業者が課税選択を余儀なくされる問題への理解
- その他、軽減税率導入に当たって必要な事項

なお、インボイス制度のもとでは、免税事業者等はインボイスを発行できないため、免税事業者等からの仕入れについては仕入税額控除の対象とはならず、前段階の仕入税額控除が厳格に行われるとのメリットがあるものの、事務負担の増加や、免税事業者等が取引から排除されるか、利益を逸失するかの選択を余儀なくされるとのデメリットも指摘されています。

3 簡素な給付措置

　改正法では、総合合算制度（医療、介護、保育等に関する自己負担の合計額に一定の上限を設ける仕組みその他これに準ずるもの）、給付付き税額控除（給付と税額控除を適切に組み合わせて行う仕組みその他これに準ずるもの）、及び複数税率の導入等の検討結果に基づき、導入される施策の実現までの暫定的・臨時的な措置として、対象範囲、基準となる所得の考え方、財源の問題、執行面での対応の可能性等について検討を行った上で、簡素な給付措置を実施する旨規定されています（改正法7①一ハ）。

4 簡易課税制度の見直し

　課税売上げに係る消費税額から控除できる課税仕入れに係る消費税額は、原則として、課税売上げに対応する課税仕入れに係る消費税額とされていますが、中小事業者の事務手続の簡素化を図るために、事業者の選択により、課税売上高に係る消費税額にみなし仕入率を乗じて控除対象仕入税額を計算する簡易課税制度が設けられています。

　この点、平成24年10月4日に会計検査院が国会及び内閣に報告した「「消費税の簡易課税制度について」に関する会計検査院法第30条の2の規定に基づく報告書（要旨）」では、以下の記述が見受けられます（以下、同報告書（要旨）より一部抜粋）。

「消費税に関する国民の関心が高い中で、会計検査院は、簡易課税制度が有効かつ公平に機能しているかなどに着眼して検査したところ、次のような状況となっていた。
　ア　簡易課税制度適用者について事業区分ごとにみなし仕入率と課税仕入率の平均を比較すると、みなし仕入率が全ての事業区分において課

税仕入率の平均を上回っていた。その中でも第5種事業の課税仕入率の平均は、みなし仕入率との開差が顕著な状況となっていた。また、同じみなし仕入率を適用している事業区分においても、課税仕入率がみなし仕入率を上回っている事業者もいるが、課税仕入率がみなし仕入率を下回っている事業者の方が多数となっていた。

イ　同一の事業者について比較しても、多くの簡易課税制度適用者において、簡易課税制度を適用した課税期間の消費税納付率の方が、本則課税を適用した課税期間の消費税納付率より低くなっていた。

ウ　納付消費税額が低額となっている簡易課税制度適用者の中には、多額の課税売上高を有するような規模の大きな事業者も含まれていた。

アからウまでの分析により、多くの簡易課税制度適用者において、簡易課税制度の適用により事務負担に配慮され事務の簡素化が図られた上に、納付消費税額が低額となっていて、いわゆる益税が生じている状況となっていた。そして、消費税率の引上げが行われれば、いわゆる益税は増大していくことが懸念されるところである。」

これを受け、改正法第7条第1項第1号ニでは、「消費税の簡易課税制度の仕入れに係る概算的な控除率については、今後、更なる実態調査を行い、その結果を踏まえた上で、その水準について必要な見直しを行う」と規定されています。

5　個別間接税等の検討・見直し

酒税、たばこ税、石油関係諸税等の個別間接税の検討に加え、自動車取得税、自動車税、及び自動車重量税についても、国及び地方を通じた関連税制の在り方の見直しが行われる見通しで、与党の平成25年度税制改正大綱によれば、自動車取得税については、消費税率8％引上げ時に従来の5

％の税率を引き下げ、消費税率10％引上げ時に廃止することとされています。

他方で、自動車税については、廃止される自動車取得税のグリーン化機能を踏まえて、環境性能等に応じた課税を実施することとされています。

また、自動車重量税については、エコカー減税制度の基本構造を恒久化し、消費税8％引上げ時に燃費性能等に応じて軽減する等の措置が講じられ、今後、環境性能に応じた課税が検討される見込みです。

さらに印紙税についても、建設工事の請負に関する契約書、不動産の譲渡に関する契約書及び金銭または有価証券の受取書について負担の軽減が検討され、改正が行われています。

第2章 経過措置の概要

I はじめに

　消費税率の引上げに伴い、別段の定めがあるものを除き、施行日（または一部施行日）以降に国内において事業者が行う資産の譲渡等、課税仕入れ等に係る消費税については、それぞれ引上げ後の新税率が適用されます。

　ただし、消費税率の引上げに伴い、特定の資産の譲渡等については、いわゆる経過措置として、一定の要件を満たすことを前提に、当該資産の譲渡等が施行日（一部施行日）以降に行われるものであっても、旧税率（5％または8％）が適用されることとなります。

　このような経過措置は、その適用の仕方で分類した場合、以下の3つのグループに分けることができます。
　①　指定日の前日までに契約を締結することにより適用されるもの
　②　施行日（一部施行日）にまたがる契約につき適用されるもの
　③　消費税の計算において留意すべきもの

　改正法附則、改正施行令附則をベースに、上記3つのグループに各経過措置を振り分けた場合、以下のとおりとなります。
　①　指定日（27年指定日）の前日までに契約を締結することにより適用されるもの
　　・工事等の請負契約に基づく課税資産の譲渡
　　・貸付契約に基づく資産の貸付け
　　・指定役務の提供契約に基づく役務の提供
　　・予約販売に係る書籍等の譲渡
　　・通信販売による商品の販売

- 有料老人ホームに係る終身入居契約に基づく役務の提供
② 施行日（一部施行日）にまたがる契約につき適用されるもの
- 旅客運賃等を対価とする課税資産の譲渡等
- 電気、ガス等の供給等による課税資産の譲渡等
- 特定新聞等の譲渡
③ 消費税の計算において留意すべきもの
- 施行日（一部施行日）前の売上げにつき対価の返還等をした場合の課税売上高の計算
- 長期割賦販売等の特例
- 工事進行基準の特例
- 小規模事業者に係る資産の譲渡等の時期の特例
- 仕入れに係る対価の返還等を受けた場合の仕入税額控除の特例
- 納税義務の免除を受けないこととなった場合等の棚卸資産に係る税額調整
- 売上げに係る対価の返還等をした場合の税額控除
- 貸倒れに係る税額控除等
- 国、地方公共団体、公益法人等に対する特例

　以上を前提に、本章では、これら経過措置を受けるための要件、効果、適用対象となる契約の範囲等につき、平成9年の消費税改正時に問題となった事項も含め、それぞれ解説していきます（なお、便宜上、消費税率については地方消費税率を含めたもので記載しています）。

II 指定日の前日までに契約を締結することにより適用されるもの

1 工事等の請負契約に基づく課税資産の譲渡
（改正法附則5③・16、改正施行令附則4⑤）

　工事等の請負契約の請負代金に関しては、本来、目的物を引き渡した時点での消費税率が適用されるのが原則ですが、指定日（27年指定日）の前日までに契約を締結するなど一定の要件を満たす場合には、たとえ引渡しが施行日（一部施行日）以降となっても請負代金に対し旧税率が適用されます。

① 適用を受けるための要件

以下の①または②の要件を満たした場合に経過措置が適用されます。
① 以下の各要件をすべて満たすこと
- 平成8年10月1日から指定日（平成25年10月1日）の前日までに契約を締結
- 施行日（平成26年4月1日）以降に目的物の引渡し

② 以下の各要件をすべて満たすこと
- 平成25年10月1日から27年指定日（平成27年4月1日）の前日までに契約を締結
- 一部施行日（平成27年10月1日）以降に目的物の引渡し

第2章　経過措置の概要

※　指定日（27年指定日）の前日までに締結した工事等の請負契約であれば、施行日（一部施行日）前に工事に着手するかどうか、目的物の引渡しが施行日（一部施行日）以降のいつになるかどうか、さらには、その契約に係る対価の全部または一部を受領しているかどうかは何ら問いません。

② 効　果

上記の①または②の要件を満たした場合、それぞれ、以下の旧税率が適用されます。

① 請負代金に対し旧税率（5％）適用
② 請負代金に対し旧税率（8％）適用

工事等の請負契約に係る経過措置

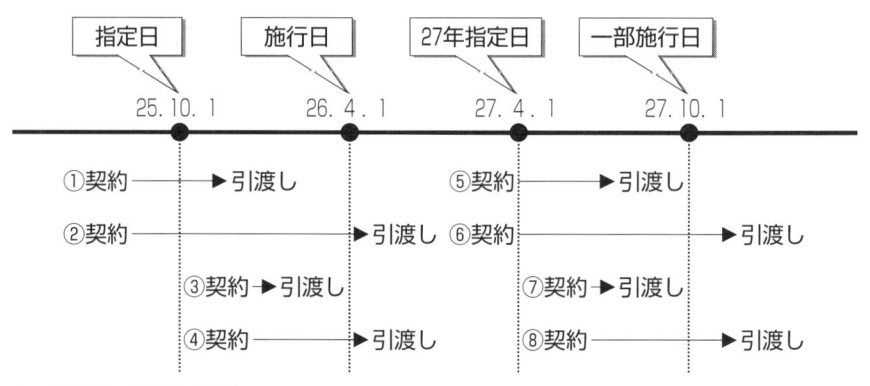

```
      指定日         施行日       27年指定日      一部施行日
     25.10.1       26.4.1        27.4.1         27.10.1
─────●─────────────●─────────────●─────────────●─────────
  ①契約──→引渡し              ⑤契約──→引渡し
  ②契約────────────→引渡し    ⑥契約──────────────→引渡し
        ③契約→引渡し                  ⑦契約→引渡し
        ④契約──→引渡し               ⑧契約──────→引渡し
```

① 引渡しが施行日前なので5％
② 経過措置が適用され5％
③ 経過措置の適用はないものの引渡しが施行日前なので5％
④ 経過措置の適用なし8％
⑤ 引渡しが一部施行日前なので8％
⑥ 経過措置が適用され8％
⑦ 経過措置の適用はないものの引渡しが一部施行日前なので8％
⑧ 経過措置の適用なし10％

Ⅱ　指定日の前日までに契約を締結することにより適用されるもの

③ 適用対象となる契約の範囲

　工事等の請負契約に関する経過措置の適用に当たり、最初に注意しなければならないのは、どのような契約が経過措置の対象となるのかという点です。工事等の請負契約というタイトルから、工事などの請負契約に限定されると思われがちですが、工事の請負に係る契約、製造の請負に係る契約のみならず以下、A、B、Cすべての要件を満たす比較的広範囲の契約を適用対象としています（改正法附則5③、改正施行令附則4⑤）。なお、工事の請負に係る契約とは、日本標準産業分類の大分類に掲げる建設業に係る工事（総合工事業、職別工事業、設備工事業）につき、その工事の完成を約し、それに対する対価を支払うことを約する契約を、製造の請負に係る契約とは、日本標準産業分類の大分類に掲げる製造業に係る製造（食料品製造業、繊維工業、木材・木製品製造業、化学工業、鉄鋼業、金属製品製造業、電子部品・デバイス・電子回路製造業等）につき、その製造に係る目的物の完成を約し、それに対する対価を支払うことを約する契約を、それぞれいいます。

　A　以下①～⑥のいずれかの契約に該当すること
　　①　測量、地質調査に係る契約
　　②　工事の施工に関する調査、企画、立案及び監理並びに設計に係る契約
　　③　映画の制作に係る契約
　　④　ソフトウェアの開発に係る契約
　　⑤　その他の請負に係る契約（修繕、運送、保管、印刷、広告、仲介、技術援助、情報の提供に係る契約）
　　⑥　委任その他の請負に類する契約（検査、検定等の事務処理の委託に関する契約、市場調査、その他の調査に係る契約）
　B　その仕事の目的物の引渡しが一括して行われるものであること
　C　その仕事の内容につき相手方の注文が付されているものであること

※ 改正施行令附則第4条第5項では、上記A〜Cに加え、「仕事の完成に長期間を要し」との要件も規定されていますが、A記載の契約の場合、その性質上、仕事の完成までに長期間を要するものが通例であることから定められたものに過ぎず、実際に長期間を要するものかどうかは問わないとされています。

「その仕事の目的物の引渡しが一括して行われるものであること」(B) との要件に関しては、例えば、運送、設計、測量など、目的物の引渡しを要しない請負等の契約であっても、役務の全部の完了が一括して行われるものであればその要件を満たすとされています。したがって、月極の警備保障やメンテナンス契約のような期間極めの契約の場合には、役務の提供が一括して行われないため対象外となります。

また、以下①または②の事情がある場合には、目的物の引渡しが部分的に行われる場合であっても、「その仕事の目的物の引渡しが一括して行われるものであること」(B) との要件を満たすとされています。

① 1つの契約により同種の建設工事等を多量に請け負ったような場合で、その引渡量に従い工事代金等を収入する旨の特約または慣習がある場合
② 1個の建設工事等であっても、その建設工事等の一部が完成し、その完成した部分を引き渡したつど、その割合に応じて工事代金等を収入する旨の特約または慣習がある場合

「その仕事の内容につき相手方の注文が付されているものであること」(C) との要件は、例えば、以下のような契約を意味し、注文の内容、注文に係る規模の程度、対価の額の多寡を問わないとされています。

① 請負等の契約に係る目的物の仕様または規格等について相手方の指示が付されている場合のその契約（船舶、車両、機会、家具等の製作、洋服等の仕立て、広告宣伝用資産の製作等）
② 請負等の契約に係る目的物の原材料を相手方が支給することとされ

ている場合のその契約
③　修理または加工等を目的とする請負等の契約（建物、機械の修繕、塗装、物品の加工等）
④　その他、名入りアルバム・名入りタオル・名入り引出物の製作、カップ・トロフィーの名入れ、絵画・工芸品等の修復、肖像画・胸像等の製作、パック旅行の引受け、インテリア内装工事（カーテン、敷物の取付工事を含む）、緞帳の製作、服・ワイシャツ等の仕立て、宝飾品の加工等

　また、建物の譲渡に係る契約で、その建物の内装・外装、設備の設置、構造について、その建物の譲渡を受ける者の注文に応じて建築される建物に係るものについても、平成9年改正時と同様に、「その仕事の内容につき相手方の注文が付されているものであること」（C）との要件を満たすものとされています（改正施行令附則4⑤）。すなわち、建物の売買契約については、請負契約ではない以上、本来的には工事等の請負契約に関する経過措置の適用を受けることができませんが、建物の内装・外装、設備の設置、構造に関する工事等が、買主の注文に応じてなされる旨を売買契約書等に記載するなどしている場合には、その売買契約自体を請負に類する契約の範囲に含めるとしたものです。
　なお、建物の内装・外装、設備の設置、構造とは以下のものをいい、その注文の内容についての複雑さの程度や、注文に係る対価の額の多寡は問いません。
①　建物の内装……畳、ふすま、障子、戸、扉、壁面、床面、天井等
②　建物の外装……玄関、外壁面、屋根等
③　建物の設備……電気設備、給排水または衛生設備及びガス設備、昇降機設備、冷房、暖房、通風またはボイラー設備等
④　建物の構造……基礎、柱、壁、はり、階段、窓、床等

④ 工事に関する対価の額の変更があった場合

改正法附則第5条第3項では、工事等の請負契約に関し、指定日（27年指定日）以降に変更工事等により対価の額が増額された場合には、増額される前の対価部分についてだけが経過措置の対象となることを規定しています。他方で、指定日（27年指定日）以降に、対価の額が減額された場合には、減額後の対価すべてに関して旧税率（5％または8％）が適用されます。また、指定日（27年指定日）以降に契約対価の額が増額・減額された結果、当初の契約対価の額よりも多くなった場合には当初の契約対価の額だけが経過措置の対象となり、当初の契約対価の額よりも少なくなった場合には当該増減後の対価すべてに関して旧税率（5％または8％）が適用されます。

対価に増減があった場合の経過措置

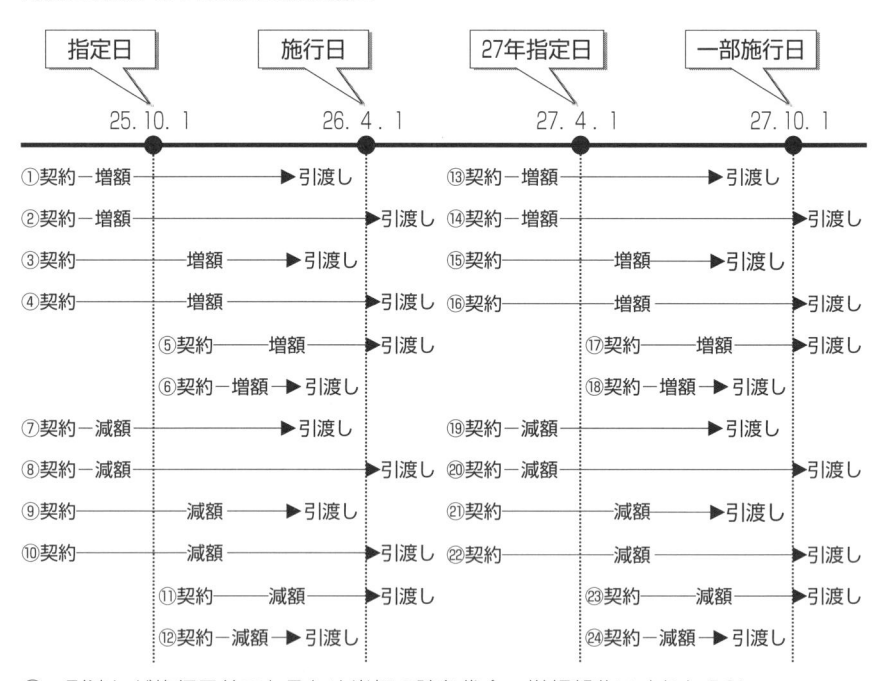

① 引渡しが施行日前であるため当初の請負代金・増額部分いずれも5％
② 指定日前に増額されているため当初の請負代金・増額部分いずれも5％

③　引渡しが施行日前であるため当初の請負代金・増額部分いずれも5％
④　当初の請負代金5％、増額部分8％
⑤　経過措置の適用なく当初の請負代金・増額部分いずれも8％
⑥　引渡しが施行日前であるため当初の請負代金・増額部分いずれも5％
⑦〜⑩　減額後の請負代金5％
⑪　経過措置の適用なく減額後の請負代金8％
⑫　引渡しが施行日前であるため減額後の請負代金5％
⑬　引渡しが一部施行日前であるため当初の請負代金・増額部分いずれも8％
⑭　27年指定日前に増額されているため当初の請負代金・増額部分いずれも8％
⑮　引渡しが一部施行日前であるため当初の請負代金・増額部分いずれも8％
⑯　当初の請負代金8％、増額部分10％
⑰　経過措置の適用なく当初の請負代金・増額部分いずれも10％
⑱　引渡しが一部施行日前であるため当初の請負代金・増額部分いずれも8％
⑲〜㉒　減額後の請負代金8％
㉓　経過措置の適用なく減額後の請負代金10％
㉔　引渡しが一部施行日前であるため減額後の請負代金8％

⑤ 通知義務

　事業者が工事等の請負契約に関する経過措置の適用を受けた課税資産の譲渡等を行った場合には、当該課税資産の譲渡等がこれら経過措置の適用を受けたものであることについて相手方に対し書面により通知しなければなりません（改正法附則5⑧・16）。この通知は請求書等にその旨を記載することとしても差し支えないこととされています。

　なお、仮にこの通知義務が履行されなかった場合であっても、通知義務の履行は経過措置の適用要件ではないので、経過措置の適用に影響を与えることはありません。

2 貸付契約に基づく資産の貸付け
（改正法附則5④・16、改正施行令附則4⑥）

　資産の貸付契約の賃料については、本来、支払いを受けるべき時点での消費税率が適用されるのが原則ですが、指定日（27年指定日）の前日までに契約を締結し、施行日（一部施行日）の前日までに貸付けを行うなど一定の要件を満たす場合には、施行日（一部施行日）以降の賃料についても旧税率が適用されます。

① 適用を受けるための要件

　以下の①または②の要件を満たした場合に経過措置が適用されます。
　①　以下の各要件すべてを満たすこと
　　● 平成8年10月1日から指定日（平成25年10月1日）の前日までに契約を締結
　　● 施行日（平成26年4月1日）の前日までに目的物の貸付けを実際に行い※、施行日以降も引き続き貸付けを行っていること
　②　以下の各要件すべてを満たすこと
　　● 平成25年10月1日から27年指定日（平成27年4月1日）の前日までに契約を締結
　　● 一部施行日（平成27年10月1日）の前日までに目的物の貸付けを実際に行い※、施行日以降も引き続き貸付けを行っていること
　　※　「目的物の貸付けを実際に行い」とは、取引の相手方に対して資産の引渡しが行われ、相手方においてその資産を使用収益し得る状態になっていることをいいます。

② 効　果

　上記の①または②の要件を満たした場合、それぞれ、以下の旧税率が適用されます（次頁図表2－1参照）。
　①　施行日以降の賃料に対し旧税率（5％）適用
　②　一部施行日以降の賃料に対し旧税率（8％）適用

Ⅱ　指定日の前日までに契約を締結することにより適用されるもの

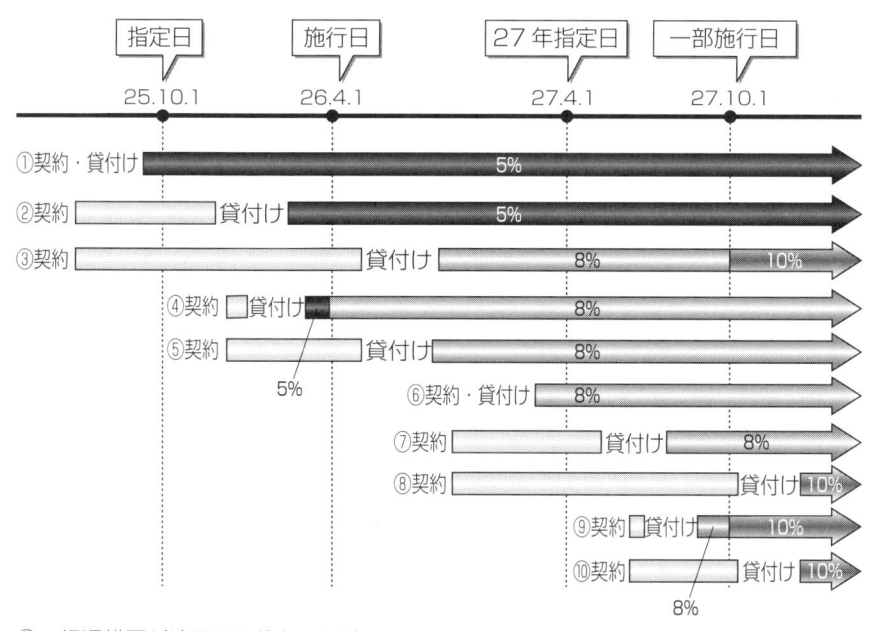

図表2－1　資産の貸付契約に係る経過措置

```
              指定日        施行日        27年指定日      一部施行日
              25.10.1       26.4.1        27.4.1         27.10.1
```

① 契約・貸付け　　5%
② 契約　貸付け　　5%
③ 契約　　　貸付け　8%　10%
④ 契約　貸付け　　8%
⑤ 契約　貸付け　5%　8%
⑥ 契約・貸付け　　8%
⑦ 契約　　　貸付け　8%
⑧ 契約　　　　　　　貸付け　10%
⑨ 契約　貸付け　　10%
⑩ 契約　貸付け　8%　10%

① 　経過措置が適用され施行日以降も5％
② 　経過措置が適用され施行日以降も5％
③ 　施行日前までに貸付けが行われていないため経過措置の適用なし8％。また、平成25年10月1日から27年指定日前までに契約を締結したものではないため、平成27年時の経過措置の適用もなく一部施行日以降10％
④ 　指定日前までに契約締結されていないため経過措置の適用はなく、施行日までは5％、施行日以降8％。なお、平成25年10月1日から27年指定日前までに契約を締結し、一部施行日前までに貸し付けているため、平成27年時の経過措置の適用があり一部施行日以降も8％
⑤ 　平成27年時の経過措置が適用され一部施行日以降も8％
⑥ 　平成27年時の経過措置が適用され一部施行日以降も8％
⑦ 　平成27年時の経過措置が適用され一部施行日以降も8％
⑧ 　一部施行日前までに貸付けが行われていないため平成27年時の経過措置の適用なし10％
⑨ 　27年指定日前までに契約締結されていないため平成27年時の経過措置の適用はなく、一部施行日までは8％、一部施行日以降10％
⑩ 　27年指定日前までに契約締結されておらず、一部施行日前までに貸付けもなされていないため平成27年時の経過措置の適用なし10％

51

③ 適用対象となる契約の範囲

　資産の貸付契約に関する経過措置が適用されるのは、以下の①または②のいずれかに該当する契約です（改正法附則5④・16、改正施行令附則4⑥）。
① ファイナンス・リース取引以外の資産の貸付け（事業用建物の貸付け等）で
- 貸付期間及び期間中の対価の額が定められており
- 事業者が事情の変更その他の理由により当該対価の額の変更を求めることができる旨の定めがないこと

② 平成20年4月1日より前に締結されたファイナンス・リース取引のうち賃貸借処理されたもので
- 貸付期間及び期間中の対価の額が定められており
- 契約期間中に当事者の一方または双方がいつでも解約の申入れをすることができる旨の定めがなく
- 貸付資産の取得価額及び付随費用の合計額のうち貸付けの対価の合計額の占める割合が90％以上であるように定められていること

　平成19年度税制改正により、所有権移転外リース取引については、従来の賃貸借取引としての取扱いから、売買取引としての取扱いへと変更されました。それと同時に、税務上のリース取引（会計上のファイナンス・リース取引とほぼ同義）については、所有権移転・移転外を問わず、長期割賦販売等または延払条件付販売等に含まれることとなりました（法法63⑥②・64の2③、所法65③②・67の2③）。

　これら改正規定は、平成20年4月1日以降に締結されたリース取引に対して適用されています。

　そのため、平成20年4月1日以降に締結するリース取引については、資産の貸付契約に関する経過措置ではなく、長期割賦販売等に関する経過措置の適用の有無を検討することとなります。他方で、平成20年4月1日よ

り前に締結されたリース取引のうち賃貸借処理されたものについては、長期割賦販売等に関する経過措置ではなく、資産の貸付契約に関する経過措置の適用の有無を検討することとなります※。

※　平成20年４月１日より前に締結されたリース取引で売買処理されたものについては長期割賦販売等に関する経過措置の適用の有無を検討することとなります。

④ 対価の額の変更

　資産の貸付契約に関し、指定日（27年指定日）以降に対価の額の変更が行われた場合には、その後、経過措置が一切適用されません（改正法附則５④但書・16）。資産の貸付契約に関する対価の額の変更には、増額のみならず、減額することも含まれます。工事等の請負契約の場合の経過措置のように、増額部分については経過措置の対象とならないものの、それ以外の対価部分については経過措置の対象となるとの取扱いと大きく異なることに注意が必要です。

　資産の貸付契約において、対価の額が変更された場合には、それによって、事実上、新たな賃貸借契約が締結されたと同視できることから、その変更後の貸付けに係る契約については、その対価の額の全額を新税率の対象とするというものです。

　そのため、資産の貸付契約において指定日（27年指定日）以降に対価の額を増額・減額する場合には、経過措置の適用に関して十分な注意が必要です。

⑤ 通知義務

　事業者が資産の貸付契約に関する経過措置の適用を受けた課税資産の貸付けを行った場合には、当該課税資産の貸付けがこれら経過措置の適用を

受けたものであることについて相手方に対し書面により通知しなければなりません（改正法附則5⑧・16）。この通知は請求書等にその旨を記載することとしても差し支えないこととされています。

なお、仮にこの通知義務が履行されなかった場合であっても、通知義務の履行は経過措置の適用要件ではないので、経過措置の適用に影響を与えることはありません。

3　指定役務の提供契約に基づく役務の提供 （改正法附則5⑤・16、改正施行令附則4⑦）

役務の提供の対価については、本来、その役務の全部を完了した時点での消費税率が適用されるのが原則ですが、特定の役務に関し、指定日（27年指定日）の前日までに契約を締結するなど一定の要件を満たす場合には、たとえ役務の全部の完了が施行日（一部施行日）以降となっても、施行日（一部施行日）以降の役務の対価（積立金）に対して旧税率が適用されます。

① 適用を受けるための要件

以下の①または②の要件を満たした場合に経過措置が適用されます。
① 以下の各要件すべてを満たすこと
- 平成8年10月1日から指定日（平成25年10月1日）の前日までに契約を締結
- 施行日（平成26年4月1日）以降に役務の提供

② 以下の各要件すべてを満たすこと
- 平成25年10月1日から27年指定日（平成27年4月1日）の前日までに契約を締結
- 一部施行日（平成27年10月1日）以降に役務の提供

② 効　果

　上記の①または②の要件を満たした場合、それぞれ、以下の旧税率が適用されます。
　　①　施行日以降の積立金に対し旧税率（５％）適用
　　②　一部施行日以降の積立金に対し旧税率（８％）適用

指定役務の提供契約に係る経過措置

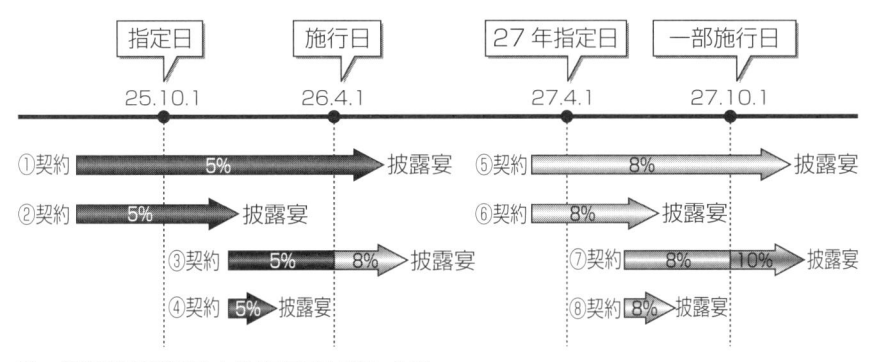

```
            指定日        施行日      27年指定日    一部施行日
           25.10.1       26.4.1       27.4.1       27.10.1

①契約 ━━━━━ 5% ━━━━━→披露宴   ⑤契約 ━━━━ 8% ━━━━→披露宴
②契約 ━ 5% →披露宴              ⑥契約 ━ 8% →披露宴
      ③契約 ━ 5% ┃ 8% →披露宴        ⑦契約 ━ 8% ┃ 10% →披露宴
      ④契約 5%→披露宴                  ⑧契約 8%→披露宴
```

①　経過措置が適用され施行日以降も５％
②　披露宴が施行日前までに行われているため５％
③　指定日前までに契約が締結されていないため経過措置が適用されず、施行日以降８％
④　指定日前までに契約が締結されておらず経過措置の適用はないものの、披露宴が施行日前までに行われているため５％
⑤　経過措置が適用され一部施行日以降も８％
⑥　披露宴が一部施行日前までに行われているため８％
⑦　27年指定日前までに契約が締結されていないため経過措置が適用されず、一部施行日以降10％
⑧　27年指定日前までに契約が締結されておらず経過措置の適用はないものの、披露宴が一部施行日前までに行われているため８％

③ 適用対象となる契約の範囲

　指定役務の提供契約に基づく役務の提供に関する経過措置が適用されるのは、以下の①～④までの要件をすべて満たす契約です（改正法附則5⑤・16、改正施行令附則4⑦）。

① 　契約の性質上、その役務の提供の時期をあらかじめ定めることができないもの
② 　その役務の提供に先立って対価の全部または一部が分割して支払われる契約として政令で定めるもの
③ 　その契約に係る役務の提供の対価の額が定められていること
④ 　事業者が事情の変更その他の理由によりその対価の額の変更を求めることができる旨の定めがないこと

　上記②「政令で定めるもの」については、割賦販売法第2条第6項に規定する前払式特定取引に係る契約のうち、指定役務の提供に該当する以下のものをいいます（改正施行令附則4⑦）。これらの役務の提供に先立って対価の全部または一部を2か月以上の期間にわたり、かつ3回以上分割して受領する契約内容となっている必要があります（割賦販売法2⑥）。

- 婚礼（結婚披露宴を含む）のための施設の提供、衣服の貸与その他の便益の提供及びこれに付随する物品の給付
- 葬式のための祭壇の貸与その他の便益の提供及びこれに付随する物品の給付

　すなわち、冠婚葬祭互助会が行う婚礼や葬式に係る役務の提供で、積立金等による前払方式によるものは、契約の性質上、婚礼や葬式が行われる時期が事前に特定できないため、このような契約については、上記①～④の要件を満たすことを前提に、経過措置の適用を認めるとしたものです。
　なお、前払いで分割して掛金を積み立て、一定額に達した時点で商品等

の購入の対価に充当するもの、例えばデパートの積立会員制度を利用した商品等の購入については、経過措置の提供対象とはなりません。

④ 対価の額の変更

指定日（27年指定日）以降に、役務の提供の対価の額の変更が行われた場合には、指定役務の提供契約に基づく役務の提供に関する経過措置が一切適用されなくなります(改正法附則5⑤但書・16)。対価の額の変更とは、増額のみならず、減額も含まれます。工事等の請負契約の場合の経過措置のように、増額部分については経過措置の対象とならないものの、それ以外の対価部分については経過措置の対象となるとの取扱いと大きく異なることに注意が必要です。

4 予約販売に係る書籍等の譲渡(改正施行令附則5①)

書籍等の販売の対価については、たとえ予約販売であっても、本来、引渡し（販売）時点での消費税率が適用されるのが原則ですが、指定日（27年指定日）の前日までに契約を締結し、施行日（一部施行日）の前日までに対価を受領するなど一定の要件を満たす場合には、たとえ引渡し（販売）が施行日（一部施行日）以降となっても、その受領した対価に対し旧税率が適用されます。

① 適用を受けるための要件

以下の①または②の要件を満たした場合に経過措置が適用されます。
① 以下の各要件すべてを満たすこと
- 指定日（平成25年10月1日）の前日までに契約を締結

- その契約で定められた対価の全部または一部を施行日（平成26年4月1日）の前日までに受領
- 施行日（平成26年4月1日）以降に書籍等の譲渡
② 以下の各要件すべてを満たすこと※
- 平成25年10月1日から27年指定日（平成27年4月1日）の前日までに契約を締結
- その契約で定められた対価の全部または一部を一部施行日（平成27年10月1日）の前日までに受領
- 一部施行日（平成27年10月1日）以降に書籍等の譲渡
    ※ 改正施行令附則第5条第1項では規定されていませんが、改正法附則第16条との均衡上、今後の政令等でこれら要件・効果を定めた規定が設けられることを前提とします。

② 効　果

上記の①または②の要件を満たした場合、それぞれ、以下の旧税率が適用されます（次頁図表2－2参照）。

① 施行日前の対価につき旧税率（5％）適用
② 一部施行日前の対価につき旧税率（8％）適用※
    ※ 上記当該の注書き参照。

Ⅱ 指定日の前日までに契約を締結することにより適用されるもの

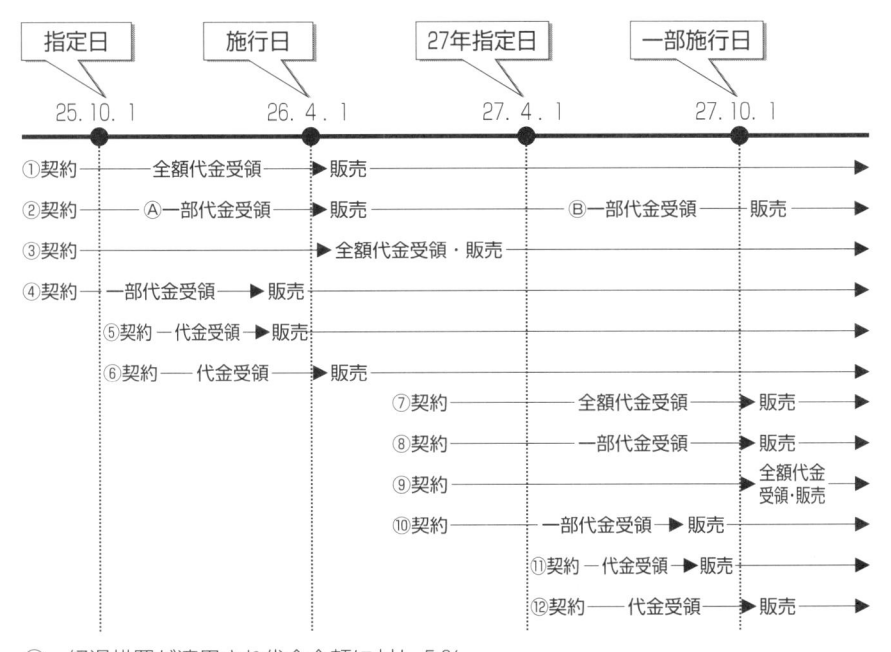

図表2－2 予約販売に係る書籍等の譲渡に係る経過措置

```
指定日          施行日         27年指定日      一部施行日
25.10.1         26.4.1          27.4.1          27.10.1
```

①契約――全額代金受領→販売
②契約――Ⓐ一部代金受領→販売――Ⓑ一部代金受領――販売
③契約――→全額代金受領・販売
④契約――一部代金受領→販売
⑤契約―代金受領→販売
⑥契約――代金受領→販売
⑦契約――全額代金受領→販売
⑧契約――一部代金受領→販売
⑨契約――→全額代金受領・販売
⑩契約――一部代金受領→販売
⑪契約―代金受領→販売
⑫契約――代金受領→販売

① 経過措置が適用され代金全額に対し5％
② 一部代金（Ａ）に関し経過措置が適用され5％、一部代金（Ｂ）については、平成25年10月1日以降に契約が締結されたものではないため、平成27年時の経過措置の適用はなく10％
③ 施行日前までに受領した対価ではないため経過措置の適用はなく代金全額に対し8％
④ 施行日前までに販売されているため一部代金に対し5％
⑤ 経過措置の適用はないものの施行日前までに販売されているため5％
⑥ 指定日前までに契約が締結されていないため経過措置の適用はなく8％
⑦ 経過措置が適用され代金全額に対し8％
⑧ 一部代金に関し経過措置が適用され8％
⑨ 一部施行日前までに受領した対価ではないため経過措置の適用はなく代金全額に対し10％
⑩ 一部施行日前までに販売されているため一部代金に対し8％
⑪ 経過措置の適用はないものの一部施行日前までに販売されているため8％
⑫ 27年指定日前までに契約が締結されていないため経過措置の適用はなく10％

③ 適用対象となる契約の範囲

　予約販売に係る書籍等の譲渡に関する経過措置が適用されるのは、以下の①②の要件を満たす契約です（改正施行令附則5①）。
①　不特定かつ多数の者に定期的に継続して供給することを約する契約（定期的継続供給契約）であること
②　定期的継続供給契約の目的物が書籍その他の物品であること

　定期的継続供給契約とは、例えば、定期購読等の申込み・承諾により、一定期間の購読契約が締結されているものをいいます。定期的継続供給契約の目的物となる「書籍その他の物品」に関しては、通常、「その他の」という用語は、前に置かれた名詞が後に続く一層意味内容の広い言葉の例示をなすものとして、一部と全体の関係を指す場合に用いられることから（吉国一郎他編『法令用語辞典　第9次改訂版』学陽書房、2009年、495頁）、「その他の物品」といっても、書籍及び書籍に類するものに限定されることとなります。
　また、「不特定かつ多数の者」とは、一般の不特定者が購入できるような販売形式がとられているものをいい、特定の固定された少数の者にのみ販売される形式のものは除かれます。さらに、「定期的に継続して供給する」とは、週、月、年その他の一定の周期を単位として、おおむね規則的に継続して供給することをいいます。

5　通信販売による商品の販売（改正施行令附則5③）

　売買契約の対価については、たとえ通信販売であっても、本来、引渡し（販売）時点での消費税率が適用されるのが原則ですが、指定日（27年指定日）の前日までに販売条件を提示し、施行日（一部施行日）の前日までに

Ⅱ 指定日の前日までに契約を締結することにより適用されるもの

売買契約の申込みを受けるなど一定の要件を満たす場合には、たとえ引渡し（販売）が施行日（一部施行日）以降となっても、その対価に対し旧税率が適用されます。

① 適用を受けるための要件

以下の①または②の要件を満たした場合に経過措置が適用されます。
① 以下の各要件すべてを満たすこと
- 指定日（平成25年10月1日）の前日までに販売条件を提示し、または提示する準備を完了している[※1]こと
- 施行日（平成26年4月1日）の前日までに売買契約の申込みを受けていること
- 提示した販売条件に従って施行日（平成26年4月1日）以降に商品を販売
② 以下の各要件すべてを満たすこと[※2]
- 平成25年10月1日から27年指定日（平成27年4月1日）の前日までに販売条件を提示し、または提示する準備を完了している[※1]こと
- 一部施行日（平成27年10月1日）の前日までに売買契約の申込みを受けていること
- 提示した販売条件に従って一部施行日（平成27年10月1日）以降に商品を販売
    ※1 「提示する準備を完了している」とは、販売条件等の提示方法に従い、いつでも提示することができる状態にある場合をいいます（例えば、カタログの印刷が完了した場合など）。
    ※2 改正施行令附則第5条第3項では規定されていませんが、改正法附則第16条との均衡上、今後の政令等でこれら要件・効果を定めた規定が設けられることを前提とします。

第 2 章　経過措置の概要

② 効　果

　上記の①または②の要件を満たした場合、それぞれ、以下の旧税率が適用されます。

　① 　販売対価に対し旧税率（5％）適用
　② 　販売対価に対し旧税率（8％）適用※
　　　※ 　前頁の※ 2 参照。

通信販売による商品の販売に係る経過措置

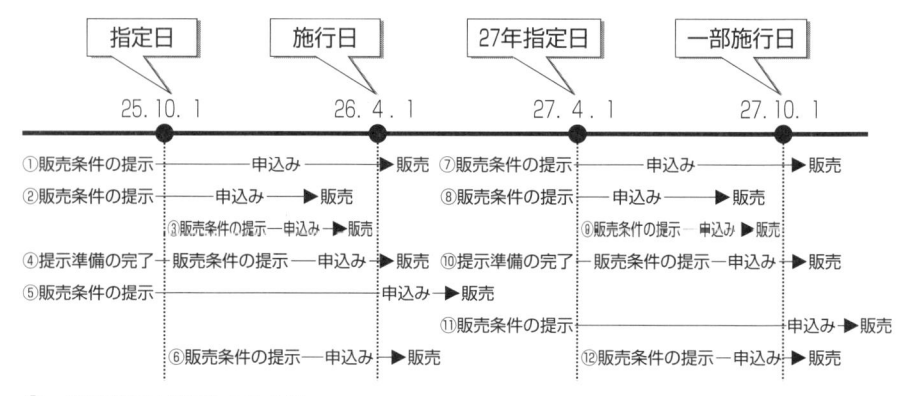

```
        指定日          施行日         27年指定日        一部施行日
       25.10. 1        26. 4. 1        27. 4. 1        27.10. 1
①販売条件の提示────申込み───▶販売  ⑦販売条件の提示────申込み───▶販売
②販売条件の提示──申込み─▶販売       ⑧販売条件の提示──申込み─▶販売
         ③販売条件の提示─申込み─▶販売      ⑨販売条件の提示─申込み─▶販売
④提示準備の完了─販売条件の提示──申込み─▶販売 ⑩提示準備の完了─販売条件の提示─申込み─▶販売
⑤販売条件の提示──────────申込み─▶販売  ⑪販売条件の提示─────────申込み─▶販売
         ⑥販売条件の提示──申込み─▶販売     ⑫販売条件の提示─申込み─▶販売
```

① 　経過措置が適用され 5 ％
② 　施行日前までに販売されているため 5 ％
③ 　経過措置の適用はないものの施行日前までに販売されているため 5 ％
④ 　指定日前までに販売条件を提示する準備が完了しているため、指定日以降に販売条件が提示されていたとしても経過措置が適用され 5 ％
⑤ 　施行日前までに売買契約の申込みを受けていないため経過措置の適用はなく 8 ％
⑥ 　指定日前までに販売条件を提示していないため経過措置の適用はなく 8 ％
⑦ 　経過措置が適用され 8 ％
⑧ 　一部施行日前までに販売されているため 8 ％
⑨ 　経過措置の適用はないものの一部施行日前までに販売されているため 8 ％
⑩ 　27年指定日前までに販売条件を提示する準備が完了しているため、27年指定日以降に販売条件が提示されていたとしても経過措置が適用され 8 ％
⑪ 　一部施行日前までに売買契約の申込みを受けていないため経過措置の適用はなく10％
⑫ 　27年指定日前までに販売条件を提示していないため経過措置の適用はなく10％

③ 適用対象となる契約の範囲

　通信販売による商品の販売に関する経過措置が適用されるのは、通信販売による売買契約、すなわち「不特定かつ多数の者に商品の内容、販売価格その他の条件を提示し、郵便、電話その他の方法により売買契約の申込みを受けて当該提示した条件に従って行う商品の販売」をいいます（改正施行令附則5③）。なお、商品の販売には物品の販売のみならず、通信教育等の役務の提供も含まれます。

　「不特定かつ多数の者に商品の内容、販売価格その他の条件を提示し」とは、新聞、テレビ、インターネット、チラシ、カタログ等の媒介手段を通じて、これら視聴者等に対し販売条件を提示することをいいます。そのため、頒布会、友の会などの名称で行われるものであっても、相当数の会員で構成され、会員が固定的でないような会が会員等を対象としてこれら媒介手段を通じて販売条件を提示する場合には、この要件を満たすこととなります。

　また、「郵便、電話その他の方法により売買契約の申込みを受けて」に関しては、郵便、電話による申込み以外にも、事業者の銀行口座に商品代金が振り込まれた場合も売買契約の申込みがなされたものとみなされます。

6　有料老人ホームに係る終身入居契約に基づく役務の提供（改正施行令附則5④）

　役務の提供の対価については、本来、その役務の全部を完了した時点での消費税率が適用されるのが原則ですが、有料老人ホームに係る終身入居契約に基づく役務に関し、指定日（27年指定日）の前日までに契約を締結し、以後継続して役務の提供がなされるなど一定の要件を満たす場合には、たとえ役務の全部の完了が施行日（一部施行日）以降となっても、施行日

(一部施行日)以降の役務の対価(一時金)に対して旧税率が適用されます。

① 適用を受けるための要件

以下の①または②の要件を満たした場合に経過措置が適用されます。
① 以下の各要件をすべて満たすこと
- 平成8年10月1日から指定日(平成25年10月1日)の前日までに契約を締結
- 施行日(平成26年4月1日)の前日から施行日以降継続して役務の提供が行われること

② 以下の各要件をすべて満たすこと※
- 平成25年10月1日から27年指定日(平成27年4月1日)の前日までに契約を締結
- 一部施行日(平成27年10月1日)の前日から一部施行日以降継続して役務の提供が行われること

※ 改正施行令附則第5条第4項では規定されていませんが、改正法附則第16条との均衡上、今後の政令等でこれら要件・効果を定めた規定が設けられることを前提とします。

② 効　果

上記の①または②の要件を満たした場合、それぞれ、以下の旧税率が適用されます。
① 施行日以降の役務の提供の対価(一時金に対応する部分に限る)に対して旧税率(5％)適用
② 一部施行日以降の役務の提供の対価(一時金に対応する部分に限る)に対して旧税率(8％)適用※
※ 上記当該の注書き参照。

③ 適用対象となる契約の範囲

　有料老人ホームに係る終身入居契約に基づく役務の提供に関する経過措置が適用されるのは、以下の①～③いずれも満たす契約です（改正施行令附則5④）。

① 老人福祉法第29条第1項に規定する有料老人ホームに係る終身入居契約であること
② 入居期間中の介護に係る役務の提供※の対価が、入居の際に一時金として支払われるものであること
③ 一時金につき事業者が事情の変更その他の理由によりその額の変更を求めることができる旨の定めがないもの
　　※　介護保険法の規定に基づく居宅介護サービス費の支給に係る居宅サービス等、消費税法別表第1第7号に掲げる資産の譲渡等に該当するものを除きます（改正施行令附則5④）。

　「老人福祉法第29条第1項に規定する有料老人ホーム」とは、「老人を入居させ、入浴、排せつ若しくは食事の介護、食事の提供又はその他の日常生活上必要な便宜であって厚生労働省令で定めるもの（以下「介護等」という。）の供与（他に委託して供与をする場合及び将来において供与をすることを約する場合を含む。）をする事業を行う施設であって、老人福祉施設、認知症対応型老人共同生活援助事業を行う住居その他厚生労働省令で定める施設でないもの」をいいます。
　また、「終身入居契約」とは、有料老人ホームに入居する際に一時金を支払うことにより終身居住できる権利を取得する契約をいいます。
　なお、一時金以外に月額利用料も支払う場合、一時金については上記要件を満たせば経過措置の適用対象となりますが、月額利用料については経過措置の適用対象とはなりません。

④ 対価の額の変更

　有料老人ホームに係る終身入居契約に基づく役務の提供に関し、指定日(27年指定日) 以降に一時金の額の変更が行われた場合には、変更後の役務の提供の対価については、経過措置が適用されません（改正施行令附則5④但書）。一時金の額の変更には、増額のみならず、減額することも含まれます。

III 施行日（一部施行日）にまたがる契約につき適用されるもの

1 旅客運賃等を対価とする課税資産の譲渡等
（改正法附則5①・16、改正施行令附則4①）

　旅客運送サービスなどの役務の提供の対価については、本来、その役務の全部を完了した時点での消費税率が適用されるのが原則ですが、施行日（一部施行日）の前日までに料金を徴収するなど一定の要件を満たす場合には、たとえ役務の全部の完了が施行日（一部施行日）以降となっても、施行日（一部施行日）以降の料金に対して旧税率が適用されます。

① 適用を受けるための要件

以下の①または②の要件を満たした場合に経過措置が適用されます。
①　以下の各要件すべてを満たすこと
- 施行日（平成26年4月1日）の前日までに料金徴収
- 施行日（平成26年4月1日）以降に課税資産の譲渡等

②　以下の各要件すべてを満たすこと
- 施行日（平成26年4月1日）から一部施行日（平成27年10月1日）の前日までに料金徴収
- 一部施行日（平成27年10月1日）以降に課税資産の譲渡等

② 効　果

上記の①または②の要件を満たした場合、それぞれ、以下の旧税率が適用されます。

① 施行日以降の料金（対価）に対し旧税率（5％）適用
② 一部施行日以降の料金（対価）に対し旧税率（8％）適用

旅客運賃等を対価とする課税資産の譲渡等に係る経過措置

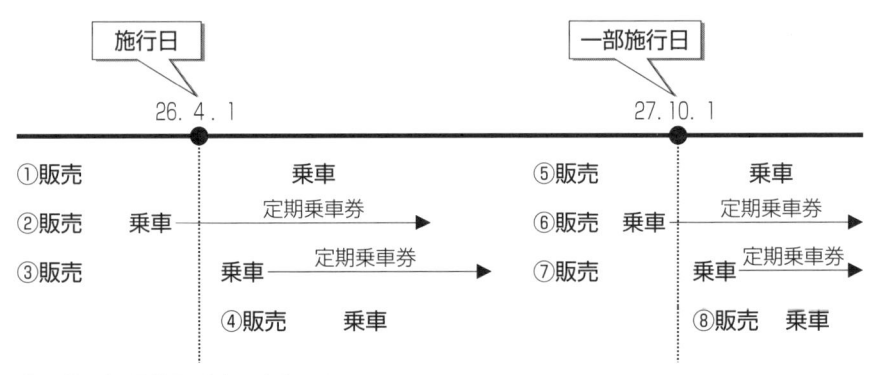

```
              施行日                      一部施行日
              26.4.1                      27.10.1
──────────────┬──────────────────────────┬──────────────
①販売         │   乗車                    │⑤販売    乗車
              │   ─定期乗車券→          │       ─定期乗車券→
②販売   乗車   │                          │⑥販売  乗車
              │                          │       ─定期乗車券→
③販売         │  乗車 ─定期乗車券→      │⑦販売   乗車
              │                          │
              │ ④販売    乗車            │⑧販売   乗車
```

①〜③　経過措置が適用され5％
④　　経過措置の適用はなく8％
⑤〜⑦　経過措置が適用され8％
⑧　　経過措置の適用はなく10％

③ 適用対象となる料金（対価）の範囲

改正法附則第5条第1項では、経過措置の適用対象となる料金の範囲として、「旅客運賃、映画又は演劇を催す場所への入場料金その他の不特定かつ多数の者に対する課税資産の譲渡等に係る対価で政令で定めるもの」と定めており、改正施行令附則第4条第1項では、以下の対価が定められています。

① 汽車、電車、乗合自動車、船舶または航空機に係る旅客運賃（料金

② 映画、演劇、演芸、音楽、スポーツまたは見せ物を不特定かつ多数の者に見せ、または聴かせる場所への入場料金
③ 競馬場、競輪場、小型自動車競走場またはモーターボート競走場への入場料金
④ 美術館、遊園地、動物園、博覧会の会場その他不特定多数の者が入場する施設または場所でこれらに類するものへの入場料金

また、以下のような場合においても、旅客運賃等を対価とする課税資産の譲渡等に関する経過措置の適用があります。
① 乗車、入場または利用（以下「乗車等」といいます）をすることができる日が施行日以後の特定の日に指定されている乗車券、入場券または利用券等（以下「乗車券等」といいます）を施行日前に販売した場合（前売指定席券、前売入場券等）
② 乗車等の日が施行日以後の一定の期間、または施行日前から施行日以後にわたる一定の期間の任意の日とされている乗車券等（回数券等）を施行日前に販売した場合
③ 施行日の前後を通じて、または施行日以後の一定期間継続して乗車等することができる乗車券等（いわゆる定期乗車券等）を施行日前に販売した場合
④ スポーツ等を催す競技場等における年間予約席等について、施行日の前後を通じてまたは施行日以後の一定期間継続して独占的に利用させるため、あらかじめ一定期間分の入場料金を一括して領収することを内容とする契約を施行日前に締結している場合（プロ野球の年間予約席等）

なお、経過措置の適用の判定に当たっては、乗車券等が発行されているかどうかは問いませんが、ICカードに現金をチャージ（入金）しただけで

は、乗車券等の販売を行っていることとならないので、経過措置は適用されません。

2 電気、ガス等の供給等による課税資産の譲渡等
（改正法附則5②・16、改正施行令附則4②〜④）

電気、ガス等の利用料金に関し、利用期間や利用料金の確定日が一定の要件を満たす場合には、施行日（一部施行日）以降の供給に係る利用料金についても旧税率が適用されます。

① 適用を受けるための要件

本経過措置については、料金確定の単位期間の長さにより、以下の①②のように要件が異なります。
① 1か月単位で料金が確定するもの（電気料金、ガス料金等）
　1か月単位で料金が確定するもの（電気料金、ガス料金等）については、以下のアまたはイの要件を満たした場合に経過措置が適用されます。
　ア　以下の各要件すべてを満たすこと
　　● 利用期間が施行日（平成26年4月1日）より前から継続していること
　　● 料金の確定日が施行日（平成26年4月1日）から平成26年4月30日までの日
　イ　以下の各要件すべてを満たすこと
　　● 利用期間が一部施行日（平成27年10月1日）より前から継続していること
　　● 料金の確定日が一部施行日（平成27年10月1日）から平成27年10

月31日までの日
② 2か月単位以上で料金が確定するもの（水道料金等）

　2か月単位以上で料金が確定するもの（水道料金等）については、以下のアまたはイの要件を満たした場合に経過措置が適用されます。

　　ア　以下の各要件すべてを満たすこと
- 利用期間が施行日（平成26年4月1日）より前から継続していること
- 料金の確定日が平成26年5月1日以降

　　イ　以下の各要件すべてを満たすこと
- 利用期間が一部施行日（平成27年10月1日）より前から継続していること
- 料金の確定日が平成27年11月1日以降

※　料金の確定とは、電気、ガス等の使用量を計量するために設けられた電力量計その他の計量器を定期的に検針その他これに類する行為により確定する方法等により、一定期間における使用量を把握し、これに基づき料金が確定されるものをいいます。

② 効　果

　上記の要件を満たした場合、その分類に応じて、以下の旧税率が適用されます（図表2-3-1、2-3-2参照）。

　①ア　施行日以降の利用料金も含め旧税率（5％）適用
　　イ　一部施行日以降の利用料金も含め旧税率（8％）適用

第 2 章　経過措置の概要

②ア　下記計算式で算出した金額のみ旧税率（5 %）適用

$$\text{施行日以降初めて確定した料金} \times \frac{\text{前回確定日から平成26年 4 月30日までの期間の月数}^{※1}}{\text{前回確定日から施行日以降初めて料金が確定した日までの期間の月数}^{※1}}$$

イ　下記計算式で算出した金額のみ旧税率（8 %）適用[※2]

$$\text{一部施行日以降初めて確定した料金} \times \frac{\text{前回確定日から平成27年10月31日までの期間の月数}^{※1}}{\text{前回確定日から一部施行日以降初めて料金が確定した日までの期間の月数}^{※1}}$$

※1　月数は暦に従って計算し 1 か月未満の端数は 1 か月として計算します。
※2　改正施行令附則第 4 条第 3 項では規定されていませんが、今後の政令等で規定されることを前提とします。

図表 2 － 3 － 1　電気、ガス等の供給等に係る経過措置（1 か月単位で料金が確定するもの）

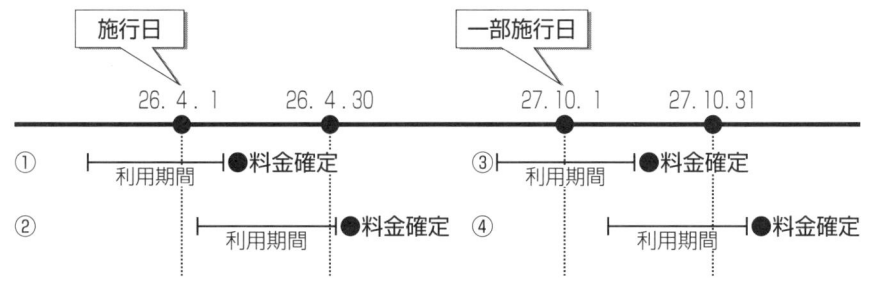

① 経過措置が適用され施行日以降の利用料金も含め 5 ％
② 利用期間が施行日前からではなく、料金確定も平成26年 4 月30日までではないため経過措置の適用なし 8 ％
③ 経過措置が適用され一部施行日以降の利用料金も含め 8 ％
④ 利用期間が一部施行日前からではなく、料金確定も平成27年10月31日までではないため経過措置の適用なし10％

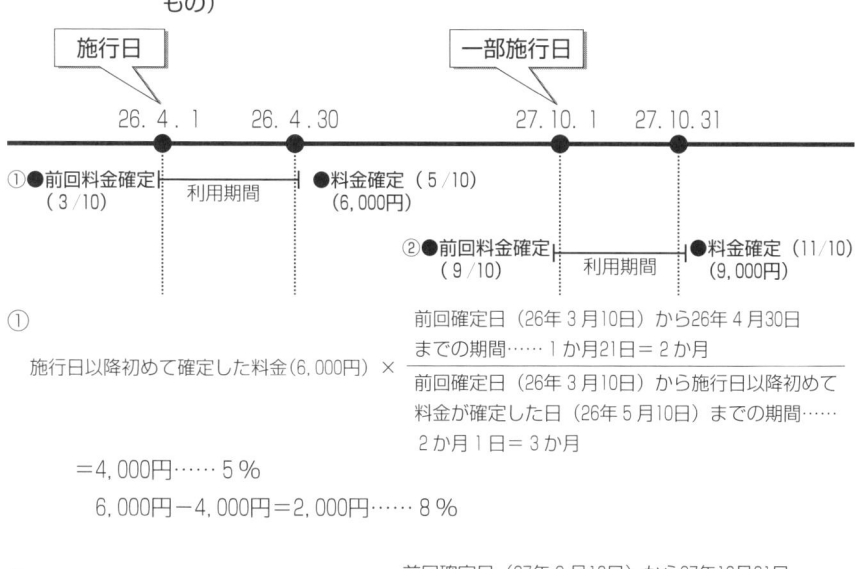

Ⅲ 施行日（一部施行日）にまたがる契約につき適用されるもの

図表２－３－２　水道等の供給等に係る経過措置（２か月単位以上で料金が確定するもの）

施行日　　　　　　　　　　　　一部施行日
　　26.4.1　26.4.30　　　　27.10.1　27.10.31

① ●前回料金確定　　●料金確定（5／10）
　　（3／10）　利用期間　（6,000円）

② ●前回料金確定　　●料金確定（11／10）
　　（9／10）　利用期間　（9,000円）

①
施行日以降初めて確定した料金（6,000円）×　前回確定日（26年３月10日）から26年４月30日までの期間……１か月21日＝２か月
　　　　　　　　　　　　　　　　　　　　　　前回確定日（26年３月10日）から施行日以降初めて料金が確定した日（26年５月10日）までの期間……２か月１日＝３か月

　＝4,000円……５％
　6,000円－4,000円＝2,000円……８％

②
一部施行日以降初めて確定した料金（9,000円）×　前回確定日（27年９月10日）から27年10月31日までの期間……１か月22日＝２か月
　　　　　　　　　　　　　　　　　　　　　　　前回確定日（27年９月10日）から一部施行日以降初めて料金が確定した日（27年11月10日）までの期間……２か月１日＝３か月

　＝6,000円……８％
　9,000円－6,000円＝3,000円……10％

③ 適用対象となる料金の範囲

　改正法附則第５条第２項では、適用対象となる料金の詳細について、事業者が継続的に供給し、または提供することを約する契約に基づき行う電気、ガス、水道水、電気通信役務を挙げた上で、その他政令で定めるものと規定しており、改正施行令附則第４条第２項では、以下のサービスに関する料金について経過措置の適用対象としています。

　① 電気の供給

② ガスの供給
③ 水道水または工業用水の供給及び下水道を使用させる行為
④ 電気通信役務の提供
⑤ 熱供給及び温泉の供給

「継続的に供給し、または提供することを約する契約」とは、経過措置の適用対象となる取引を不特定多数の者に対して継続して行うために定められた供給規定、提供約款等に基づく条件により、長期間にわたって継続して供給または提供することを約する契約をいい、プロパンガスの供給契約でボンベに取り付けられた内容量メーターにより使用量を把握し、料金が確定される内容のものも含まれるとの運用がなされています。

なお、電気通信役務であっても、提供に係る料金が月ごとに定められている場合、すなわち毎月定額となっている専用電気通信役務、データ通信役務は経過措置の適用対象とはなりませんが、基本料、付加機能使用料及び通話料等を一括して請求する電気通信役務（携帯電話等）については、経過措置の適用対象となります。

3　特定新聞等の譲渡（改正施行令附則5②）

新聞、週刊誌などの販売の対価については、たとえ定期的に販売されるものであっても、本来、引渡し（販売）時点での消費税率が適用されるのが原則ですが、指定された販売日が施行日（一部施行日）の前日までの日など一定の要件を満たす場合には、たとえ引渡し（販売）が施行日（一部施行日）以降となっても、その対価に対し旧税率が適用されます。

Ⅲ　施行日（一部施行日）にまたがる契約につき適用されるもの

① 適用を受けるための要件

以下の①または②の要件を満たした場合に経過措置が適用されます。
① 　以下の各要件すべてを満たすこと
- 指定された販売日が施行日（平成26年4月1日）の前日までの日
- 施行日（平成26年4月1日）以降に販売

② 　以下の各要件すべてを満たすこと※
- 指定された販売日が施行日（平成26年4月1日）から一部施行日（平成27年10月1日）の前日までの日
- 一部施行日（平成27年10月1日）以降に販売
  ※ 　改正施行令附則第5条第2項では規定されていませんが、改正法附則第16条との均衡上、今後の政令等でこれら要件・効果を定めた規定が設けられることを前提とします。

② 効　果

上記の①または②の要件を満たした場合、それぞれ、以下の旧税率が適用されます（次頁**図表2－4**参照）。
① 　販売対価に対し旧税率（5％）適用
② 　販売対価に対し旧税率（8％）適用※
　　※ 　上記当該の注書き参照。

図表２－４　特定新聞等の譲渡に係る経過措置

```
        施行日                    一部施行日
        26.4.1                    27.10.1
─────────┼──────────────────────────┼─────────
①販売日  │販売          ④販売日    │販売
②販売日  販売          ⑤販売日  販売
         ③販売日   販売            ⑥販売日   販売
```

① 　経過措置が適用され５％
② 　施行日前までの販売であるため５％
③ 　指定された販売日が施行日以降であるため経過措置の適用なし８％
④ 　経過措置が適用され８％
⑤ 　一部施行日前までの販売であるため８％
⑥ 　指定された販売日が一部施行日以降であるため経過措置の適用なし10％

③ 適用対象となる契約の範囲

　平成９年改正時と同様、特定新聞等に関する譲渡契約が経過措置の適用対象となります（改正施行令附則５②）。「特定新聞等」とは、不特定かつ多数の者に、週、月その他の一定の期間を周期として定期的に発行される新聞、週刊誌、月刊誌、雑誌等で、発行者が発行日を指定するものをいいます。

　そのため、新刊書、文庫本、コミックなどの単行本や、不定期に発行される週刊誌等の別冊については、特定新聞等の譲渡に関する経過措置の適用対象とはならず、施行日（一部施行日）以降の販売については新税率である８％（10％）が適用されることとなります。

Ⅳ 消費税の計算において留意すべきもの

1 施行日(一部施行日)前の売上げにつき対価の返還等をした場合の課税売上高の計算（改正法附則3・16）

　納税義務の免除は、前々事業年度を基準期間とし、その課税売上高が1,000万円以下である場合に認められます。また、平成25年1月1日以降に開始する事業年度においては、特定期間（前事業年度の上半期6か月の期間）における課税売上高が1,000万円以下であるとの要件も必要となります。

　そして、納税義務免除の判定に際し用いられる基準期間（特定期間）における課税売上高は、基準期間（特定期間）中の課税売上高から、その基準期間（特定期間）中になされた返品、値引き、割戻し等による対価の返還等の税抜金額を控除して計算することとされています（消法9②・9の2②）。

　そのため、施行日（一部施行日）の前日までに国内において課税資産の譲渡等が行われ、施行日（一部施行日）以降に当該課税資産の譲渡等につき返品、値引き、割戻し等が行われた場合、売上げに係る対価の返還等についての基準期間、特定期間における課税売上高を計算する際に適用されるのが、この経過措置となります。

　また、仕入税額控除に当たり全額控除、または個別対応方式・一括比例方式のいずれを採用できるかについては、課税期間中における課税売上割合（95％以上かどうか）や課税売上高（5億円以下かどうか）によって判定されますが、課税資産の譲渡等につき返品、値引き、割戻し等によって売

上げに係る対価の返還等が行われた場合には、これら返還等が行われた日の属する課税期間における売上高から控除した金額で判定することとなります（消法30⑥）。

そのため、施行日（一部施行日）の前日までに国内において課税資産の譲渡等が行われ、施行日（一部施行日）以降に当該課税資産の譲渡等につき返品、値引き、割戻し等が行われた場合、売上げに係る対価の返還等に係る課税期間における課税売上高、課税売上割合を計算する際にも、この経過措置が適用されます。

① 適用を受けるための要件

以下の①または②の要件を満たした場合に経過措置が適用されます。
① 以下の各要件すべてを満たすこと
- 課税事業者が施行日（平成26年4月1日）の前日までに国内において課税資産の譲渡等を行ったこと
- 施行日以降の基準期間、特定期間、もしくは課税期間中に当該課税資産の譲渡等につき返品、値引き、割戻し等によって売上げに係る対価の返還等を行ったこと

② 以下の各要件すべてを満たすこと
- 課税事業者が施行日（平成26年4月1日）以降、一部施行日（平成27年10月1日）の前日までに国内において課税資産の譲渡等を行ったこと
- 一部施行日以降の基準期間、特定期間、もしくは課税期間中に当該課税資産の譲渡等につき返品、値引き、割戻し等によって売上げに係る対価の返還等を行ったこと

② 効　果

上記の①または②の要件を満たした場合、それぞれ、以下の旧税率が適用されます。

① 売上げに係る対価の返還等に係る基準期間、特定期間における課税売上高、もしくは課税期間における課税売上高、課税売上割合の計算上、旧税率（5％）適用
② 売上げに係る対価の返還等に係る基準期間、特定期間における課税売上高、もしくは課税期間における課税売上高、課税売上割合の計算上、旧税率（8％）適用

③ 適用対象となる対価の返還等

改正法附則第3条では、消費税法第38条第1項に規定する売上げに係る対価の返還等をした場合と規定しているところ、同条項では、返品、値引き、割戻しを売上げに係る対価の返還等として挙げています。さらに、消費税法基本通達14-1-1から14-1-4では、船舶の早出料、販売奨励金、協同組合等が支払う事業分量配当金、売上割引についても、売上げに係る対価の返還等に該当するとしています。そのため、経過措置の適用対象となる売上げに係る対価の返還等については、これらすべてが含まれるものと考えられます。

2　長期割賦販売等の特例
（改正法附則6・16、改正施行令附則6・8）

割賦販売やリース取引に基づき課税資産の譲渡等を行った場合であっても、その資産の引渡しの日において譲渡対価の全額が課税売上げとされ、

その日における消費税率が適用されるのが原則です。ただし、消費税法上の資産の譲渡等の時期の特例により、延払基準の方法等に基づいて、その課税期間において支払期日が到来する賦払金またはリース譲渡延払収益額等についてのみ資産の譲渡等があったとしている場合には、施行日(一部施行日)前後の支払期日において異なる消費税率が適用されることとなります。このような場合、長期割賦販売等の特例に関する経過措置の適用要件を満たす場合には、施行日(一部施行日)以降に支払期日が到来する賦払金またはリース譲渡延払収益額等につき旧税率が適用されることとなります。

なお、長期割賦販売等の特例に関する経過措置は、あくまでも長期割賦販売等に係る売主またはレッサーに関する規定です。長期割賦販売等での買主の場合には、資産の譲渡等(引渡し)を受けた時点で、当該課税資産の譲渡等に係る対価の額の全額が課税仕入れの対象となるため、引渡し時点での消費税率が適用されるだけです。リース取引のレッシーの場合も同様の考え方をしますが、例外として所有権移転外リース取引でレッシーが賃貸借処理をしている場合に、そのリース料について支払うべき日の属する課税期間において課税仕入れ等として消費税の申告をしている場合には、課税仕入れの時期を各リース料の支払い期日とすることができます(国税庁質疑応答事例・所有権移転外ファイナンス・リース取引について賃借人が賃貸借処理した場合の取扱い)。この場合、リース資産の譲受けが施行日(一部施行日)の前日までになされていれば、施行日(一部施行日)以降に到来する支払日においても旧税率にて仕入れ税額控除を行うものと考えます。

① 適用を受けるための要件

以下の①または②の要件を満たした場合に経過措置が適用されます。
① 施行日(平成26年4月1日)の前日までに長期割賦販売等にて資産の譲渡等を行ったこと

Ⅳ 消費税の計算において留意すべきもの

② 施行日（平成26年4月1日）から一部施行日（平成27年10月1日）の前日までに長期割賦販売等にて資産の譲渡等を行ったこと
※ 「長期割賦販売等」には平成20年4月1日以降に締結されたリース取引を含みます（本章Ⅱ2③参照）。

② 効　果

上記の①または②の要件を満たした場合、それぞれ、以下の旧税率が適用されます。
① 施行日以降に支払期日が到来する賦払金、リース譲渡延払収益額、またはリース譲渡収益額に対し旧税率（5％）適用
② 一部施行日以降に支払期日が到来する賦払金、リース譲渡延払収益額、またはリース譲渡収益額に対し旧税率（8％）適用※
※ リース取引に関し改正施行令附則第6条・第8条では規定されていませんが、今後の政令等で規定されることを前提とします。

長期割賦販売等の特例に係る経過措置

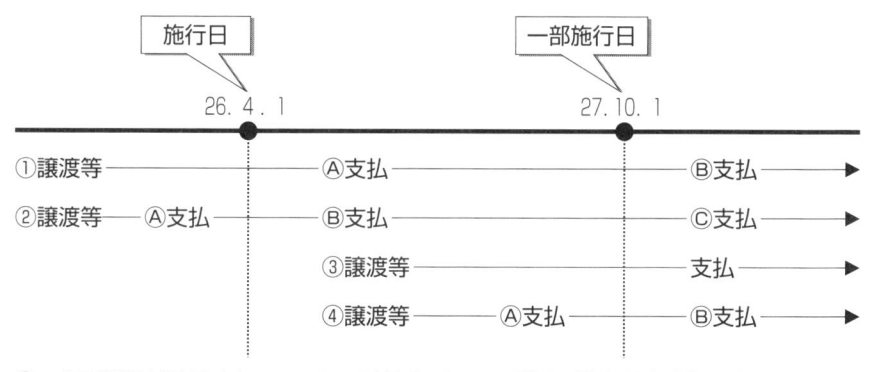

① 経過措置が適用され、A、Bの賦払金（リース譲渡延払収益額等）に対し5％
② Aの賦払金（リース譲渡延払収益額等）については消費税法第16条第1項により5％、B、Cの賦払金（リース譲渡延払収益額等）については経過措置により5％
③ 経過措置が適用され、賦払金（リース譲渡延払収益額等）に対し8％
④ Aの賦払金（リース譲渡延払収益額等）については消費税法第16条第1項により8％、Bの賦払金（リース譲渡延払収益額等）については経過措置により8％

第2章　経過措置の概要

③ 適用対象となる契約の範囲

　長期割賦販売等の特例を受ける場合の経過措置が適用されるのは、以下の①の要件を満たす割賦販売、または②の要件を満たすリース取引に基づき、それぞれ資産の譲渡等が行われた場合です。なお、経過措置の適用を受けるためには、長期割賦販売等またはリース取引により資産の譲渡等が施行日（一部施行日）の前日までに行われていることが必要です。

① 以下の各要件すべてを満たすこと
- 長期割賦販売等または延払条件付販売等※であること
- これら賦払金につき延払基準の方法により会計処理していること（法法63①、所法65①）
- 消費税法上、資産の譲渡等の時期の特例（消法16①）の適用を受ける旨、申告書に付記すること（消法16③）

　※ 「長期割賦販売等」または「延払条件付販売等」とは、以下の要件に適合する条件を定めた契約に基づく資産の譲渡等をいいます（法法63⑥、法令127、所法65③、所令190）。
　　ア　月賦、年賦その他の賦払の方法により３回以上に分割して対価の支払を受けること
　　イ　その資産の販売等に係る目的物または役務の引渡しまたは提供の期日の翌日から最後の賦払金の支払期日までの期間が２年以上であること
　　ウ　その契約において定められているその資産の販売等の目的物の引渡しの期日までに支払期日の到来する賦払金の額の合計額がその資産の販売等の対価の額の３分の２以下となっていること

② 以下の各要件すべてを満たすこと
- 平成20年４月１日以降に締結されたリース取引※であること（平成20年４月１日より前に締結されたリース取引で売買処理されたものを含む）
- これらリース料につき通常の延払基準の方法（法令124①一、所令188①一）、リース譲渡に係る延払基準の方法（法令124①二、所令188①

二)、またはリース譲渡に係る収益及び費用の計上方法の特例(法法63②、法令124③〜⑤、所法65②、所令188②〜④)により処理していること
- 消費税法上、資産の譲渡等の時期の特例(消法16①、消令32の2・36の2)の適用を受ける旨、申告書に付記すること(消法16③、消令36の2⑤)

  ※ リース取引とは、資産の賃貸借(所有権が移転しない土地の賃貸借その他の政令で定めるものを除く)で、以下の要件に該当するものをいいます(法法64の2③、所法67の2③)。
  　ア　賃貸借に係る契約が、賃貸借期間の中途においてその解除をすることができないもの、またはこれに準ずるもの(解約不能)
  　イ　賃借人が賃貸借に係る資産からもたらされる経済的な利益を実質的に享受することができ、かつ、当該資産の使用に伴って生ずる費用を実質的に負担すべきこととされているもの(フルペイアウト。フルペイアウトとは、解約不能リース期間中の支払リース料の合計額が資産の取得のために通常要する価額(付随費用を含む)のおおむね90%を超える場合をいいます(法令131の2②、所令197の2②))

3　工事進行基準の特例(改正法附則7・16、改正施行令附則9)

　工事進行基準が強制適用される長期大規模工事、または工事進行基準の任意適用を受けるなどし、その他一定の要件を満たす工事には、工事着手日から施行日(一部施行日)までの期間に対応する請負代金と、施行日(一部施行日)から目的物の引渡日までの期間に対応する請負代金とに按分計算し、前者については旧税率を適用することが可能です。

第2章　経過措置の概要

① 適用を受けるための要件

以下の①または②の要件を満たした場合に経過措置が適用されます。
① 以下の各要件すべてを満たすこと
- 指定日（平成25年10月1日）から施行日（平成26年4月1日）の前日まで契約を締結
- 施行日（平成26年4月1日）以降に目的物の完成引渡し

② 以下の各要件すべてを満たすこと
- 27年指定日（平成27年4月1日）から一部施行（平成27年10月1日）の前日まで契約を締結
- 一部施行日（平成27年10月1日）以降に目的物の完成引渡し

② 効　果

上記の①または②の要件を満たした場合、それぞれ、以下の計算式に従い、旧税率、新税率が適用されます。

①

$$請負工事代金 \times \frac{着手日から施行日（平成26年4月1日）の前日までの間に支出した原材料費、労務費、経費等の額}{施行日の前日の現況による見積工事原価の額} \cdots\cdots (A)$$

請負工事代金 − (A)……(B)

(A)……5％（旧税率）
(B)……8％

②※

$$請負工事代金 \times \frac{着手日から一部施行日（平成27年10月1日）の前日までの間に支出した原材料費、労務費、経費等の額}{一部施行日の前日の現況による見積工事原価の額} \cdots\cdots (A)$$

請負工事代金 − (A)……(B)

(A)……8％（旧税率）
(B)……10％

※　改正施行令附則第９条では規定されていませんが、今後の政令等で規定されることを前提とします。

　工事進行基準の特例を受ける場合の経過措置が適用されるのは、以下の①または②の要件を満たす場合です。
①　以下の各要件すべてを満たすこと
- 工事進行基準が強制適用される長期大規模工事※の請負契約に係る資産の譲渡等について所得税法または法人税法上の工事進行基準の方法によって経理処理している場合
- 消費税法上、収入金額が計上された事業年度（個人事業者の場合には暦年）終了の日の属する課税期間において、その部分につき資産の譲渡等を行ったとする特例を受けていること（消法17①）

　　※　工事進行基準が強制適用される長期大規模工事とは、以下の要件に該当する工事（製造、ソフトウェアの開発を含む）をいいます（法法64①、法令129①②、所法66①、所令192①②）。
　　　ア　工事着手から契約上の目的物の引渡しまでの期間が１年以上であること
　　　イ　請負代金の額が10億円以上であること
　　　ウ　請負代金の２分の１以上が引渡しの期日から１年経過日後に支払われる契約になっていないこと

②　以下の各要件すべてを満たすこと
- 工事の請負契約に係る工事期間が２事業年度以上にまたがっており、着工事業年度から引渡日の属する事業年度の前事業年度まで継続して工事進行基準にて会計処理している場合（工事進行基準の任意適用）
- 消費税法上、収入金額が計上された事業年度（個人事業者の場合には暦年）終了の日の属する課税期間において、その部分につき資産

の譲渡等を行ったとする特例を受けていること（消法17②）

③ 通知義務

　この経過措置の適用を受ける場合には、目的物の引渡しを行う事業者は、その相手方に対し、この経過措置の適用を受ける旨、及び適用を受けた部分の対価の額を書面により通知しなければなりません（改正法附則7④）。

4　小規模事業者に係る資産の譲渡等の時期の特例（改正法附則8・16）

　一定の要件を満たす個人事業者については、資産の譲渡等の時期や課税仕入れの時期を商品の引渡しの時ではなく、例外的に、代金の受領時または支払時とすることが可能です（小規模事業者に係る資産の譲渡等の時期の特例、消法18）。しかし、この特例を利用する場合、資産の譲渡等（仕入れ）を施行日（一部施行日）の前日までに行っていたにもかかわらず、対価の受領（支出）が施行日（一部施行日）以降となった場合には、新税率である8％（10%）が適用されることとなります。そこで小規模事業者に係る資産の譲渡等の時期の特例を受ける場合の経過措置により、このような場合にも受領（支出）した対価に対し、旧税率が適用されます。

① 適用を受けるための要件

以下の①または②の要件を満たした場合に経過措置が適用されます。
　①　以下の各要件すべてを満たすこと
　　● 小規模事業者に係る資産の譲渡等の時期の特例を受ける個人事業者が施行日（平成26年4月1日）の前日までに資産の譲渡等（課税仕入

れ）を行ったこと
- 施行日（平成26年4月1日）以降に当該資産の譲渡等（課税仕入れ）に係る対価を受領（支出）したこと

② 以下の各要件すべてを満たすこと
- 小規模事業者に係る資産の譲渡等の時期の特例を受ける個人事業者が施行日（平成26年4月1日）から一部施行日（平成27年10月1日）の前日までに資産の譲渡等（課税仕入れ）を行ったこと
- 一部施行日（平成27年10月1日）以降に当該資産の譲渡等に係る対価を受領（支出）したこと

② 効　果

上記の①または②の要件を満たした場合、それぞれ、以下の旧税率が適用されます（次頁**図表2－5**参照）。

① 受領（支出）した対価に対し旧税率（5％）適用
② 受領（支出）した対価に対し旧税率（8％）適用

第2章　経過措置の概要

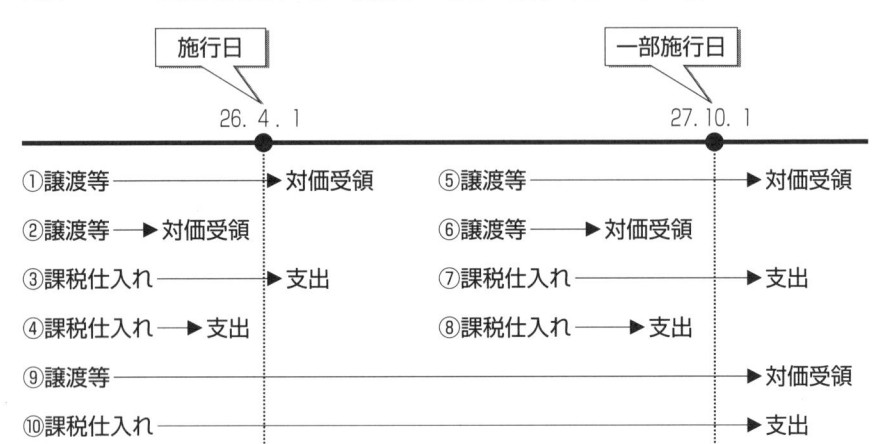

図表2－5　小規模事業者に係る譲渡等の時期の特例に関する経過措置

```
                施行日                          一部施行日
              26. 4. 1                          27. 10. 1
─────────────●───────────────────────────────●─────────────
①譲渡等──────────→対価受領    ⑤譲渡等──────────→対価受領
②譲渡等──→対価受領              ⑥譲渡等────→対価受領
③課税仕入れ────→支出            ⑦課税仕入れ──────→支出
④課税仕入れ──→支出              ⑧課税仕入れ──→支出
⑨譲渡等───────────────────────────────────→対価受領
⑩課税仕入れ─────────────────────────────────→支出
```

① 経過措置が適用され5％
② 施行日前までに対価を受領しているため5％
③ 経過措置が適用され5％
④ 施行日前までに支出しているため5％
⑤ 経過措置が適用され8％
⑥ 一部施行日前までに対価を受領しているため8％
⑦ 経過措置が適用され8％
⑧ 一部施行日前までに支出しているため8％
⑨ 経過措置が適用され5％
⑩ 経過措置が適用され5％

③ 適用を受ける事業者

　経過措置の適用を受ける事業者は、以下①②の要件を満たす個人事業者です。
　①　青色申告書を提出することにつき税務署長の承認を受けており、その年の前前年分の不動産所得の金額及び事業所得の金額の合計額が300万円以下等の要件を満たす個人事業者であること（所法67）
　②　消費税においても、資産の譲渡等及び課税仕入れを行った時期につ

いて、その資産の譲渡等に係る対価の額を収入した日、及び課税仕入れに係る費用の額を支出した日とする特例を選択していること（消法18）

5 仕入れに係る対価の返還等を受けた場合の仕入税額控除の特例（改正法附則9・16）

仕入税額控除の計算に当たり、課税仕入れに関して返品等により対価の返還等を受けた場合には、その対価の返還等を受けた課税期間中の課税仕入れに係る消費税額から当該対価の返還等に係る消費税額を控除しなければなりません（消法32①）。その際、課税事業者が施行日（一部施行日）の前日までに国内において課税仕入れを行い、施行日（一部施行日）以降に返品等がなされた場合には旧税率にて当該対価の返還等に係る消費税額を控除することとするのが、この経過措置です。

① 適用を受けるための要件

以下の①または②の要件を満たした場合に経過措置が適用されます。
① 以下の各要件すべてを満たすこと
- 課税事業者が施行日（平成26年4月1日）の前日までに国内において課税仕入れを行ったこと
- 施行日以降、当該課税仕入れにつき、返品、値引き、割戻し等によって仕入れに係る対価の返還等を受けたこと

② 以下の各要件すべてを満たすこと
- 課税事業者が施行日（平成26年4月1日）から一部施行日（平成27年10月1日）の前日までに国内において課税仕入れを行ったこと
- 一部施行日以降、当該課税仕入れにつき、返品、値引き、割戻し等によって仕入れに係る対価の返還等を受けたこと

② 効　果

上記の①または②の要件を満たした場合、それぞれ、以下の旧税率が適用されます。

① 仕入れに係る対価の返還等を受けた場合の消費税額の控除（消法38①）の計算上、旧税率（5％）適用
② 仕入れに係る対価の返還等を受けた場合の消費税額の控除（消法38①）の計算上、旧税率（8％）適用

仕入れに係る対価の返還等を受けた場合の仕入税額控除の特例に係る経過措置

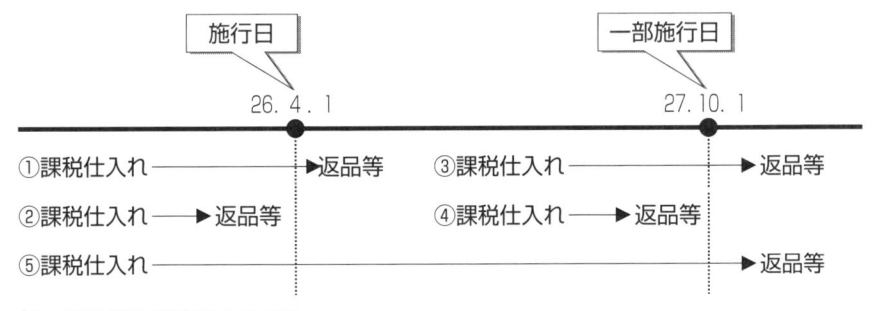

```
                施行日                      一部施行日
              26.4.1                       27.10.1
─────────────────●─────────────────────────────●──────────────
①課税仕入れ─────────▶返品等   ③課税仕入れ─────────▶返品等
②課税仕入れ─▶返品等           ④課税仕入れ─▶返品等
⑤課税仕入れ──────────────────────────────────────▶返品等
```

① 経過措置が適用され5％
② 施行日前までの返品等のため5％
③ 経過措置が適用され8％
④ 一部施行日前までの返品等のため8％
⑤ 経過措置が適用され5％

③ 適用対象となる対価の返還等

改正法附則第9条では、消費税法第32条第1項に規定する仕入れに係る対価の返還等を受けた場合と規定しているところ、同条項では、返品、値引き、割戻しを仕入れに係る対価の返還等として挙げています。さらに、消費税法基本通達12-1-1から12-1-4では、船舶の早出料、販売奨励金、

協同組合等が支払う事業分量配当金、仕入割引についても、仕入れに係る対価の返還等に該当するとしています。そのため、経過措置の適用対象となる仕入れに係る対価の返還等については、これらすべてが含まれるものと考えられます。

6 納税義務の免除を受けないこととなった場合等の棚卸資産に係る税額調整（改正法附則10・16）

　免税事業者であった期間中に仕入れた棚卸資産を課税事業者となった課税期間において譲渡した場合、その棚卸資産に係る課税仕入れについて仕入税額控除の適用を受けていないにもかかわらず、その棚卸資産の課税売上高が課税標準に含まれることになります。そのため、新たに課税事業者となった課税期間の期首棚卸資産に係る消費税額を、その課税期間の課税仕入れ等の税額として加算するとの調整が行われますが（消法36①）、施行日（一部施行日）前の課税仕入れ等に係る棚卸資産に関する消費税額の調整に当たり適用されるのがこの経過措置となります。

① 前期が免税事業者であった場合の経過措置の要件

以下の①または②の要件を満たした場合に経過措置が適用されます。
①　以下の各要件すべてを満たすこと
- 免税事業者が施行日（平成26年4月1日）の前日までに、国内において譲り受けた課税仕入れに係る棚卸資産、または保税地域から引き取った課税貨物で棚卸資産に該当するものを施行日以降も有していること
- 免税事業者が課税事業者となること

② 以下の各要件すべてを満たすこと
- 免税事業者が施行日（平成26年4月1日）から一部施行日（平成27年10月1日）の前日までに、国内において譲り受けた課税仕入れに係る棚卸資産、または保税地域から引き取った課税貨物で棚卸資産に該当するものを一部施行日以降も有していること
- 免税事業者が課税事業者となること

② 前期が免税事業者であった場合の経過措置の効果

上記の①または②の要件を満たした場合、それぞれ、以下の旧税率が適用されます（次頁図表2−6参照）。
① 課税事業者となった課税期間の期首棚卸資産に係る消費税額を、その課税期間の課税仕入れ等の税額に加算するに当たり（消法36①）、旧税率（5％）適用
② 課税事業者となった課税期間の期首棚卸資産に係る消費税額を、その課税期間の課税仕入れ等の税額に加算するに当たり（消法36①）、旧税率（8％）適用

Ⅳ 消費税の計算において留意すべきもの

図表2－6 前期が免税事業者であった場合の経過措置

```
          施行日
          26.4.1
免税事業者（前期） │ 課税事業者（当期）

  仕入れ等      →  期首棚卸資産  ⇒ 5％で加算
                   ←―― 課税仕入れ等の税額 ――→
```

```
          一部施行日
          27.10.1
免税事業者（前期） │ 課税事業者（当期）

  仕入れ等      →  期首棚卸資産  ⇒ 8％で加算
                   ←―― 課税仕入れ等の税額 ――→
```

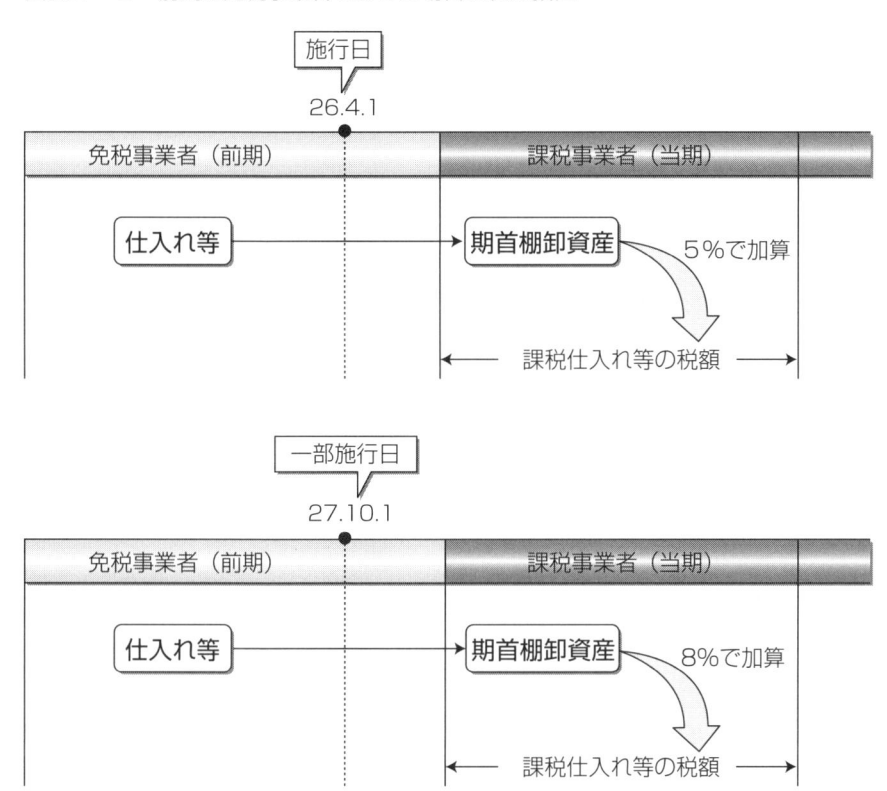

　なお、課税事業者が免税事業者となる場合についても、期末棚卸資産に係る消費税額の調整の計算上（消法36⑤）、一定の要件のもと、旧税率（5％または8％）が適用されることとなります。その場合の要件、効果は以下のとおりです。

③ 翌期が免税事業者となる場合の経過措置の要件

　以下の①または②の要件を満たした場合に経過措置が適用されます。

① 以下の各要件すべてを満たすこと
- 課税事業者が施行日（平成26年4月1日）の前日までに、国内において譲り受けた課税仕入れに係る棚卸資産、または保税地域から引き取った課税貨物で棚卸資産に該当するものを施行日以降も有していること
- 課税事業者が翌期から免税事業者となること

② 以下の各要件すべてを満たすこと
- 課税事業者が施行日（平成26年4月1日）以降、一部施行日（平成27年10月1日）の前日までに、国内において譲り受けた課税仕入れに係る棚卸資産、または保税地域から引き取った課税貨物で棚卸資産に該当するものを一部施行日以降も有していること
- 課税事業者が翌期から免税事業者となること

④ 翌期が免税事業者となる場合の経過措置の効果

上記の①または②の要件を満たした場合、それぞれ、以下の旧税率が適用されます（次頁図表2－7参照）。

① 課税事業者である課税期間の期末棚卸資産に係る消費税額を、その課税期間の課税仕入れ等の税額から控除するに当たり（消法36⑤）、旧税率（5％）適用

② 課税事業者である課税期間の期末棚卸資産に係る消費税額を、その課税期間の課税仕入れ等の税額から控除するに当たり（消法36⑤）、旧税率（8％）適用

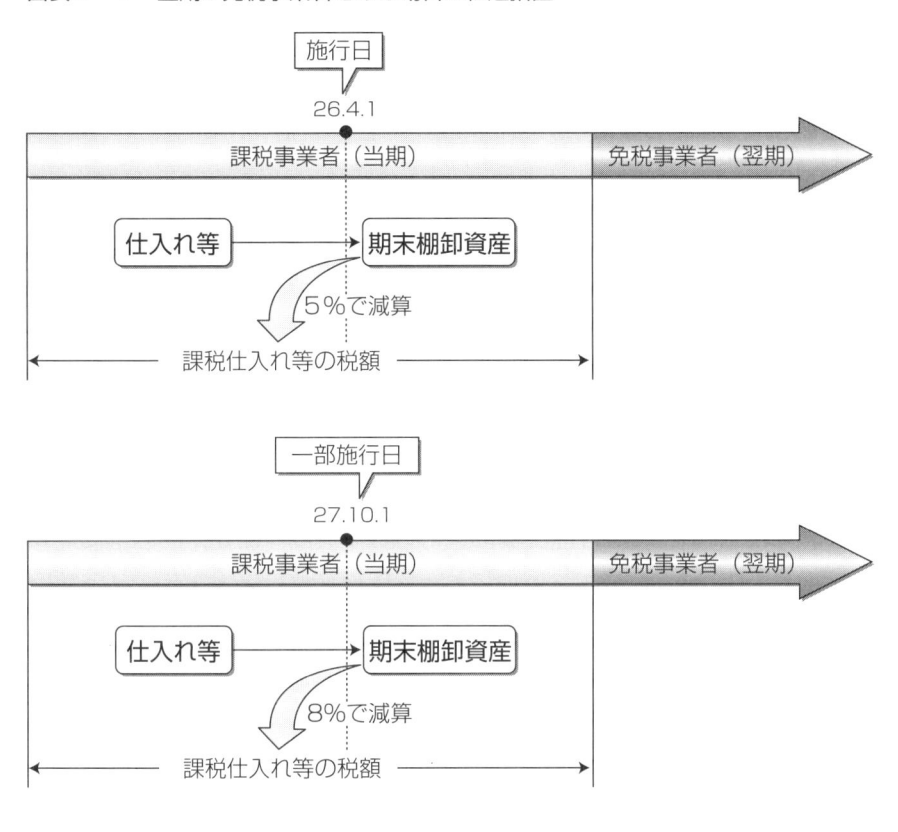

Ⅳ 消費税の計算において留意すべきもの

図表2−7 翌期が免税事業者となる場合の経過措置

施行日 26.4.1

課税事業者（当期） → 免税事業者（翌期）

仕入れ等 → 期末棚卸資産
5％で減算
課税仕入れ等の税額

一部施行日 27.10.1

課税事業者（当期） → 免税事業者（翌期）

仕入れ等 → 期末棚卸資産
8％で減算
課税仕入れ等の税額

7 売上げに係る対価の返還等をした場合の税額控除（改正法附則11・16）

　課税事業者が課税資産の譲渡等に関し、返品等により対価の返還等を行った場合には、対価の返還等を行った課税期間の課税標準額に対する消費税額から当該対価の返還等に係る消費税額を控除しなければなりません（消法38①）。その際、課税事業者が施行日（一部施行日）の前日までに国内において課税資産の譲渡等を行い、施行日（一部施行日）以降に対価の

95

第 2 章　経過措置の概要

返還等を行った場合には、旧税率にて当該対価の返還等に係る消費税額を控除することとするのが、この経過措置です。

① 適用を受けるための要件

以下の①または②の要件を満たした場合に経過措置が適用されます。
① 以下の各要件すべてを満たすこと
- 課税事業者が施行日（平成26年4月1日）の前日までに国内において課税資産の譲渡等を行ったこと
- 施行日以降、当該課税資産の譲渡等につき、返品、値引き、割戻し等によって売上げに係る対価の返還等を行ったこと

② 以下の各要件すべてを満たすこと
- 課税事業者が施行日（平成26年4月1日）から一部施行日（平成27年10月1日）の前日までに国内において課税資産の譲渡等を行ったこと
- 一部施行日以降、当該課税資産の譲渡等につき、返品、値引き、割戻し等によって売上げに係る対価の返還等を行ったこと

② 効　果

上記の①または②の要件を満たした場合、それぞれ、以下の旧税率が適用されます（次頁**図表2-8**参照）。
① 売上げに係る対価の返還等をした場合の消費税額の控除（消法38①）の計算上、旧税率（5％）適用
② 売上げに係る対価の返還等をした場合の消費税額の控除（消法38①）の計算上、旧税率（8％）適用

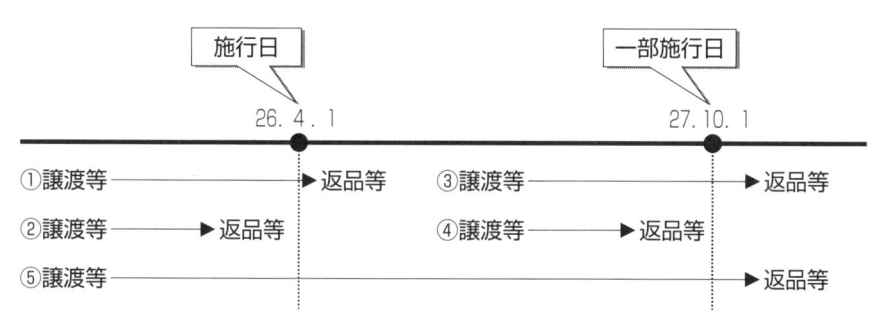

図表2−8　売上げに係る対価の返還等をした場合の税額控除に係る経過措置

```
                施行日                           一部施行日
                26. 4. 1                         27. 10. 1
────────────────────●─────────────────────────────●────────────────
①譲渡等──────────→返品等    ③譲渡等─────────────→返品等
②譲渡等─────→返品等         ④譲渡等────→返品等
⑤譲渡等──────────────────────────────────────→返品等
```

①　経過措置が適用され5％
②　施行日前までの返品等のため5％
③　経過措置が適用され8％
④　一部施行日前までの返品等のため8％
⑤　経過措置が適用され5％

③ 適用対象となる対価の返還等

　改正法附則第11条では、消費税法第38条第1項に規定する売上げに係る対価の返還等をした場合と規定しているところ、同条項では、返品、値引き、割戻しを売上げに係る対価の返還等として挙げています。さらに、消費税法基本通達14−1−1から14−1−4では、船舶の早出料、販売奨励金、協同組合等が支払う事業分量配当金、売上割引についても、売上げに係る対価の返還等に該当するとしています。そのため、経過措置の適用対象となる売上げに係る対価の返還等については、これらすべてが含まれるものと考えられます。

　なお、輸出取引等として免税の取扱いを受ける課税資産の譲渡等について返品、値引き、割戻し等が行われた場合には、そもそも消費税法第38条第1項の適用対象とならないため、この経過措置も適用されません。

8 貸倒れに係る税額控除等（改正法附則12・16）

　課税資産の譲渡等に関し貸倒れが生じた場合には、貸倒れが生じた課税期間の課税標準額に対する消費税額から当該貸倒れに係る消費税額を控除しなければなりません（消法39①）。その際、課税事業者が施行日（一部施行日）の前日までに国内において課税資産の譲渡等を行い、施行日（一部施行日）以降に債権を領収することができなくなった場合には、旧税率にて当該貸倒れに係る消費税額を控除することとするのが、この経過措置です。

① 適用を受けるための要件

　以下の①または②の要件を満たした場合に経過措置が適用されます。
① 以下の各要件すべてを満たすこと
- 課税事業者が施行日（平成26年4月1日）の前日までに国内において課税資産の譲渡等を行ったこと
- 当該課税資産の譲渡等に係る売掛金その他の債権につき、更生計画認可の決定による債権の切捨て等がなされたこと
- その結果、施行日以降に債権の全部または一部を領収することができなくなったこと

② 以下の各要件すべてを満たすこと
- 課税事業者が施行日（平成26年4月1日）から一部施行日（平成27年10月1日）の前日までに国内において課税資産の譲渡等を行ったこと
- 当該課税資産の譲渡等に係る売掛金その他の債権につき、更生計画認可の決定による債権の切捨て等がなされたこと
- その結果、一部施行日以降に債権の全部または一部を領収することができなくなったこと

② 効　果

上記の①または②の要件を満たした場合、それぞれ、以下の旧税率が適用されます。

① 貸倒れに係る消費税額の控除等（消法39）の計算上、旧税率（5％）適用
② 貸倒れに係る消費税額の控除等（消法39）の計算上、旧税率（8％）適用

貸倒れに係る税額控除等に係る経過措置

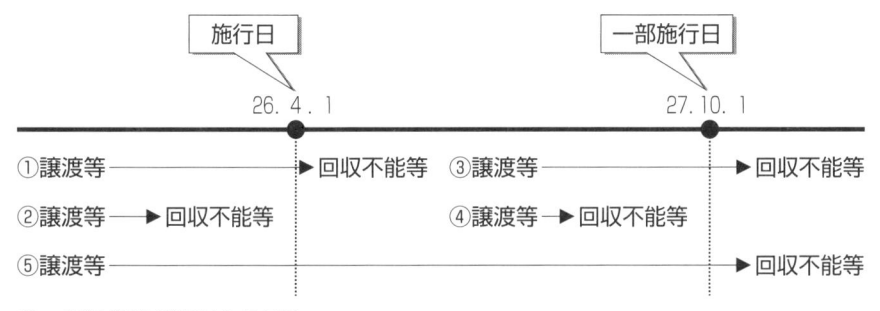

```
                    施行日                        一部施行日
                   26. 4. 1                       27.10. 1
───────────────────────●──────────────────────────●───────────────
①譲渡等─────────────────┤→回収不能等  ③譲渡等──────┤→回収不能等
②譲渡等→回収不能等       │            ④譲渡等→回収不能等
⑤譲渡等─────────────────┼──────────────────────────→回収不能等
```

① 経過措置が適用され5％
② 施行日前までの回収不能等のため5％
③ 経過措置が適用され8％
④ 一部施行日前までの回収不能等のため8％
⑤ 経過措置が適用され5％

③ 貸倒れの原因となる事実の範囲

貸倒れの原因となる事実の範囲については、消費税法第39条第1項、消費税法施行令第59条、消費税法施行規則第18条に規定する以下の場合です。

① 以下の事実があった場合
  ● 会社更生法の規定による更生計画認可の決定により債権の切捨てが

あった場合
- 民事再生法の規定による再生計画認可の決定により債権の切捨てがあった場合
- 会社法の規定による特別清算に係る協定の認可の決定により債権の切捨てがあった場合
- 金融機関等の更生手続の特例等に関する法律の規定による更生計画認可の決定により債権の切捨てがあった場合
- 法令の規定による整理手続によらない関係者の協議決定で以下に掲げるものにより債権の切捨てがあった場合
  - ア　債権者集会の協議決定で合理的な基準により債権者の負債整理を定めているもの
  - イ　行政機関または金融機関その他の第三者の斡旋による当事者間の協議により締結された契約でその内容がアに準ずるもの
- 債務者の債務超過の状態が相当期間継続し、その債務を弁済できないと認められる場合において、その債務者に対し書面により債務の免除を行った場合

② 債権に係る債務者の財産の状況、支払能力等からみて当該債務者が債務の全額を弁済できないことが明らかである場合

③ 以下に掲げる事実が生じ、債権額から備忘価額を控除した残額を貸倒れとして経理した場合
  - ア　継続的な取引を行っていた債務者につきその資産の状況、支払能力等が悪化したことにより、当該債務者との取引を停止した時（最後の弁済期または最後の弁済の時が当該取引を停止した時以後である場合には、これらのうち最も遅い時）以後1年以上経過した場合（当該債権について担保物がある場合を除く）
  - イ　事業者が同一地域の債務者について有する当該債権の総額がその取立てのために要する旅費その他の費用に満たない場合において、当該債務者に対し支払を督促したにもかかわらず弁済がないとき

なお、輸出取引等として免税の取扱いを受ける課税資産の譲渡等について貸倒れとなる事実が生じた場合には、そもそも消費税法第39条第１項の適用対象とならないため、この経過措置も適用されません。

9 国、地方公共団体、公益法人等に対する特例
（改正法附則14・16、改正施行令附則13）

　消費税法上、「資産の譲渡等をした時」の解釈については、所得税・法人税の課税所得金額の計算における総収入金額、または益金の額の算入時期と同様、資産の譲渡等による対価を収受する権利が確定した時点で「資産の譲渡等をした時」とすることを原則としています。また、仕入税額控除に関する「課税仕入れを行った日」の解釈については、原則として「資産の譲渡等をした時」の取扱いに準ずることとされています。

　しかし、この基準は、国、地方公共団体、一定の公益法人等が採用する公会計基準とは異なっており、これら法人にそのまま適用することはできません。そこで、これら法人については、「資産の譲渡等をした時」をその対価を収納すべき会計年度の末日、「課税仕入れを行った日」をその費用の支払いをすべき会計年度の末日とすることができます（消法60②③）。その場合、施行日（一部施行日）前までになされた課税資産の譲渡等や課税仕入れに関して適用されるのがこの経過措置となります。

① 適用を受けるための要件

以下の①または②の要件を満たした場合に経過措置が適用されます。
① 　以下の各要件すべてを満たすこと
- 国、地方公共団体等が施行日（平成26年４月１日）の前日までに課税資産の譲渡等（課税仕入れ）を行ったこと

- 当該課税資産の譲渡等の対価を収納（支出）すべき会計年度の末日が施行日以降となること
② 以下の各要件すべてを満たすこと
- 国、地方公共団体等が施行日（平成26年4月1日）から一部施行日（平成27年10月1日）の前日までに課税資産の譲渡等（課税仕入れ）を行ったこと
- 当該課税資産の譲渡等の対価を収納（支出）すべき会計年度の末日が一部施行日以降となること

② 効　果

上記の①または②の要件を満たした場合、それぞれ、以下の旧税率が適用されます。
① 旧税率（5％）適用
② 旧税率（8％）適用

③ 適用対象となる主体の範囲

経過措置の適用が認められる主体は、国、地方公共団体、及びこれらに準ずる法人です（改正法附則14・16、改正施行令附則13）。これらに準ずる法人とは、消費税法別表第3に掲げる法人のうち、法令またはその法人の定款、寄付行為、規則等で定める会計処理の方法が国または地方公共団体の会計処理方法に準ずるもので、所轄税務署長の承認を受けた法人です。

第3章

消費増税にまつわる契約実務対策・留意点

I 消費税課税の原則

　消費税は、輸入に係る消費税を除き、「国内において事業者が行った資産の譲渡等」を課税の対象としており（消法4①）、「資産の譲渡等」とは、「事業として対価を得て行われる資産の譲渡及び貸付け並びに役務の提供」（消法2①八）を意味します。

　ここで、「資産の譲渡」とは、売買等の契約により、資産の同一性を保持しつつ、その所有権が他の者に移転することをいいます（消基通5-2-1）。したがって、例えば、商品や製品の販売のほか、事業用設備を売却することが資産の譲渡に当たり、これら有形の資産のほか、例えば、特許権や商標権等の無体財産権の譲渡も資産の譲渡に含まれます。さらに、現物出資、負担付き贈与、代物弁済等も資産の譲渡となります。

　また、「資産の貸付け」とは、資産に係る権利の設定など他の者に資産を使用させる一切の行為をいいます（消法2②、消令1③）。なお、無体財産権の実施権や使用権等を設定する行為も資産の貸付けに含まれます。

　さらに、「役務の提供」とは、例えば、土木工事、修繕、運送、保管、印刷、広告、仲介、興行、宿泊、飲食、情報の提供、出演等のサービスを提供することをいいます。医師、弁護士、公認会計士、税理士等によるその専門的知識、技能等に基づく役務の提供も含まれます（消基通5-5-1）。

　国内取引に関する消費税の納税義務は、「資産の譲渡等をした時」に成立することから（通則法15②七）、経過措置の適用がある場合を除き、「資産の譲渡等をした時」、すなわち、資産の譲渡、貸付け、役務の提供が行われた時点での税率が適用されます。

　そのため、たとえ資産の譲渡等に関する契約が新税率適用の施行日前に

締結された場合であっても、資産の譲渡等が新税率適用の施行日以降になされた場合には、経過措置の適用要件を満たさない限り、新税率が適用されることとなります。

このように、経過措置の適用がない限り、「資産の譲渡等をした時」によって、旧税率、新税率のいずれが適用されるのかが大きく異なることから、「資産の譲渡等をした時」がいつであるかはとても重要なポイントとなります。

なお、「資産の譲渡等をした時」に関し、消費税法基本通達では、資産の譲渡については引渡しのあった日、資産の貸付けについては使用料等の支払いを受けるべき日、役務の提供については目的物の全部を完成して引渡した日、または役務の全部を完了した日をそれぞれ資産の譲渡等の時期とすることを原則とし、取引の実態に応じた判断基準が個別に示されています（消基通9-1-1～9-5-2）。

これらは、所得税・法人税の課税所得金額の計算における総収入金額、または益金の額に算入すべき時期とほぼ同様の取扱いとなっており（所基通36-2～14、法基通2-1-1～48）、資産の譲渡等の時期についても、所得税・法人税の課税所得金額の計算における総収入金額、または益金の額の算入時期と同様、資産の譲渡等による対価を収受する権利が確定した時点で「資産の譲渡等をした時」とすることを原則としつつ、取引の実態に応じて個別具体的に検討することになります。

また、仕入税額控除に関する「課税仕入れを行った日」（消法30①一）とは、課税仕入れに該当することとされる資産の譲受けもしくは借受けをした日、または役務の提供を受けた日をいいますが、「課税仕入れを行った日」の解釈については、原則として「資産の譲渡等をした時」の取扱いに準ずることとされています。

以上を前提に、Q&A方式で、経過措置の適用がない場合において、問題となる取引ごとに「資産の譲渡等をした時」、「課税仕入れを行った日」を個別に検討していきます。

課税時期の原則に関する Q&A

Q1 棚卸資産の引渡基準の変更

当社は機械部品の製造・販売を行っている会社です。消費増税の施行日2日前に、免税事業者である取引先A社から、部品Bに関して、従来からの検収通知に基づく請求書の発行ではなく、商品を倉庫から出荷した日に請求書を送ってほしいとの依頼がありました。理由は聞けませんでしたが、おそらく新税率での消費税支払いを回避することが目的であると思われます。A社の依頼に応じるに当たり、どのようなことに留意すればいいでしょうか。

Ans

新税率での消費税支払いを回避するためだけに、従来の検収基準から出荷基準へと変更することは、正当な理由がないものとして税務調査において否認される危険性があります。変更に当たっての取引先A社の客観的必要性、取引環境の変化等の有無をできる限り詳細に確認する必要があります。

解説

① 棚卸資産の譲渡時期

棚卸資産の譲渡を行った日は、その引渡しのあった日とされています(消基通9-1-1)。そして、引渡しの日がいつであるかについては、出荷した日（出荷基準）、相手方が商品等を検収して引き取った日（検収基準）、

土地建物等、相手方が使用収益を開始できることとなった日（使用収益開始基準）、電気、ガス、水道使用量を検針等により確認した日（検針日基準）が例示されています。また、出荷基準のなかでも、商品を倉庫または工場から出荷した時、トラック、貨車または船に積み込んだ時、取引先の受入場所に搬入した時、船荷証券または貨物引換証を発行した時など様々な時点があり、事業者は、その棚卸資産の種類、性質、販売契約の内容等に応じて合理的な基準を選択し、継続適用すべきとされています（消基通9－1－2）。

　一般的な商品等の販売では、出荷基準または検収基準が採用されることが多いのですが、すべての商品等の販売について、同一の基準のみを採用しなければならないということではなく、採用する基準が一般的に認められる合理的な基準であり、かつ継続適用することを条件に、取引先によって出荷基準と検収基準とを使い分けることもできますし、同じ取引先に対し商品の種類によって基準を使い分けることも可能です。

　ただし、いったん採用した基準を変更するには、変更するための正当な理由が必要です。例えば、販売方法の変更、契約内容や取引条件の変更があった場合、その他、取引量の著しい増減等の事情があるような場合が挙げられます。

② 変更するための正当な理由

　本件で、取引先Ａ社による引渡基準の変更依頼が、単に新税率での消費税の支払いを回避することだけが目的の場合には、変更するための正当な理由とはいえず、税務調査の際に、否認される危険性が高いといえます。仮に、正当な理由ありとして変更に応じる場合でも、取引先Ａ社が免税事業者であり、消費増税の施行日2日前という微妙な時期である以上、取引先Ａ社の変更依頼の客観的必要性や合理性、取引環境の変化等の有無をできる限り詳細に確認し、メモ等で残しておくべきですし、変更後の基

準の継続適用が必要となります。

Q2 課税仕入れの時期・税率、現金主義

商品の販売に関して、当社は出荷基準によって課税資産の譲渡等を計上していますが、取引先は検収基準により課税仕入れを計上しています。このように販売側と仕入側で異なる基準を採用することは認められるのでしょうか。その場合、当社が平成26年4月1日前に出荷基準により課税資産の譲渡等を5％の消費税率で計上し、取引先が同年4月1日以降に検収基準により課税仕入れを計上するような場合、消費税率に関してどのような処理を行うことになるのでしょうか。また、資産の譲渡等の時期や課税仕入れの時期を商品の引渡時ではなく、代金の受領時または支払時とすることは可能でしょうか。

Ans

棚卸資産の譲渡等の時期及び課税仕入れの時期については、継続適用を前提に、それぞれの採用基準が合理的なものであれば、販売側と仕入側で異なる基準を採用することは可能です。その場合、外税取引であれば、販売側、仕入側いずれも5％が、内税取引であれば、販売側が5％を適用していても、仕入側は8％の消費税率が適用される見込みです。

また、個人事業者で、所得税法で規定する現金主義の適用を受けている小規模事業者については、資産の譲渡等の時期や課税仕入れの時期を、代金の受領時または支払時とすることが可能です。

解説

① 課税仕入れの時期

　仕入税額控除に関する「課税仕入れを行った日」(消法30①一)とは、課税仕入れに該当することとされる資産の譲受けもしくは借受けをした日、または役務の提供を受けた日をいいます。これらの日の解釈については、原則として「資産の譲渡等をした時」の取扱いに準ずることとされていますが、その引渡しのあった日に関し、販売側が採用する基準に合わせる必要はなく、仕入側としては自己が採用する合理的な基準を採用することができ、当該基準に従って、仕入控除税額を計算できます。ただし、継続的に適用することが条件となります。

　したがって、同一の商品の売買に関し、相談者は出荷基準によって課税資産の譲渡等を計上し、取引先は検収基準により課税仕入れを計上することは可能です。

② 異なる消費税率の処理

　相談者が、施行日(平成26年4月1日)前に出荷基準により課税資産の譲渡等を5％の消費税率で計上し、仕入先である取引先が同日以降に検収基準により課税仕入れを計上するような場合、仕入側の仕入税額控除は、新旧いずれの税率を適用することになるのかが問題となります。

　そもそも、仕入税額控除については、取引の各段階で課税され、転嫁されることで最終的に消費者が負担することを予定している消費税において、税の累積が生じることがないように設けられている前段階控除制度であることからすれば、前段階の取引で課された消費税額は、原則として、そのままの額で控除されることが法の趣旨といえます。

　平成9年の消費税改正時に消費税率が3％から5％へと引き上げられた

際にも、当該取引が外税取引であることを前提に、販売側が3％を適用しているのであれば、たとえ「課税仕入れを行った日」が検収基準によって施行日以降となる場合であっても、仕入側は3％の税率で仕入税額控除を行うこととされていました。

ただし、内税取引の場合には、販売側が旧税率、新税率のいずれを適用しているのかにつき、仕入側において認識できないのが通常なので、そのような場合には、販売側が3％を適用していても仕入側は5％を適用することとされていました。

今回の消費増税に関しても、平成9年時と同様の取扱いがなされるものと思われます。

そのため、商品に関する売買契約が外税取引であれば、相談者、取引先いずれも5％が、内税取引であれば、相談者が5％を適用していても、取引先には8％の消費税率適用が見込まれます。

③ 小規模事業者に係る資産の譲渡等の時期の特例

その年の前前年分の不動産所得の金額及び事業所得の金額の合計額が300万円以下等の要件を満たし、青色申告書を提出することにつき税務署長の承認を受けている個人事業者（所法67）については、消費税においても、資産の譲渡等及び課税仕入れを行った時期について、その資産の譲渡等に係る対価の額を収入した日、及び課税仕入れに係る費用の額を支出した日とすることができます（消法18①）。

したがって、このような要件を満たす個人事業者については、資産の譲渡等の時期や課税仕入れの時期を商品の引渡時ではなく、代金の受領時または支払時とすることが可能です。

なお、この特例の適用を受けようとする事業者は、確定申告書にその旨を付記する必要があります（消法18②）。

第3章 消費増税にまつわる契約実務対策・留意点

Q3 短期前払費用

当社が借りているテナントについては、短期前払費用として、毎年3月31日までに、その年の4月1日から翌年の3月31日までの1年分の賃借料を支払うこととなっています。平成26年4月1日以降、消費税率が8％に上がることから、平成26年4月1日以降の賃借料については8％の税率で支払うようにオーナーから請求されています。短期前払費用の対象期間のうち、平成26年4月1日以降の部分については、旧税率、新税率、いずれにより仕入税額控除を行うのでしょうか。なお、当社は3月決算法人です。

Ans

平成26年3月31日までに支払った短期前払費用については、原則として全額、旧税率である5％で仕入税額控除を行うこととなりますが、平成26年4月1日以降の賃借料に関し、支払先から8％の消費税率による請求を受けたことが明らかであり、かつこれを支払っている場合には、短期前払費用として処理している場合であっても、平成26年4月1日以降の賃借料にかかる消費税額を仮払金として翌課税期間に繰り越し、仮払消費税に振り替えた上で、繰り越した課税期間において8％の税率による仕入税額控除を行うことができます。

解説

① 短期前払費用に関する消費税率

前払費用とは、法人が一定の契約により継続的に役務の提供を受けるために支出した費用のうち、その事業年度終了の時において、いまだ提供を受けていない役務に対応するものをいい、支出した時点で資産に計上し、役務の提供を受けた時に損金の額に算入するのが原則です。

前払費用の具体例としては、地代、賃借料、リース料、信用保証料、保険料、ロイヤリティ、支払利息、工業所有権等の使用料等があります。
　そして、前払費用の額で、その支払った日から1年以内に提供を受ける役務に係るものを支払った場合で（短期前払費用）、その支払った金額を継続してその事業年度の損金の額に算入している場合には、その支払時点で損金の額に算入することが認められています（法基通2-2-14）。所得税基本通達にも、同様の規定が設けられています（所基通37-30の2）。
　消費税に関しても、所得税、法人税法上、短期前払費用をその課税期間の必要経費または損金の額に算入している場合には、その前払費用に係る課税仕入れは、その支出した日の属する課税期間において行ったものとする取扱いが認められています（消基通11-3-8）。
　したがって、本件でも、平成26年3月31日以前に終了する事業年度で短期前払費用として処理した以上は、その課税期間において旧税率である5％により仕入税額控除を行うこととなります。
　しかし、賃貸借契約での仕入税額控除に関する「課税仕入れを行った日」（消法30①一）とは、課税仕入れに該当することとされる資産の借受けをした日をいい、本来的には、その課税仕入れが行われたときに適用されている税率により仕入税額控除を行うところ、上記の取扱いは実務上の便宜を図るために認められたものに過ぎません。また、取引の各段階で課税され、転嫁されることで最終的に消費者が負担することを予定している消費税では、税の累積を廃除するため、前段階の取引で課された消費税額は、原則として、そのままの額で控除されることが法の趣旨といえます。
　そのため、平成9年4月1日に、消費税率が3％から5％へと引き上げられた際には、短期前払費用として処理している場合であっても、平成9年4月1日までの期間に対応する部分については旧税率の3％で、平成9年4月1日以降の期間に対応する部分については、支払先から新税率の5％の消費税の請求を受けたことが明らかであり、かつこれを支払っている場合には、翌課税期間において5％による仕入税額控除を行うこともでき

るとされていました。

今回の消費増税に関しても、平成9年時と同様の取扱いがなされるものと思われます。

② 処理方法

したがって、本件でも、平成26年3月31日までに支払った短期前払費用については、その全額を旧税率である5％で仕入税額控除を行うこととなりますが、平成26年4月1日以降の賃借料に関し、支払先から8％の消費税率による請求を受けたことが明らかであり、かつこれを支払っている場合には、短期前払費用として処理している場合であっても、平成26年4月1日以降の賃借料に係る消費税額を仮払金として、翌課税期間に繰り越し、仮払消費税に振り替えた上で、繰り越した課税期間において8％の税率による仕入税額控除を行うことも可能です（次頁**図表3－1**参照）。

Ⅰ　消費税課税の原則

図表 3 − 1　短期前払費用の仕入税額控除

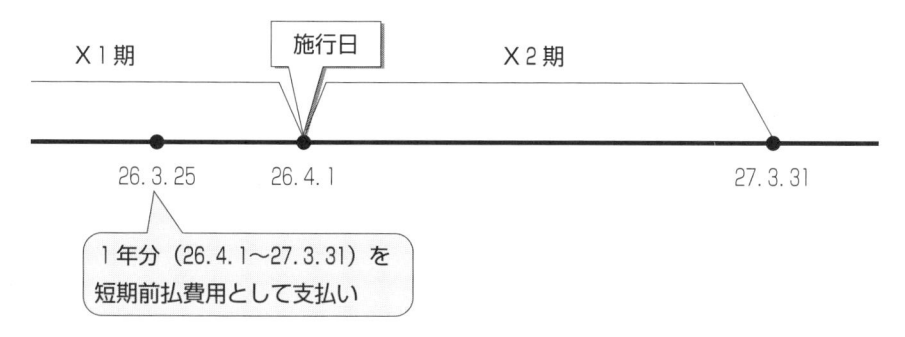

```
   X1期        施行日        X2期
────●──────────●──────────────────●────
  26.3.25      26.4.1              27.3.31
```

施行日：26.4.1

26.3.25：1年分（26.4.1〜27.3.31）を短期前払費用として支払い

- 支払先から 8 ％の消費税率による請求を受けたことが明らか（通知書、請求書など保管）

　⇩

　X1期で仮払金として X2期に繰り越し、X2期で仮払消費税に振り替えた上で X2期で 8 ％の消費税率による仕入税額控除

- 支払先から 8 ％の消費税率による請求を受けてない or 受けたことが明らかにできない

　⇩

　X1期で 8 ％の消費税率により支払っていたとしても X1期で 5 ％の消費税率による仕入税額控除

Q4　委託販売

　当社は、販売代理店を通じてキャラクターグッズの委託販売を行っており、売上計算書が到着した日を棚卸資産の譲渡をした日としています。この度の消費増税により、受託者である販売代理店の商品販売日が平成26年

115

4月1日前で、当社にその商品の売上計算書が到着する日が平成26年4月1日以降となる場合、代理店5％、当社8％と消費税の税率が異なることになりますが、当社としてはどのように処理すればいいでしょうか。

Ans

委託者である相談者は、受託者である販売代理店の販売総額（本体価格＋本体価格×5％）に8／108を乗じた金額を消費税額として、100／108を乗じた金額を本体価格として取り扱うことが予想されます。

解説

① 委託販売における消費税

委託販売とは、商品を第三者に積送し、一定の手数料を支払って商品の販売を委託する販売形態をいい、商品の販売を委託する者を委託者、委託される者を受託者といいます。委託販売の場合、委託者は所有権を留保して商品の販売を受託者に委託するので、委託者における棚卸資産の譲渡をした日は、その商品について受託者が譲渡した日であるのが原則です。

しかしながら、委託者において、受託者が行う販売行為を逐一把握して、そのつど、委託販売収益を計上することは実務上煩雑で困難な場合が多いことから、売上計算書が売上げのつど、作成されており、委託者において継続して売上計算書の到着した日を棚卸資産の譲渡の日としている場合には、売上計算書の到着した日をもって資産の譲渡の日とすることが認められています（消基通9－1－3）。

なお、受託者が週、旬、月を単位として一括してその間の売上計算書を作成しているような場合であっても、それが継続して行われているときは、売上げのつど、売上計算書が作成されている場合に該当します。

このように、受託者である販売代理店では商品を譲渡した日を、委託者

である相談者では売上計算書が到着した日をそれぞれ「資産の譲渡をした時」と把握する以上、その間に消費税率が引き上げられた場合、相談者と販売代理店との間で消費税率の離齬が生じることとなります。

この点、平成9年4月1日に、消費税率が3％から5％へと引き上げられた際には、委託者は、受託者である販売代理店の販売総額（本体価格＋本体価格×3％）に5／105を乗じた金額を消費税額として、販売総額（本体価格＋本体価格×3％）に100／105を乗じた金額を本体価格として取り扱うこととされました。その結果、委託者と受託者とでは、本体価格及び消費税額が異なることとなります。

② 処理方法

今回の消費増税に関しても、平成9年時と同様の取扱いがなされるものと思われ、委託者である相談者は、受託者である販売代理店の販売総額（本体価格＋本体価格×5％）に8／108を乗じた金額を消費税額として、販売総額（本体価格＋本体価格×5％）に100／108を乗じた金額を本体価格として取り扱うことになることが予想されます。

Q5 加盟金・ロイヤリティ

当社は飲食経営のフランチャイザーとして全国展開している会社ですが、フランチャイジーがフランチャイズ加盟に際して支払う加盟金、及びフランチャイジーから毎月支払われるロイヤリティについては、それぞれいつの時点の税率が適用されるのでしょうか。

Ans

　フランチャイズ加盟金についてはフランチャイズ契約締結日における税率が適用されます。フランチャイズ契約におけるロイヤリティに関しては、原則としてそれぞれの支払いの額が確定した日における税率が適用されます。

解説

　工業所有権等とは、特許権、実用新案権、意匠権、商標権または回路配置利用権並びにこれらの権利に係る出願権及び実施権をいいます。工業所有権等の譲渡または実施権の設定は、その譲渡または実施権の設定に関する契約の効力発生の日が譲渡等の時期となります。ただし、契約の効力が登録により生ずることとなっている場合には、登録日とすることもできます（消基通9-1-15）。

　ノウハウとは、単独でまたは結合して、工業目的に役立つある種の技術を完成し、また、それを実際に応用するのに必要な秘密の技術的知識と経験、またはそれらの集積をいいます。ノウハウの実施権設定契約により一時金または頭金を収受したとしても、そのノウハウの開示を完了した時点が譲渡等の時期となります。ただし、2回以上分割してノウハウが開示され、かつ、その一時金または頭金の支払いがほぼこれに見合って行われる場合には分割開示の日が、派遣する技術者等の数及び滞在期間等により算定され、一定期間ごとに金額を確定させて支払いを受ける場合にはその金額が確定する日が、それぞれ譲渡等の時期となります（消基通9-1-16）。

　他方で、工業所有権等またはノウハウの使用については、その使用料の額が確定した日が譲渡等の時期となります。ただし、事業者が継続して契約により使用料の支払いを受けることとなっている日としている場合には、それぞれの支払いを受ける日とすることができます（消基通9-1-21）。

この点、フランチャイズ加盟金は、商標権等の使用や、経営に関する指導等のノウハウの使用、広告宣伝、一括仕入等の役務の提供に対する対価等、複合的な性質を有しており、通常、フランチャイズ契約終了時において返還されないものです。また、ロイヤリティについても、商標権等の使用や、経営に関する指導等のノウハウの使用、広告宣伝、一括仕入等の役務の提供に対する対価等を含んでいます。

　このようなフランチャイズ加盟金とロイヤリティについては、いずれも工業所有権等及びノウハウの使用を中心とする対価であるといえます。また、広告宣伝、一括仕入等の役務の提供についても、ノウハウの提供と切り離して独立して行われるものではない以上、ノウハウの提供行為の一環として行われ、包含されるものと考えられます。そのため、フランチャイズ加盟金については、その使用料の額が確定した日、すなわちフランチャイズ契約締結日が「資産の譲渡等をした時」となり、その時点における消費税率が適用されます。

　ロイヤリティについても、原則として、その使用料の額が確定した日が「資産の譲渡等をした時」となります。ただし、継続して使用料の支払いを受ける日を売上計上日としている場合には、それぞれの支払いを受ける日を「資産の譲渡等をした時」とすることができ、その場合はその時点における消費税率が適用されます。

Q6　工事の請負・前払金

　当社は注文住宅の受注、建設等を行っている会社ですが、平成25年11月20日に注文者Ａとの間で住宅建設の請負契約を締結しました。工事完成・引渡しは平成26年5月末日を予定しており、請負代金は2,000万円、支払方法は、請負契約締結時に前払金として3分の1、上棟時に3分の1、完

成引渡時に残金を収受する契約内容となっています。これら前払金、中間前払金、残金に対しする消費税の税率はどうなるのでしょうか。なお、当社は10月末決算です。

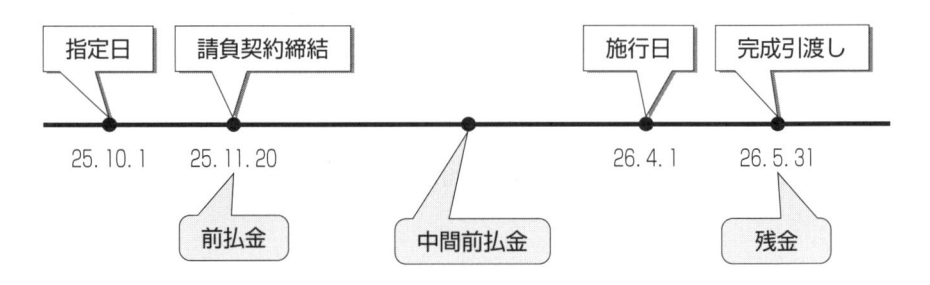

```
指定日        請負契約締結                    施行日      完成引渡し
  ●──────────●──────────────●──────────●──────────●
25.10.1      25.11.20                    26.4.1      26.5.31
               前払金          中間前払金                残金
```

Ans

　指定日（平成25年10月1日）以降に請負契約を締結していることから、工事等の請負契約に関する経過措置の適用はなく、施行日である平成26年4月1日以降に引渡しがなされる以上、残金はもちろん、前払金、中間前払金についても8％の税率が適用されることとなります。そのため、前払金や中間前払金を支払う時点では、いまだ消費税率が5％であるにもかかわらず、8％の税率にて前払金や中間前払金の請求を行わなければならないこととなります。

　また、工事期間が2事業年度以上にまたがっていないことから、工事進行基準を採用することもできず、「工事の請負に係る資産の譲渡等の時期の特例を受ける場合における税率等に関する経過措置」の適用もありません。

解説

① 請負による資産の譲渡等の時期（工事完成基準）

　請負による資産の譲渡等の時期は、原則として、物の引渡しを要する請

負契約では、その目的物の全部を完成して相手方に引き渡した日、物の引渡しを要しない請負契約では、契約当事者間において約した役務の全部を完了した日となります（消基通9-1-5）。

　請負契約の内容が、建設、造船その他これらに類する工事（建設工事等）を行うことを目的とする場合、その建設工事等の目的物の引渡しの日がいつであるかについては、作業を終了した日（作業結了基準）、相手方の受入場所へ搬入した日（受入場所搬入基準）、相手方が検収を完了した日（検収完了基準）、相手方において使用収益ができることとなった日（管理権移転基準）等、当該建設工事等の種類、性質、契約の内容等に応じ、その引渡しの日として合理的であると認められる日のうちで、事業者が継続して建設工事等が完了したものとする日とされます（消基通9-1-6）。

　請負契約に基づきその請け負った目的物を完成させ、相手方に引き渡した時点で売上げを計上する工事完成基準においては、引渡時が「資産の譲渡等をした時」となるため、引渡時における消費税率が、前払金、中間前払金を含む請負代金全額に対して適用されることとなります。消費税法基本通達9-1-27においても、資産の譲渡等に係る前受金、仮受金に係る資産の譲渡等の時期は、小規模事業者に係る資産の譲渡等の時期等の特例の適用を受ける事業者を除き、現実に資産の譲渡等を行った時である旨規定されています。注文者からしてみれば、前払金や中間前払金を支払う時点では、いまだ消費税率が5％であるにもかかわらず、8％の税率にて前払金や中間前払金を支払わなければならないこととなります。

② 請負による資産の譲渡等の時期（工事進行基準）

　消費税法では、工事進行基準が強制適用される長期大規模工事の請負に係る資産の譲渡等について、所得税法または法人税法上の工事進行基準の方法によって経理処理している場合には、これらの収入金額が計上された事業年度（個人事業者の場合には暦年）終了の日の属する課税期間におい

て、その部分につき資産の譲渡等を行ったものとすることができます（消法17①）。

なお、工事進行基準が強制適用される長期大規模工事とは、以下の要件に該当する工事（製造、ソフトウェアの開発を含む）をいいます（法法64①、法令129①②、所法66①、所令192①②）。

① 工事着手から契約上の目的物の引渡しまでの期間が１年以上であること
② 請負代金の額が10億円以上であること
③ 請負代金の２分の１以上が引渡しの期日から１年経過日後に支払われる契約になっていないこと

また、工事進行基準が強制適用されない一般の請負工事であっても、工事期間が２事業年度以上にまたがっており、着工事業年度から引渡日の属する事業年度の前事業年度まで継続して工事進行基準にて会計処理している場合には、工事進行基準を任意に適用することができ（法法64②、所法66②）、これら収入金額が計上された事業年度（個人事業者の場合には暦年）終了の日の属する課税期間において、その部分につき資産の譲渡等を行ったものとすることができます（消法17②）。

そのため、工事進行基準が強制適用されない一般の請負工事であっても、工事進行基準を任意に適用できる要件を満たしていれば、前払金や中間前払金が計上された日における消費税率が適用されることとなります。

なお、これら特例措置の適用を受けようとする事業者は、確定申告書にその旨を付記することが必要です（消法17④）。

ちなみに、所得税法または法人税法上、工事進行基準の方法によって任意に経理処理している場合であっても、工事進行基準に係る資産の譲渡等の時期をその引渡しのあった日とすることは差し支えなく、工事進行基準が強制される長期大規模工事についても同様に、資産の譲渡等の時期をその引渡しのあった日とすることができます（消基通９－４－１）。

③ 本件の場合

本件の場合、指定日（平成25年10月1日）以降に請負契約を締結していることから、工事等の請負契約に関する経過措置の適用はありません。また、請負代金の額が2,000万円であり、「請負代金の額が10億円以上であること」との長期大規模工事の要件を満たさないため、工事進行基準は強制適用されません。さらに、相談者は10月末決算としており、工事期間が平成25年11月20日以降、平成26年5月末日までであるため、工事進行基準を任意に適用するための「工事期間が2事業年度以上にまたがっており」との要件も満たさないこととなります。

そのため、前払金や中間前払金を支払う時点では、いまだ消費税率が5％であるにもかかわらず、8％の税率にて前払金や中間前払金の請求を行わなければならないこととなります。

注文者にしてみれば納得できないところであり、トラブル回避のためには、契約締結に至るまでに十分な説明を行った上で、注文者の了解を得る必要があります。

④ 工事の請負に係る資産の譲渡等の時期の特例を受ける場合における税率等に関する経過措置

工事進行基準が強制適用される長期大規模工事の請負に係る資産の譲渡等について所得税法または法人税法上の工事進行基準の方法によって経理処理している場合、もしくは工事進行基準の任意適用を受ける場合で、収入金額が計上された事業年度（個人事業者の場合には暦年）終了の日の属する課税期間において、その部分につき資産の譲渡等を行ったものとすることができるとの特例（消法17①②）を受けるときは、「工事の請負に係る資産の譲渡等の時期の特例を受ける場合における税率等に関する経過措置」が適用されます（改正法附則7・16）。ただし、指定日（27年指定日）

から施行日（一部施行日）の前日までに契約を締結し、施行日（一部施行日）以降に当該契約に係る目的物の引渡しを行うことが必要です。

「工事の請負に係る資産の譲渡等の時期の特例を受ける場合における税率等に関する経過措置」とは、これら工事の着手の日から、施行日の前日までの期間に対応する部分の対価の額として政令で定めるところにより計算した金額に係る部分の課税資産の譲渡等に関する消費税については、旧税率によることを認めるものです。この経過措置の適用を受ける場合には、例えば本件の場合ですと、平成26年3月31日までの期間に対応する請負代金（A）と、平成26年4月1日以降、引渡時である5月末日までの期間に対応する請負代金（B）とに分けて計算し、（A）については5％、（B）については8％の税率を適用することが可能です（改正施行令附則9）。

なお、この経過措置の適用を受ける場合には、目的物の引渡しを行う事業者は、その相手方に対し、この経過措置の適用を受ける旨、及び適用を受けた部分の対価の額を書面により通知しなければなりません（改正法附則7④）。

$$請負工事代金 \times \frac{着手日から施行日の前日までの間に支出した原材料費、労務費、経費等の額}{施行日の前日の現況による見積工事原価の額} \cdots\cdots (A)$$

$$請負工事代金 - (A) \cdots\cdots\cdots\cdots\cdots\cdots\cdots\cdots\cdots\cdots\cdots\cdots\cdots\cdots\cdots (B)$$

I 消費税課税の原則

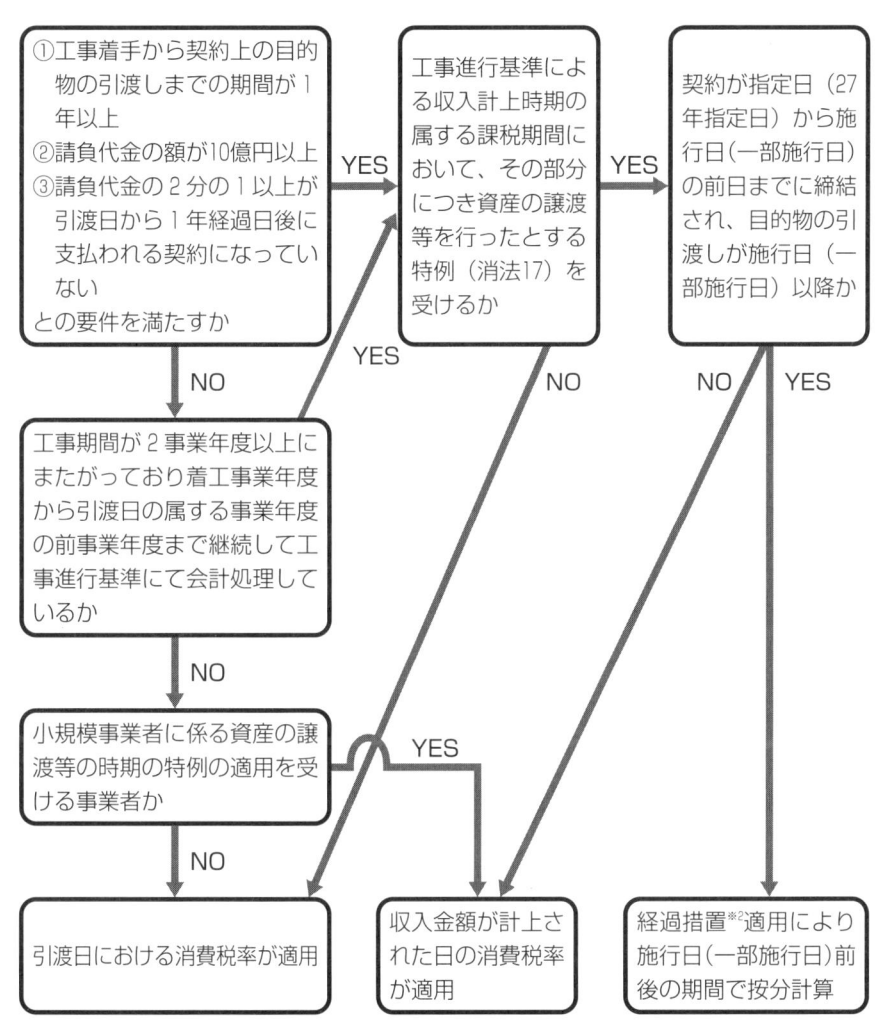

図表3－2　工事の請負に係る前払金に関する消費税率[※1]

```
┌─────────────────────┐         ┌─────────────────────┐         ┌─────────────────────┐
│①工事着手から契約上の目的│         │工事進行基準によ    │         │契約が指定日（27    │
│　物の引渡しまでの期間が1│         │る収入計上時期の    │         │年指定日）から施    │
│　年以上                │         │属する課税期間に    │         │行日（一部施行日）  │
│②請負代金の額が10億円以上│  YES   │おいて、その部分    │  YES    │の前日までに締結    │
│③請負代金の2分の1以上が │───────→│につき資産の譲渡    │───────→│され、目的物の引    │
│　引渡日から1年経過日後に│         │等を行ったとする    │         │渡しが施行日（一    │
│　支払われる契約になってい│        │特例（消法17）を   │         │部施行日）以降か    │
│　ない                  │         │受けるか            │         │                    │
│との要件を満たすか       │         └─────────────────────┘         └─────────────────────┘
└─────────────────────┘                  
         │                                    YES                        
        NO                                    ↑                   NO    YES
         ↓                        NO          │                   
┌─────────────────────┐                                                
│工事期間が2事業年度以上に│                                                  
│またがっており着工事業年度│                                                  
│から引渡日の属する事業年度│                                                  
│の前事業年度まで継続して工│                                                  
│事進行基準にて会計処理して│                                                  
│いるか                  │                                                  
└─────────────────────┘                                                   
         │                                                                
        NO                                                                
         ↓                                                                
┌─────────────────────┐          YES                                     
│小規模事業者に係る資産の譲│────────────┐                                    
│渡等の時期の特例の適用を受│                                                 
│ける事業者か            │                                                   
└─────────────────────┘                                                    
         │                                                                
        NO                                                                
         ↓                                                                
┌─────────────────────┐      ┌─────────────────┐        ┌─────────────────────┐
│引渡日における消費税率が │      │収入金額が計上さ │        │経過措置[※2]適用により│
│適用                    │      │れた日の消費税率 │        │施行日（一部施行日）前│
│                        │      │が適用           │        │後の期間で按分計算    │
└─────────────────────┘      └─────────────────┘        └─────────────────────┘
```

※1　工事等の請負契約に係る経過措置が適用されないことを前提とする。
※2　工事の請負に係る資産の譲渡等の時期の特例を受ける場合における税率等に関する経過措置

Q7 人的役務の提供

(1)建築設計事務所が依頼者に対し、契約時に設計料の30％を、設計完了時に残りの70％を受領する場合、(2)不動産仲介業者が仲介した土地売買の契約成立時に50％を、所有権移転登記時に残りの50％を仲介手数料として受領する場合、(3)弁護士が事件着手時に着手金として50万円を、事件終了時に報酬金として経済的利益の30％を受領する場合、それぞれ、いつの時点での消費税率が適用されるでしょうか。

Ans

(1)設計料の30％が、後日清算して剰余金があれば返還しないとされているのであれば、それについては収受した日の、残り70％については設計が完了した日の消費税率が、(2)仲介した土地売買の契約成立時50％の仲介手数料についてはそれを受領した日の、残りの50％については、継続適用を前提に、所有権移転登記時の消費税率が、(3)着手金50万円については依頼者との間で委任契約が締結された日の、報酬金については原則として事件処理が終了した日（委任契約に請求した時との特約がある場合には請求日）の消費税率がそれぞれ、適用されることとなります。

解説

① 設計料について

請負を除く人的役務の提供、例えば、運送契約、委任契約等に基づいて労務、便益、その他のサービスを提供する場合、原則として、その人的役務の提供を完了した日が資産の譲渡等の時期となります。

そして、人的役務の提供のなかでも、設計、作業の指揮監督、技術指導その他の技術に係る役務の提供については、原則として、その人的役務の

提供を完了した日が資産の譲渡等の時期となりますが、その報酬を、期間計算（派遣する技術者等の数、滞在期間の日数等により算定）、または作業の程度・段階（基本設計、部分設計等、報酬の額が作業の段階ごとに区分）によって確定させ、そのつど支払いを受けることとなっている場合には、支払いを受けるべき報酬の額が確定した日が資産の譲渡等の時期となります（消基通9-1-11）。

ただし、着手費用に充当する目的で相手方から収受する支度金、着手金等については、その収受した日をもって資産の譲渡等の時とすることができます。この場合、後日清算して剰余金があれば返還するものを除きます（消基通9-1-11（注））。

そのため、契約時に支払う30％分の設計料については、期間計算や作業の程度・段階によって確定させているものではありませんが、着手費用に充当する目的で依頼者から収受する支度金ないし着手金といえるので、後日清算して剰余金があっても返還しないものであれば、収受した日が資産の譲渡等の時期となり、その時点における消費税率が適用されることとなります。そして、残り70％については設計が完了した時点での消費税率が適用されることとなります。

② 仲介手数料について

不動産の仲介についても、その人的役務の提供を完了した日が資産の譲渡等の時期となるのが原則であり、通常、仲介に係る売買契約等が契約当事者間において成立した時点で不動産仲介業者としてはその役務の提供を完了したといえます。

しかし、不動産仲介業においては、商慣習等により、仲介に係る売買契約等の取引が完了した時点（所有権移転登記が行われた時点等）に仲介手数料が支払われることも多いことから、継続適用を条件に、仲介に係る取引が完了した日をもって、資産の譲渡等の時期とすることが認められていま

す（消基通9−1−10）。

　ただし、この場合であっても、仲介に係る取引が完了する前に、一部、仲介手数料を受領している場合には、それを受領した日が資産の譲渡等の時期となります（消基通9−1−10）。

　したがって、仲介した土地売買の契約成立時50％の仲介手数料についてはそれを受領した日の、残りの50％については、継続適用を前提に、所有権移転登記時の消費税率がそれぞれ適用されることとなります。

③ 弁護士業務の着手金・報酬金について

　弁護士による専門的知識、技能等に基づく役務の提供についても、その人的役務の提供を完了した日が資産の譲渡等の時期となるのが原則です。ただ、弁護士業務の場合、事案の性質によっては、事件着手時に着手金、事件終了時に報酬金という形式で弁護士費用が支払われることも少なくありません。

　着手金とは、事件または法律事務の性質上、委任事務処理の結果に成功不成功があるものについて、その結果のいかんにかかわらず、委任時に受けるべき委任事務処理の対価をいい、たとえ委任事務処理の結果が不成功であったとしても、通常、返還を要しないものです。

　この点、着手金に係る「資産の譲渡等をした時」に関して明確に規定した法令等は存在しませんが、弁護士報酬としての着手金に係る資産の譲渡等の時期について争われた東京地裁平成20年１月31日判決（平成21年４月28日最高裁決定にて確定）では、着手金は、ほかの種類の弁護士報酬と異なり、事件等の結果のいかんにかかわらず、委任事務処理が開始される前に支払いを受けるものであり、その金額も受任時に確定されることによれば、事件等の処理について委任契約が締結された日の属する期間において、着手金に係る課税資産の譲渡等があったと解するのが相当である旨判示しています。そのため、着手金については、委任契約が締結された日の消費税

率が適用されることとなります。

　報酬金とは、事案の性質上、委任事務処理の結果に成功不成功があるものについて、その成功の程度に応じて受ける委任事務処理の対価をいいます。同判決では、報酬金の額が、委任事務処理により確保した経済的利益の額を基準とし、一定の算定方法に従って算定されることが委任契約等によって合意されていることを前提に、報酬金請求権は、委任事務処理が終了した時点（委任契約に請求した時とする特約がある場合には請求があったとき）の属する期間において、報酬金に係る課税資産の譲渡等があったと解するのが相当である旨判示しています。そのため、報酬金に関しては、原則として、事件処理が終了した日における消費税率が適用されることとなります。

　ただし、依頼者の経済的事情等により、報酬金の支払時期についてあらかじめ異なる合意が依頼者との間でなされており、かつ委任契約書に明記されているような場合には、その合意に従った請求がなされた日の消費税率が適用されることとなります。

　また、報酬金に関し、一定の算定基準に基づくものではなく、事件処理後、事件の難易、経済的利益、労力の程度、依頼者との関係等を踏まえ、依頼者と弁護士との間で、成功結果の評価をめぐり報酬金額を協議によって定める旨の合意があり、委任契約書においてもその旨明記されているような場合には、協議内容が確定した日における消費税率が適用されることとなります。

Q8 割賦販売、ファイナンス・リース取引

当社は、取引先が社用車として使用する車を割賦販売により販売しました。当社、取引先いずれも賦払期日の到来した部分についてのみ資産の譲渡等や課税仕入れがあったとして、その時点における消費税率を適用することはできるでしょうか。ファイナンス・リース取引により譲渡した場合はどうでしょうか。

Ans

割賦販売の場合、相談者は、賦払期日の到来した部分についてのみ資産の譲渡等があったとして、その時点における消費税率を適用することはできますが、取引先の課税仕入れについては車の引渡しを受けた時点での消費税率が適用されることとなります。

ファイナンス・リース取引の場合、相談者は、リース料支払日の到来した部分についてのみ資産の譲渡等があったとして、その時点における消費税率を適用することはできますが、取引先については、当該取引が所有権移転外ファイナンス・リース取引であれば、賃貸借処理等を行っていることを前提に、支払日における消費税率を適用することが可能です。

解説

① 割賦販売における資産の譲渡等の時期

割賦販売については、その資産の引渡しを行った日が資産の譲渡等の時期となるのが原則です。

ただし、法人税法第63条第1項（長期割賦販売等）または所得税法第65条第1項（延払条件付販売等）に基づく延払基準の方法により会計処理している場合には、消費税法上においても、その支払の期日が到来しない賦

払金部分について、その課税期間において資産の譲渡等を行わなかったものとみなし、その部分に係る対価の額をその課税期間における売上げから控除することができます（消法16①）。すなわち、法人税法第63条第1項（長期割賦販売等）または所得税法第65条第1項（延払条件付販売等）に基づく延払基準を選択適用している場合には、その課税期間において支払期日が到来する賦払金部分についてのみ資産の譲渡等があったとすることが可能です。

なお、長期割賦販売等及び延払条件付販売等とは、以下の要件に適合する条件を定めた契約に基づき行われる資産の販売もしくは譲渡、工事（製造を含む）の請負または役務の提供をいいます（法法63⑥、法令127、所法65③、所令190）。

① 月賦、年賦その他の賦払の方法により3回以上に分割して対価の支払を受けること
② その資産の販売等に係る目的物または役務の引渡しまたは提供の期日の翌日から最後の賦払金の支払期日までの期間が2年以上であること
③ その契約において定められているその資産の販売等の目的物の引渡しの期日までに支払期日の到来する賦払金の額の合計額がその資産の販売等の対価の額の3分の2以下となっていること

したがって、相談者の場合でも、長期割賦販売等または延払条件付販売等に基づく延払基準の方法により会計処理を行っている場合には、その課税期間において支払期日が到来する賦払金部分についてのみ資産の譲渡等があったとすることが可能です。

なお、長期割賦販売等または延払条件付販売等に基づく延払基準の方法により会計処理を行っている場合であっても、消費税の資産の譲渡等の時期に関し、その引渡しのあった日とすることは何ら問題ありません（消基通9-3-1）。

② 割賦購入資産の課税仕入れの時期

　割賦販売等の方法により課税資産の譲渡等を受けた場合であっても、その課税仕入れの時期は、引渡しを受けた時となります。そのため、取引先については、車の引渡しを受けた時点での消費税率が割賦販売等における支払対価の合計額に対し適用されることとなります。

③ 非課税（割賦販売）

　資産の譲渡等の対価の額を2か月以上の期間にわたり、かつ、3回以上に分割して支払う場合、その賦払金のうち利子または保証料の額に相当する額で、賦払契約において明示されているものについては、非課税となります（消法6・別表第1三、消令10③十）。したがって、そのような場合、相談者は、賦払金総額または賦払金の額から利子または保証料を控除した金額を課税売上げとして消費税額を計算し、取引先は、契約において明示されている利子または保証料相当額を、消費税法上、非課税仕入れとして処理します。

④ リース譲渡を行う事業者

　会計上のファイナンス・リース取引とは、資産の賃貸借で、賃貸借期間中の契約解除が禁止されているリース取引（解約不能）で賃借人が当該資産の経済的利益を実質的に享受することができ、かつ、賃借人が当該資産の使用に伴って生ずる費用を実質的に負担するもの（フルペイアウト）をいいます（リース会計基準5）。法人税法、所得税法上のリース取引は、所有権が移転しない土地の賃貸借等が除かれること以外、会計上のファイナンス・リース取引と同義です（法法64の2③、所法67の2③）。

　リース取引のうち、所有権移転リース取引は、従来から、税法上、リー

ス資産の売買取引とされていましたが、所有権移転外リース取引は、平成19年度税制改正により、従来の賃貸借取引ではなく、売買取引とみなされることとなりました。そのため、平成20年4月1日以降に締結されたリース取引については、所有権移転・移転外を問わず、原則として、リース資産の引渡しを行った日が資産の譲渡等の時期となります。

ただし、法人税法、所得税法上、リース取引については、所有権移転・移転外を問わず、長期割賦販売等または延払条件付販売等に含まれます(法法63⑥②・64の2③、所法65③②・67の2③)。

そのため、法人税法第63条第1項(長期割賦販売等)または所得税法第65条第1項(延払条件付販売等)に基づく延払基準を選択適用している場合には、消費税法上、その課税期間においてリース支払日が到来するリース譲渡延払収益額部分についてのみ資産の譲渡等があったとすることが可能です(消法16①)。

なお、リース取引については、通常の延払基準の方法（法令124①一、所令188①一）、リース譲渡に係る延払基準の方法（法令124①二、所令188①二）のほか、リース譲渡に係る収益及び費用の計上方法の特例（法法63②、法令124③～⑤、所法65②、所令188②～④）によって処理することも可能です(消法16①、消令32の2・36の2)。

⑤ リース資産を譲り受ける事業者

リース取引に係る課税仕入れの時期については、リース資産が引き渡された日となるのが原則です。しかし、所有権移転外リース取引において、賃借人が賃貸借取引として会計処理しており、そのリース料について支払うべき日の属する課税期間において課税仕入れ等として消費税の申告をしているときは、そのリース料について支払うべき日の属する課税期間における課税仕入れとする処理を認めるとの国税庁質疑応答事例があります(所有権移転外ファイナンス・リース取引について賃借人が賃貸借処理した場合の取扱い)。

そのため、取引先の場合も、所有権移転外リース取引であり、賃貸借処理に基づき申告をしている場合には、支払うべき日が課税仕入れの時期となり、その時点での消費税率を適用することとなります。

⑥ 非課税（リース）

リース契約書において、リース料総額またはリース料の額のうち利息相当額を明示した場合、当該利息相当額部分は非課税となります（消法6・別表第1三、消令10③十五）。したがって、利息相当額をリース契約書に明示した場合、相談者はリース取引のリース料総額またはリース料の額から利息相当額を控除した金額を課税売上げとして消費税額を計算し、利息相当額は貸付金の利子として期間の経過に応じて非課税売上げとして処理します。

賃借人においても契約において明示されている利息相当額は、消費税法上、非課税仕入れとして処理します。

図表3－3　割賦販売・リース取引のまとめ

	資産の譲渡等の時期	課税仕入れの時期
割賦販売	資産の引渡しを行った日（延払基準の方法により会計処理した場合には支払期日）	資産の引渡しを受けた日
所有権移転リース取引	資産の引渡しを行った日（延払基準等の方法により会計処理した場合には支払期日）	資産の引渡しを受けた日
所有権移転外リース取引		資産の引渡しを受けた日（賃貸借取引として会計処理した場合には支払期日）

Q9 契約上の引渡時期に遅れた場合の増税分の負担

工事等の請負契約に関する経過措置の適用を受けたかったのですが、指定日（平成25年10月1日）の前日までに請負契約の締結が間に合いませんでした。そこで、指定日以降に建物の請負契約を締結するものの、施行日（平成26年4月1日）までに引渡しを行うことで請負契約を締結し、旧税率である5％の消費税にて、前払金と中間前払金を受領しました。ところが、当社のミスにより、引渡日が施行日以降となってしまいました。

残金について、新税率である8％にて請求することはできるでしょうか。また、既に受領している前払金と中間前払金についても、差額の3％の消費税を請求することはできるでしょうか。

なお、当社は工事完成基準を採用しています。

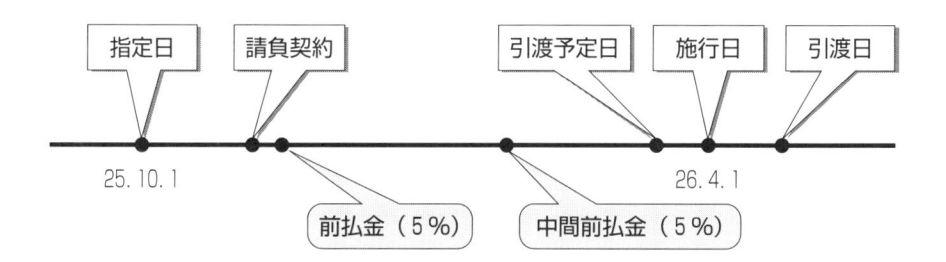

```
指定日    請負契約           引渡予定日  施行日   引渡日
●―――●●――――――――●―――●―――●
25.10.1                           26.4.1
         前払金（5％）    中間前払金（5％）
```

Ans

相談者は、引渡しが遅れたことにより注文者が負担しなければならなくなる消費税増税分の3％相当額を履行遅滞に基づく損害賠償として負担することとなりますが、違約金の定めが請負契約書で規定されている場合には、その違約金の額を超えて負担する必要はありません。

ただし、その場合であっても、注文者が一般消費者であり、かつ相談者の故意または重過失により建物の引渡しが遅れた場合には、当該違約金条

項は無効となり、消費税増税分の３％相当額を履行遅滞に基づく損害賠償として負担しなければなりません。

:::解説

① 違約金の定めがない場合

　請負による資産の譲渡等の時期は、原則として、物の引渡しを要する請負契約では、その目的物の全部を完成して相手方に引き渡した日、物の引渡しを要しない請負契約では、契約当事者間において約した役務の全部を完了した日となります（消基通９−１−５）。

　工事等の請負契約に関する経過措置の適用がない場合、請負契約に基づきその請け負った目的物を完成させ、相手方に引き渡した時点で売上げを計上する工事完成基準においては、引渡時が「資産の譲渡等をした時」となります。そのため、たとえ前払金、中間前払金に対する消費税を５％にて受領していたとしても、引渡時が平成26年４月１日以降となってしまえば、８％の消費税率が、前払金、中間前払金を含めた請負代金全額に対して適用されることとなります。

　他方、受注者は、引渡時期までに建物を完成させ、注文者に引き渡す義務を負っており（民632）、受注者の責に帰すべき事由により期日までに建物を完成させ引き渡すことができなかった場合には、債務不履行（履行遅滞）として注文者が被る損害を賠償しなければなりません。

　受注者が賠償すべき損害の範囲としては、通常生ずべき損害（通常損害）に加え、契約当事者があらかじめ知り、または知ることが可能であった損害（特別損害）も含まれます。なお、通常損害とは、建物の請負契約に関していえば、当該建物を使用収益することによって得られる利益、すなわち賃料相当額と考えられています。

　この点、契約当事者間において、経過措置の適用は受けられないものの、

5％での消費税率の適用を受けることができるよう、あえて、建物の引渡日を施行日前と合意していたとの事実関係からすれば、引渡しが遅れたことにより注文者が負担しなければならなくなる消費税増税分の3％相当額については、契約当事者があらかじめ知り、または知ることが可能であった損害と考えることが可能です。

したがって、注文者は、受注者に対し、引渡しが遅れたことにより注文者が負担しなければならなくなる消費税増税分の3％相当額を履行遅滞に基づく損害賠償として請求することが可能です。

本件でいえば、相談者が注文者に対して追加請求する前払金、中間前払金、及び残金に対する消費税増税分の3％相当額の支払請求権と、注文者が相談者に対して請求する上記損害賠償請求権とが、対当額にて相殺されることとなります。さらに、通常損害、その他の特別損害が注文者から主張・立証されれば、相談者はそれら損害も負担することになります。

② 違約金の定めがある場合

しかしながら、履行遅滞に関する違約金の定めが請負契約書に規定されている場合には、結論が異なります。

建設工事の請負契約における一般的、定型的な取引内容を普通約款として定めたものとして、民間（旧四会）連合協定工事請負契約約款が存在しますが、通常、建設工事の請負契約書では、この約款の内容が具体的な合意事項として盛り込まれています。

そして、民間（旧四会）連合協定工事請負契約約款第30条第1項では、履行遅滞に関する違約金に関し、以下のとおり定めています。

「受注者の責に帰すべき事由により、契約期間内に契約の目的物を引き渡すことができないときは、契約書に別段の定めのない限り、発注者は、受注者に対し、遅滞日数に応じて、請負代金額に対し年10パーセントの割合で計算した額の違約金を請求することができる。」

このような違約金の定めは、損害賠償の予定と推定され（民420③）、裁判所は、その額を増減することができないこととされています（民420①）。つまり、契約当事者間において、違約金の定めを合意した場合には、履行遅滞に基づく損害額が違約金の額よりも大きいことを証明できた場合であっても、別段の定めがない限り、注文者は受注者に対し、違約金の定めによって計算された損害の額を超えて損害を請求することができなくなります。

　したがって、履行遅滞に関する違約金の定めが請負契約書に規定されている場合、例えば、民間（旧四会）連合協定工事請負契約約款第30条第1項規定のとおり、「請負代金額に対し年10パーセントの割合で計算した額の違約金を請求することができる」との定めがある場合には、それによって計算された金額を超えて、注文者は相談者に対し、履行遅滞に基づく損害賠償を請求することができません。具体的には、相談者が注文者に対して追加請求する前払金、中間前払金、及び残金に対する消費税増税分の3％相当額の支払請求権と、注文者が相談者に対して請求する上記違約金の額とを、対当額にて相殺し、いずれかに残金があれば別途請求することになります。

　ただし、違約金の定めがある場合であっても、注文者が一般消費者であり、かつ相談者の故意または重過失により建物の引渡しが遅れた場合には、消費者契約法第8条第1項第2号により、賠償責任の一部を免除する違約金条項は無効となり、消費税増税分の3％相当額を履行遅滞に基づく損害賠償として請求されることとなります。例えば、意図的に引渡しを遅らせたり（故意）、著しい注意欠如によって引渡日を勘違いしていた結果、引渡しが遅れたような場合（重過失）が挙げられます。

　いずれの場合であっても、契約当事者が納得して紛争を解決するためには、契約当初から雛形的に設けられている違約金規定や、消費者契約法に訴える解決よりも、当初予定していた引渡日が施行日以降となってしまう場合に備え、契約当事者間で十分に協議・検討した上で、契約締結に至るまでに覚書ないし合意書を作成しておくのが望ましいといえます。

合意書雛形

※　甲を発注者、乙を受注者とする

合　意　書

　○○○○（以下「甲」という。）と○○建設株式会社（以下「乙」という。）とは、甲乙間で締結された平成25年11月5日付け工事請負契約（以下「本件請負契約」という。）に関し、以下のとおり合意する。なお、以下、「（消費）税率」ないし「消費税額」という場合には、地方消費税率ないし地方消費税額を含むものとする。

第1条（経過措置の適用外）

　甲と乙とは、甲が下記事項を十分に理解、認識した上で、本件請負契約に基づく建物（以下「本件建物」という。）の引渡日を平成26年3月20日とする本件請負契約を締結したことを相互に確認する。

記

1　本件請負契約は、指定日（平成25年10月1日）以降である平成25年11月5日に締結されていることから、社会保障の安定財源の確保等を図る税制の抜本的な改革を行うための消費税法の一部を改正する等の法律附則第5条第3項、同第16条及び関連する政令等で規定する経過措置の適用を受けることができないこと。

2　そのため、本件建物の引渡しが、平成26年3月31日までになされた場合には、本件請負契約（付随する変更工事等を含む。）に基づく税抜請負代金（以下「本件請負代金」という。）に対し5％の税率による消費税が課せられること。

3　他方で、本件建物の引渡しが、平成26年4月1日以降になされた場合には、本件請負代金に対し8％の税率による消費税が課せられること。

4　さらに、本件建物の引渡しが、平成27年10月1日以降になされた場合には本件請負代金に対し10％の税率による消費税が課せられること。

第2条（請負代金残金に係る消費税）

　本件建物の引渡しが平成26年4月1日以降になされる場合には、甲は乙に対し、既に支払済の前払金または部分払金を除く本件請負代金に、本件建物引渡時における消費税率を乗じた消費税額を、当該請負代金とともに支払わなければならない。なお、これら金員の支払時期については、甲乙間で別途合意する場合を除き、本件建物完成時とする。

第3条（前払金等に係る消費税）

　前条において、甲から乙に対し本件請負代金に関する前払金または部分払金が5％の消費税率にて支払われている場合には、甲は乙に対し、当該前払金総額または部分払金総額に、本件建物引渡時における消費税率と5％との差額税率（3％または5％）を乗じた消費税額を追加して支払わなければならない。なお、これら金員の支払時期については、甲乙間で別途合意する場合を除き、本件建物完成時とする。

第4条（適用除外）
1　前条及び本合意書第2条の規定は、本件建物の引渡しが乙の責に帰すべき事由によって遅滞した場合には適用しない。
2　前項の場合、本件請負代金に1.05を乗じた金額をもって、本件建物引渡時における消費税率によって計算された消費税額込みの価格とみなし、当該税込価格の本体価格に相当する金額と本件請負代金との差額については、本件請負代金の値引きがなされたものとする。

第5条（責に帰すべき事由）
　前条第1項における乙の責に帰すべき事由には、下記事項は含まないものとする。

記

1　甲の都合により乙が着手期日までに工事に着手できなかったとき、または甲が工事を繰延べもしくは中止したこと。
2　甲による支給材料または貸与品の引渡しが遅滞したため、乙が工事の手待ちまたは中止をしたこと。
3　甲による前払金または部分払金が約定期日に支払われなかったことにより乙が工事に着手せずまたは工事を中止したこと。
4　正当な理由なく甲が本件建物引渡しの受領を拒否したこと。
5　監理者の責に帰すべき事由。
6　その他甲の責に帰すべき事由。

第6条（不可抗力等）
　天災その他自然的または人為的な事象であって甲乙いずれにもその責を帰することのできない事由により本件建物の引渡しが遅滞した場合には、本合意書第2条乃至第3条の規

定に基づき甲が支払うべき消費税額の2分の1を甲は乙に対して支払うものとし、本件請負代金に1.05を乗じた金額にその残金を加えた金額をもって、本件建物引渡時における消費税率によって計算された消費税額込みの価格とみなし、当該税込価格の本体価格に相当する金額と本件請負代金との差額については、本件請負代金の値引きがなされたものとする。

第7条（調整規定）
　本合意において規定なき事項については、本件請負契約書によるものとし、本合意書と本件請負契約書との間に抵触する規定がある場合には、本合意書の規定が本件請負契約書の規定に優先するものとする。

　以上、本合意が成立した証として本合意書2通を作成し、甲乙署名・押印した上で各自1通ずつ保有するものとする。

平成　年　月　日

甲

　　　　　　　　　　　　　　　　　　　　　　　　　　　　印
_____

乙

　　　　　　　　　　　　　　　　　　　　　　　　　　　　印
_____

II 経過措置適用に当たっての留意点

　経過措置については、顧客との個々の契約関係においてその適用の有無、要件等がそれぞれ異なってくるので、締結対象となる契約関係に適用される経過措置をどのように説明するかという点がまず重要となります。

　経過措置の適用を顧客に説明するに当たっては、消費税が課税される原則的な仕組みから説明し、経過措置はあくまでも消費税課税の原則に対する例外規定であるとの理解を持ってもらうことが必要です。

　国内取引に関する消費税の納税義務は、「資産の譲渡等をした時」に成立するので（通則法15②七）、「資産の譲渡等をした時」、すなわち、資産の譲渡、貸付け、役務の提供が行われた時点での税率が適用されるというのが、消費税課税の大原則です。

　そのため、資産の譲渡等に関する契約がいつ締結されたのか、手付金や前金を受け取っているのかどうか、その他代金の支払時期がいつであるのかという点については、新旧いずれの税率が適用されるのかという点に関して、基本的に何ら左右されない事項となります。「資産の譲渡等をした時」が施行日（一部施行日）前であれば施行日（一部施行日）までに適用されている消費税率が、「資産の譲渡等をした時」が施行日（一部施行日）以降であれば施行日（一部施行日）以降に適用される消費税率が、それぞれ適用されることとなります。

　したがって、「資産の譲渡等をした時」が、顧客との間で締結予定の契約関係では、具体的にいつになるのかを個別に説明することになります。

　その上で、例えば工事等の請負契約の場合には、指定日（平成25年10月1日）の前日までに契約を締結すれば、たとえ「資産の譲渡等をした時」

が施行日（平成26年4月1日）以降となる場合であっても、5％の消費税率が適用されることを説明することになります。それ以降に契約を締結する場合にも同様に、27年指定日（平成27年4月1日）の前日までに契約を締結すれば、たとえ「資産の譲渡等をした時」が一部施行日（平成27年10月1日）以降となる場合であっても、8％の消費税率が適用されることを説明します。

さらに、顧客との間で締結予定の契約関係に関して、経過措置が適用されるための留意点を説明していくことになりますが、その際に特に問題となりやすい工事等の請負契約と資産の貸付契約について以下、説明します。

1 工事等の請負契約

工事等の請負契約について、特に留意すべき点は、請負契約の範囲です。工事等の請負契約というタイトルから、あくまでも工事等の請負契約に限定されるとのイメージがなされがちですが、平成9年に消費税法が改正された時と同様に、比較的広範囲に経過措置の適用対象としています。

改正法附則第5条第3項では、経過措置の適用対象となる請負に係る契約に関し、工事（製造を含む）の請負に係る契約に加え、「これに類する政令で定める契約を含む」と規定しているところ、平成9年改正時と同様、改正施行令附則第4条第5項では、「測量、地質調査、工事の施工に関する調査、企画、立案及び監理並びに設計、映画の制作、ソフトウェアの開発その他の請負に係る契約（委任その他の請負に類する契約を含む）で、仕事の完成に長期間を要し、かつ当該仕事の目的物の引渡しが一括して行われることとされているもののうち、当該契約に係る仕事の内容につき相手方の注文が付されているもの（建物の譲渡に係る契約で、当該建物の内装若しくは外装又は設備の設置若しくは構造についての当該建物の譲渡を受ける者の注文に応じて建築される建物に係るものを含む。）」（下線は筆者による）とし

ています。

　下線部分に関し、「その他の請負に係る契約」とは、例えば、修繕や運送、保管、印刷、広告、仲介、技術援助、情報の提供に係る契約が、「委任その他の請負に類する契約」とは、例えば、検査、検定等の事務処理の委託に関する契約、市場調査その他の調査に係る契約が、それぞれ含まれます。

　そして、このような契約では、実際に「仕事の完成に長期間を要」するかどうかは問わないとされています。

　また、「仕事の目的物の引渡しが一括して行われること」との要件に関しては、運送、設計、測量等、目的物の引渡しを要しない請負等の契約であっても、役務の全部の完了が一括して行われるものであれば含むとされています。したがって、月極の警備保障やメインテナンス契約のような期間極めの契約の場合には、役務の提供が一括して行われないため対象外となります。

　このように顧客との間で締結される予定の契約が、工事等の請負契約の適用範囲か否かについては慎重に検討する必要があります。

　その他、工事等の請負契約では、建物の譲渡契約、値増金の取扱い、工事進行基準等が問題となりますが、詳細は、次のQ&Aで解説します。

2　資産の貸付契約

　資産の貸付契約に関しては、資産の貸付けに係る契約を指定日（27年指定日）の前日までに締結することに加え、施行日（一部施行日）の前日までに目的物の貸付けを実際に行い、施行日（一部施行日）以降も引き続き貸付けを行っていなければ経過措置の適用がないことに、まず注意が必要です（改正法附則5④・16）。

　また、資産の貸付契約に関し、指定日（27年指定日）以降に対価の額の

変更が行われた場合には、その後、経過措置が一切適用されません（改正法附則5④但書・16①）。資産の貸付契約に関する対価の額の変更には、増額のみならず、減額することも含まれます。工事等の請負契約の場合のように、増額部分については経過措置の対象とならないもののそれ以外の対価部分については経過措置の対象となるとの取扱いと、大きく異なることに注意が必要です。

　資産の貸付契約において、対価の額が変更された場合には、それによって、事実上、新たな貸付契約が締結されたと同視できることから、その変更後の貸付けに係る契約については、その対価の額の全額を新税率の対象とするというものです。

　さらに、資産の貸付けに係る契約のうち、通常の賃貸借契約に関して経過措置を受けるためには、平成9年改正時と同様、「事情の変更その他の理由により当該対価の額の変更を求めることができる旨の定めがないこと」が要件の1つとして必要です（改正法附則5④二）。

　この点に関連して、平成9年改正時には、建物の賃貸借について事情変更があった場合には当事者間の契約の内容にかかわらず、賃料の増減請求をすることができるとの借地借家法第32条の規定が、この要件に抵触しないかが問題となりました。

　しかしながら、「事情の変更その他の理由により当該対価の額の変更を求めることができる旨の定めがないこと」との要件は、あくまでも当事者間の契約の内容において対価の額の変更規定がないことを求めているものです。そのため、そのような定めがない場合にまで、借地借家法上の規定を援用することで経過措置の適用を否定する趣旨ではなく、同要件には抵触しないとの結論に至っています。この点は、平成25年3月25日付の国税庁通達「平成26年4月1日以後に行われる資産の譲渡等に適用される消費税率等に関する経過措置の取扱いについて（法令解釈通達）」の第18項において確認されています。

　また、対価の額の変更が、例えば、賃貸人が修繕義務を履行しない結果、

行われたものであるなど、正当な理由に基づくものである場合にまで、新たな賃貸借契約が締結されたと同視するのは適当でないことから、正当な理由に基づく場合には、経過措置の適用が否定されることはありません（前述の平成25年3月25日付国税庁通達第19項）。なお、固定資産税の増額を理由とする対価の増額は、正当な理由に基づくものには該当しないとされています。

その他にも、対価の額の変更に関し、以下のような事例が経過措置の適用対象となります。

① 賃貸借契約で、例えば、2年間は賃貸料の改定を行うことができない、と定められている場合、施行日以降に受領する賃貸料のうち、改定を行うことができないとされる契約日から2年間は経過措置が適用される。

② 例えば、貸付期間を10年とし、最初の2年間は○○○円、次の2年間は□□□円というようにあらかじめ10年間の家賃を定め、この賃料について変更を求めることができる旨の規定がない場合には、10年間経過措置の対象となる。

その他の対価の額の変更に関する問題、停止条件付き契約の場合、対価は別途、協議すると定めた場合等については次のQ&Aで解説します。

3 契約書の修正

当初、作成した契約書の記載内容では経過措置を受けるための要件を満たさない場合であっても、指定日の前日までに既存の契約内容を経過措置の適用を受けられるように当事者間の合意によって修正した場合には、経過措置の適用が可能であるとの取扱いがなされます（前述の平成25年3月25日付国税庁通達第8項）。つまり、指定日の前日までに経過措置の要件を

満たすように、契約内容が当事者間の合意によって変更された場合には、その変更後の契約内容をもって経過措置適用の対象となるかどうかが判断されます。

なお、このような取扱いの対象となる契約類型は、工事等の請負契約、資産の貸付契約のほか、指定役務の提供契約、予約販売による書籍等の譲渡、有料老人ホームに係る終身入居契約に基づく役務の提供の5つです。

4 通知義務

改正法附則第5条第8項では、事業者が工事等の請負契約または資産の貸付けに係る契約に関する経過措置の適用を受けた課税資産の譲渡等を行った場合には、当該課税資産の譲渡等がこれら経過措置の適用を受けたものであることについて相手方に対し書面により通知しなければならない旨規定しています。

具体的には、以下の事項を記載する必要があり、請求書等に記載して通知することも可能です。

① 通知をする事業者の氏名・名称
② 経過措置の適用を受ける課税資産の譲渡等に係る資産、役務の内容
③ 適用を受ける改正消費税法の該当条項
④ 経過措置の適用を受ける課税資産の譲渡等の対価の額(消費税額等に相当する金額を含む)
⑤ 通知を受ける者の氏名・名称

なお、仮にこの通知義務が履行されなかった場合であっても、通知義務の履行は経過措置の適用要件ではないので、経過措置の適用に影響を与えることはありません。

ただし、通知義務の不履行のみならず、経過措置が適用される契約であ

ることを見過ごして新税率に基づく消費税額を受領した場合には、別途、取引相手方から不当利得返還請求、ないし損害賠償請求される可能性があります。

経過措置をめぐる問題点に関するQ&A

Q10 対価の額の変更

1　所有権移転外ファイナンス・リース契約において、消費税率の改正があった場合には、改正後の税率による旨の規定がある場合、経過措置の適用を受けることはできるでしょうか。事業用建物の賃貸借契約の場合はどうでしょうか。

2　事業用建物の賃貸借契約で対価の額の定めがあり、対価の額を変更することができる旨の規定はありません。契約期間は2年間ですが、自動更新条項があります。このような場合、自動更新される間は、経過措置の適用があるのでしょうか。

3　施行日（平成26年4月1日）以降に行われる結婚式・披露宴開催に関する契約で、スタンダードコース（金額100万円）にて、指定日（平成25年10月1日）の前日までに契約を締結しました。施行日より前の結婚式・披露宴開催10日前に、契約時の申込金20万円を除いた80万円の支払いを受けましたが、施行日より後である結婚式・披露宴前日にオプションのサービス変更を行ったため、増額分10万円、減額分20万円で計10万円の減額となりました。結婚式・披露宴後に10万円を返還するに当たり、5％、8％いずれの消費税が適用されるのでしょうか。

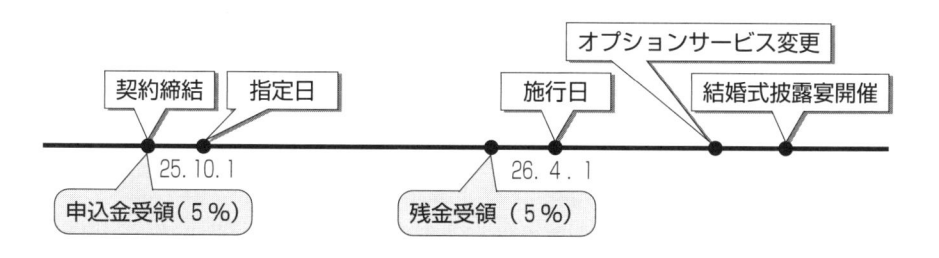

契約締結　指定日　　　　　　　施行日　　　オプションサービス変更
　　　　　　　　　　　　　　　　　　　　　結婚式披露宴開催
　　　　　25.10.1　　　　　　　　26.4.1
申込金受領（5％）　　　　残金受領（5％）

149

Ans

1　平成20年4月1日以降に締結された所有権移転外ファイナンス・リース契約については、資産の貸付けに関する経過措置ではなく、長期割賦販売等に関する経過措置の適用の有無を判断する結果、これら規定の影響を受けることはありません。他方で、事業用建物の賃貸借契約、または平成20年4月1日より前に締結された所有権移転外ファイナンス・リース契約については、消費税率の改正があった場合に改正後の税率による旨の規定があるだけでは、経過措置の適用が否定されることはありませんが、当該規定に基づいて、実際に新税率を適用した場合には、以後、経過措置の適用を受けることはできなくなります。

2　自動更新条項がある賃貸借契約において、経過措置の適用があるのは、当初の契約期間である2年間だけとなります。

3　差額10万円につき、5％の消費税率にて返還することとなります。

解説

① 消費税率改正規定

1の事例につき検討すると、平成9年の消費税改正当時、賃貸借取引とされていた所有権移転外ファイナンス・リース契約の場合、消費税率の改正があった場合には改正後の税率による旨の規定があるだけでは、経過措置の適用が否定されることはありませんでした。

ただし、このように経過措置の適用を受けることができるにもかかわらず、当該規定に基づいて、指定日以降、実際に新税率を適用した場合には、新税率相当額と改正前の税率相当額の差額について税込みのリース料が変更されたものとして、以後、経過措置の適用を受けることはできないとされていました。

Ⅱ　経過措置適用に当たっての留意点

　その後、平成19年度税制改正により、所有権移転外リース取引については、従来の賃貸借取引としての取扱いから、売買取引としての取扱いへと変更されました。それと同時に、リース取引（会計上のファイナンス・リース取引とほぼ同義）については、所有権移転・移転外を問わず、長期割賦販売等または延払条件付販売等に含まれることとなりました（法法63⑥②・64の2③、所法65③②・67の2③）。これら改正規定は、平成20年4月1日以降に締結されたリース取引に対して適用されています。そのため、平成20年4月1日以降に締結されたリース取引については、資産の貸付契約に関する経過措置ではなく、長期割賦販売等に関する経過措置の適用の有無を検討することとなります。

　この点、改正法附則第6条、及び改正施行令附則では、長期割賦販売等に関する経過措置の適用を受けるための要件として、対価の額の変更を求めることができる旨の定めがないことや、対価の額が変更されないことを何ら必要としていません。したがって、所有権移転外ファイナンス・リース取引において、消費税率の改正があった場合には改正後の税率による旨の規定があっても、さらには当該規定に従って実際に新税率を適用したとしても、長期割賦販売等に関する経過措置の適用が否定されることはありません。ただし、今後の通達等で、異なる取扱いがなされることもあり得るので、今後の動向に注意が必要です。

　他方で、事業用建物の賃貸借契約、または平成20年4月1日より前に締結された所有権移転外ファイナンス・リース契約において同様の規定が設けられている場合には、平成9年改正時と同様の結論となります。すなわち、通常の賃貸借契約に関する経過措置を受けるための要件にかかわる「事情の変更その他の理由により当該対価の額の変更を求めることができる旨の定め」（改正法附則5④二）とは、契約において定めた資産の譲渡等の対価の額、つまり本体価額の変更を意味するので、たとえ、消費税率の改正があったときは改正後の税率による旨の規定があったとしても、その規定は本体価額の変更を求めることを定めたものではない以上、経過措置の適用

が否定されることはありません。

　ただし、実際に新税率を適用した場合には、新税率相当額と改正前の税率相当額の差額について税込みの賃貸料ないしリース料を変更したものとして、以後、経過措置の適用を受けることはできなくなります（改正法附則5④但書）。

② 自動更新条項がある場合の経過措置適用期間

　2の事例につき検討すると、改正法附則第5条第4項第1号では、資産の貸付けに係る契約に関し、経過措置の適用を受けるための要件の1つとして、「当該契約に係る資産の貸付けの期間及び当該期間中の対価の額が定められていること」を必要としています。

　この点、たとえ自動更新条項があったとしても、自動更新されるかどうかはその時になってみないとわからない事柄であるといえ、賃貸借契約において定められている貸付期間は、2年間ということになります。したがって、自動更新条項がある賃貸借契約において、経過措置の適用があるのは、当初の契約期間である2年間だけとなります。

③ 対価の額の増減と経過措置の適用

　3の事例につき検討すると、改正法附則第5条第3項では、経過措置の適用対象となる請負に係る契約に関し、工事（製造を含む）の請負に係る契約に加え、「これに類する政令で定める契約を含む」と規定しています。そして、平成9年改正時と同様、改正施行令附則第4条第5項では、「測量、地質調査、工事の施工に関する調査、企画、立案及び監理並びに設計、映画の制作、ソフトウェアの開発その他の請負に係る契約（委任その他の請負に類する契約を含む。）で、仕事の完成に長期間を要し、かつ、当該仕事の目的物の引渡しが一括して行われることとされているもののうち当該

契約に係る仕事の内容につき相手方の注文が付されているもの（建物の譲渡に係る契約で、当該建物の内装若しくは外装又は設備の設置若しくは構造についての当該建物の譲渡を受ける者の注文に応じて建築される建物に係るものを含む。）」としています。

この点、結婚式・披露宴開催に関する契約の法的性質は、請負契約の一種と考えられており、契約内容となるサービスの提供のすべてが結婚式・披露宴開催時において一括で行われるもので、顧客からの注文が付されることが一般的であることからすれば、請負に類する契約として経過措置の適用があるものと考えられます（ただし、冠婚葬祭互助会における事前の積立方式による結婚式・披露宴を除きます）。

本件では、結婚式・披露宴スタンダードコースに係る契約については、指定日（平成25年10月1日）の前日までに締結されていることから、その契約に基づくサービスの提供が施行日（平成26年4月1日）以降になされた場合であっても、経過措置の適用を受けることができます。他方で、指定日（平成25年10月1日）以降になされた対価の変更に関しては、そのサービスの提供が施行日（平成26年4月1日）以降になされている場合には、新税率（8％）が適用されることとなります。

ただし、減額変更だけが行われた場合、あるいは増額変更と減額変更が行われた結果、最終的に指定日前に合意されていた契約金額よりも減額となった場合には、その全額について旧税率が適用されることとなります。そのため、本件でも、指定日前に契約されていたスタンダードコース（100万円）に関し、10万円の増額変更と20万円の減額変更とが行われた結果、10万円の減額となるので、旧税率である5％が適用されることとなります。その結果、相談者が10万円を返還するに当たっては、5％の消費税率にて返還することとなります。

なお、仮に結婚式・披露宴が施行日（平成26年4月1日）よりも前に開催された場合には、たとえ指定日（平成25年10月1日）以降に増額変更が行われた場合であっても、その増額分について旧税率（5％）が適用され

ることとなります。また、指定日の前日までに増額変更が行われ、契約当事者間において変更合意がなされていれば、経過措置の適用を受け、施行日以降にサービスの提供がなされた場合であっても、旧税率（5％）が適用されます。

Q11 契約締結日をバックデイトさせる行為の有効性

建物に関する請負契約を締結するに当たり、締結日を実際に署名・押印する日ではなく、指定日の前日までの日付にバックデイトした場合にも、経過措置の適用を受けることができるのでしょうか。

Ans

契約当事者における交渉の経緯・内容、設計図面・見積書等の作成時期、内容、確認時期、その他契約当事者の意思内容等を総合的に考慮した上で、工事内容の主要事項、請負代金の額、及び工事完成の時期が確定したと認められる日が指定日の前日までであれば、仮に請負契約書の日付をバックデイトする場合であっても経過措置が適用されることとなりますが、そうでない場合には、経過措置の適用が否認されることとなります。

解説

① バックデイトの法的解釈

建設業法第19条は、建設工事の請負契約を締結するに当たり、工事内容、請負代金の額、工事完成の時期のみならず、請負代金の支払時期、工事着手の時期、前払金に関する定め、設計変更等に関する取決め、紛争解決方

法等を書面に記載し、契約当事者間において署名または記名押印をして相互交付することを要求しています。

しかしながら、同条は、注文者と請負人間の法律関係に疑義や紛争を生じさせないための注意規定であり、本来、請負契約は、請負人が仕事を完成することを約し、注文者がその仕事の結果に対して報酬を支払うことを約することによって成立する双務諾成契約です。そのため、建築工事に関する請負契約が成立するための要件としては、工事内容、請負代金の額（報酬）、工事完成の時期の3つの要素が契約当事者間において確定すれば、その時点で契約が成立するものであり、請負契約書の作成は必ずしも必要ではありません（新潟地高田支判昭和28年11月14日）。

そして、工事内容については、すべての設計や仕様が確定している必要はなく、少なくとも建築確認申請ができる程度の主要事項について確定していれば足りると解されています。

したがって、契約当事者間における交渉や打合せの経緯・内容、設計図面・見積書・工事内容明細書等の作成時期、内容、確認時期、その他契約当事者の意思内容等を総合的に考慮した上で、工事内容の主要事項、請負代金の額、及び工事完成の時期が契約当事者間において確定したと認められる日が実体的な請負契約成立の日となります。そのため、その後に作成される請負契約書は、いったん成立した請負契約を事後的に確認したに過ぎない書面ともいえます。

このような状況で作成された請負契約書である限りにおいて、実体的な請負契約成立の日を締結日とし、その結果、当該締結日が指定日の前日以前の日であれば、経過措置の適用が認められることになります。

また、見積書・工事内容明細書等に工事内容の主要事項、請負代金の額、及び工事完成の時期が明確に記載されており、注文者が承認した旨の署名、または押印がなされているような場合であっても、その署名・押印時期が請負契約成立の日となります。

② 留意点

　ただし、その後、工事内容に関する変更等がなされた場合、特に指定日以降になされた場合には、それらの範囲や金額等により、変更工事部分に関する経過措置の適用の有無に大きな影響を与えることとなります（詳細はQ16）。

　しかも、工事内容の主要事項だけを取り急ぎ定めたような場合には、変更工事に関する契約成立の有無や内容、金額等に関してのちのち疑義が生じ契約当事者間での紛争リスクを残します。さらには、請負契約が実体的に成立した日をめぐり、税務当局との間で争いが生じないともいえません。

　したがって、できる限り、工事内容の明細を詳細に取り決めた上で、建設業法第19条で定める内容すべてに関し取決めをされることをお勧めします。バックデイトする場合であっても、税務当局との争いを避けるべく、作成日付が明らかな設計図面、見積書、工事内容明細書、ローン審査関連書類、建築確認申請書、その他打合せメモ等により、工事内容の主要事項、請負代金の額、及び工事完成の時期が契約当事者間にて確定した日時を明らかにできるよう備えておくことが必要です。

　他方で、工事内容の主要事項、請負代金の額、及び工事完成の時期が契約当事者間において確定していないにもかかわらず、確定していたものとして請負契約の締結日時をバックデイトしても、経過措置の適用が否認されるので注意が必要です。

Ⅱ 経過措置適用に当たっての留意点

Q12 マンション等の売買契約締結後に契約内容を変更する場合

いわゆる青田売りのマンションや戸建分譲契約にも経過措置の適用はあるでしょうか。また、いったん建築されたマンションや建売住宅の分譲契約の場合はどうでしょうか。

Ans

マンションや建物の内外装や設備等に関し、指定日（27年指定日）の前日までに購入者の注文が付されるなど、その他、一定の要件を満たす場合には、工事等の請負契約に関する経過措置が適用されます。また、完成売りの場合であっても一定の要件を満たす場合には、工事等の請負契約に関する経過措置が適用されます。

解説

① 青田売りの場合

いわゆる青田売りとは、宅地造成または建築に関する工事の完了前に行う宅地または建物の売買をいいます。宅地建物取引業法上、開発許可や建築確認を受けた後でないと、売買をしてはならないとされています。そのため、開発許可や建築確認を受けた後になされる青田売りを前提に、以下、解説します。

マンションや戸建分譲契約は、売買契約である以上、本来的には経過措置の対象にはなりませんが、平成9年改正時と同様、工事の請負に係る契約に類する契約の範囲として、「建物の譲渡に係る契約で、当該建物の内装若しくは外装又は設備の設置若しくは構造についての当該建物の譲渡を受ける者の注文に応じて建築される建物に係るものを含む」との政令が設

157

けられました（改正施行令附則4⑤）。

　譲渡を受ける者の注文があったかどうかは、マンションや戸建てに関する売買契約書のなかで明らかにし、指定日（27年指定日）の前日までに、当該注文内容、代金等に関する取決めが盛り込まれた売買契約に変更した上で、締結される必要があります。これら注文内容等が盛り込まれていれば、売買契約書とのタイトルのままであっても、何ら問題はありません。なお、売買契約の前提条件を示す申込約款等において、いわゆるオプションを受け付ける部分を明示し、どの部分のオプションを受けたのかを申込書等において明らかにすることでも、譲渡を受ける者の注文があったことを明らかにする方法となります。

　また、この場合の注文とは、例えば、次に掲げる区分に応じ、それぞれに掲げるものにつきなされるもので、その注文の内容についての複雑さの程度や、注文に係る対価の額の多寡は問わないとの取扱いがなされます。そのため、その注文が壁の色またはドアの形状等の建物の構造に直接影響を与えないものも注文に含まれます。

　①　建物の内装……畳、ふすま、障子、戸、扉、壁面、床面、天井等
　②　建物の外装……玄関、外壁面、屋根等
　③　建物の設備……電気設備、給排水または衛生設備及びガス設備、昇降機設備、冷房、暖房、通風またはボイラー設備等
　④　建物の構造……基礎、柱、壁、はり、階段、窓、床等

　なお、購入者の注文を付することができる青田売りのマンションで、購入者の希望により標準仕様（モデルルーム仕様）の建物を譲渡した場合であっても、購入者が標準仕様という注文を付したとみなされ、指定日の前日までに契約を締結したものであれば、工事等の請負契約に関する経過措置が適用されます。

売買契約書修正雛形

※ 甲を買主（注文者）、乙を売主（受注者）とする

売買契約書

（末尾もしくは空白箇所に下記挿入）

　本件建物に関し、甲の発注に基づき、今般、下記条項、別冊工事請負契約約款、設計図書、及び工事内容見積書記載の工事請負契約を甲乙間にて締結した。よって、その成立の証として本件売買契約書に追記する。

記

工 事 場 所：○○○○所在の本件建物
工　　　期：着手　平成25年○月○日　　完成　平成○○年○月○日
引 渡 時 期：平成○○年○月○日
請 負 代 金 額：￥2,100,000.
　　うち工事代金　￥2,000,000.
　　取引に係わる消費税及び地方消費税の額　￥100,000.
支 払 時 期：平成○○年○月○日

平成25年9月20日

甲

　　　　　　　　　　　　　　　　　　　　　　　　　　　　印

乙

　　　　　　　　　　　　　　　　　　　　　　　　　　　　印

② 完成売りの場合

　いったん不動産業者等が建築した住宅について、購入者の注文を受け入れ、内外装等の模様替え等をした上で、譲渡する契約を締結した場合には、その住宅が新築に係るものであり、かつ、その注文及び売買契約が指定日の前日までに締結されているものであるときは、青田売りの場合と同様、工事等の請負契約に関する経過措置が適用されます。

Q13 停止条件付き契約の場合

　工事等の請負契約、事業用建物の賃貸借契約に関し、金融機関からの融資を受けることを条件に契約の効力が生じるとの停止条件付きの場合であっても、指定日（27年指定日）の前日までに契約を締結していれば、経過措置の適用を受けることができるのでしょうか。

Ans

　工事等の請負契約については、工事内容、請負代金の額（報酬）、工事完成の時期を定めた契約を指定日（27年指定日）の前日までに締結していれば、たとえ停止条件付きであっても、経過措置の適用があります。事業用建物の賃貸借契約については、施行日（一部施行日）以降に停止条件の効力が生じる場合には経過措置の適用を受けることはできません。

解説

① 工事等の請負契約の場合

　工事等に関する請負契約が成立するための要件としては、工事内容、請負代金の額（報酬）、工事完成の時期の3つの要素が必要であり、経過措置の適用を受けるためには、指定日（27年指定日）の前日までに、これら契約要素を取り決めた請負契約を締結することが必要です。指定日（27年指定日）の前日までに締結した請負契約であれば、施行日（一部施行日）前に工事に着手するかどうか、目的物の引渡しが施行日（一部施行日）以降のいつになるかどうか、さらには、その契約に係る対価の全部または一部を受領しているかどうかは何ら問いません。

　停止条件付き契約とは、契約の効力を、将来的に不確実な事実ないし条件が発生ないし成就することを条件として生じさせる契約をいいます。契約の効力発生時を金融機関からの融資を受けることができた時点とする停止条件付きであっても、あくまでも契約は有効に成立していることを前提に、金融機関からの融資を受けるという条件が成就した時点で契約の効力を生じさせるに過ぎない以上、指定日（27年指定日）の前日までに上記要件を満たした請負契約が締結されているのであれば、経過措置の適用を受けることが可能です。

② 資産の貸付契約の場合

　民法上、賃貸借契約が成立するための要件としては、契約当事者間において、賃貸借の目的物、賃料、返還期限（貸付期間）を取り決めることで足りますが、経過措置の適用を受けるためには、これらに加え、通常の賃貸借契約の場合に必要とされる要件（事業の変更その他の理由により対価の額の変更を求めることができる旨の規定がないこと）を満たした賃貸借契約

第3章　消費増税にまつわる契約実務対策・留意点

を指定日（27年指定日）の前日までに締結した上で、施行日（一部施行日）の前日までに目的物の貸付けを実際に行い、施行日（一部施行日）以降も引き続き貸付けが行われていることが必要です（改正法附則5④・16）。

　そのため、事業用建物に関し、金融機関からの融資を受けることを条件に契約の効力が生じるとの停止条件付きで賃貸借契約を指定日（27年指定日）の前日までに締結した場合であっても、施行日（一部施行日）の前日までに目的物の貸付けが実際に行われない場合には、その時点で経過措置の適用を受けることができなくなるので注意が必要です。

Q14 対価は別途協議するとした場合

　工事等の請負契約、資産の貸付契約に関し、契約当事者間にて、対価は別途、協議するとして、契約当時には取り決めなかった場合にも、これら契約に関する経過措置の適用はあるでしょうか。また、対価は別途、協議するとされていた契約を、指定日（27年指定日）直前になって対価の額を定めた場合には経過措置の適用はあるでしょうか。

Ans

　対価は、別途、協議するとして、契約時に契約金額が確定していない場合には、経過措置の適用はありません。ただし、そのような契約であっても、指定日（27年指定日）の前日までに契約金額を確定させた場合には、経過措置の適用対象となります。

Ⅱ 経過措置適用に当たっての留意点

解説

① 対価は別途協議するとした場合

　工事等の請負契約に関し、経過措置の適用を受けるためには、工事（製造を含む）の請負に係る契約を指定日（27年指定日）の前日までに締結することが必要です。

　この点、請負契約については、「相当額」などとして、その対価を定めないで契約することも多く、そのような場合であっても、請負契約自体は成立していると考えられています（東京高判昭和56年1月29日）。

　しかしながら、平成9年改正時では、対価を定めないで契約した後、指定日以降に対価が確定した場合には、その対価の全額が増額されたものとみなすとの運用がなされました。今回の消費税改正においても同様の運用がなされることが見込まれます。そのため、対価を定めないで契約した後、指定日（27年指定日）以降に対価が確定した場合には、その対価の全額が増額されたものとみなされる結果、引渡しが施行日（一部施行日）の前日までになされない限り、確定した対価全額に対し、新税率（引渡時点での税率）が適用されることとなります。

　他方、資産の貸付契約では、経過措置の適用要件の1つとして、対価の額が契約で定められていることが要件とされています（改正法附則5④一）。

　そのため、資産の貸付契約において経過措置の適用を受けるためには、指定日（27年指定日）の前日までに、貸付の対価が定まっていることが必要となり、対価は別途協議するとの約定では経過措置の適用を受けることができません。

② 契約書の修正

　工事等の請負契約、資産の貸付契約について経過措置の対象となるのは、指定日（27年指定日）の前日までに締結された工事等の請負に係る契約、賃貸借契約等を指しますが、指定日（27年指定日）の前日までに既存の契約を変更した場合におけるその変更後の契約も含まれるとの運用がなされます。つまり、指定日（27年指定日）の前日までに経過措置の要件を満たすように、契約内容が変更された場合であっても、経過措置の適用が認められます。

　したがって、これら契約に係る対価につき、別途、協議するとして、当初の契約時に契約金額が確定していない場合には、原則として、経過措置の適用はないものの、指定日（27年指定日）の前日までに当事者間において契約金額を確定させた場合には、経過措置が適用されることとなります。

　ただし、資産の貸付契約に係る経過措置の適用を受ける場合には、指定日（27年指定日）の前日までに契約を締結し、かつその契約に基づき、施行日（一部施行日）の前日までにその契約に係る資産の貸付けが実行されなければならないことに注意が必要です。

Ⅱ　経過措置適用に当たっての留意点

■ 工事等の請負契約に関する修正合意書雛形

※　甲を発注者、乙を受注者とする

合　意　書

　甲乙間で締結された平成25年8月30日付け工事請負契約（以下「本件請負契約」という。）に関し、今般、本件請負契約に関する請負代金の額については、別冊設計図書、工事内容見積書に基づき、3,150万円（うち工事価格3,000万円、取引に係る消費税及び地方消費税の額150万円）とすることを甲乙間の合意によって確定した。よって、本件請負契約書第○条記載の請負代金額に関し、「甲乙間にて別途協議する。」とあるのを下記のとおり修正・変更することで甲乙合意した。

記

請負代金額：￥31,500,000.
　　うち工事価格　￥30,000,000.
　　取引に係る消費税及び地方消費税の額　￥1,500,000.
支 払 時 期：平成26年○月○日

　本合意成立の証として、本件合意書2通を作成し、甲乙それぞれ1通ずつ保有するものとする。

平成25年9月25日

甲

――――――――――――――――――――　印

乙

――――――――――――――――――――　印

（注：引渡時期等についても修正・変更する場合にはその旨の追記が必要）

Q15 契約の性質上、対価が契約時には定まらない場合

測量やソフトウェアの開発等、その対価の額が契約締結時には確定しない場合にも、工事等の請負契約に関する経過措置の適用はあるのでしょうか。

Ans

あらかじめ定めた単価の額に、その目的物に係る役務の提供量を乗じた金額をその目的物に係る全体の対価の額とすることを定めている場合には、工事等の請負契約に関する経過措置が適用されます。

解説

改正法附則第5条第3項では、経過措置の適用対象となる請負に係る契約に関し、工事（製造を含む）の請負に係る契約に加え、「これに類する政令で定める契約を含む」と規定しています。そして、平成9年改正時と同様、改正施行令附則第4条第5項では、請負に類する契約として、測量、地質調査、工事の施工に関する調査、企画、立案及び監理並びに設計、映画の制作、ソフトウェアの開発その他の請負に係る契約を挙げています。

そこで、測量またはソフトウェアの開発の場合等、その役務の提供の性質上、測量従事日数または開発レベル、もしくはステップ単位の対価（単価）だけを契約時に定め、その目的物全体の対価総額を定めていない場合に、工事等の請負契約に関する経過措置の適用があるかが問題となります。

この点、工事（製造を含む）の請負契約等に係る役務の提供の性質上、その契約に係る目的物の全体の対価の額をあらかじめ定めることができないものに関し、あらかじめ定めた単価の額（一の役務の提供を単位とする単価の額）にその目的物に係る役務の提供量を乗じた金額を、その目的物に係る全体の対価の額とすることを契約時において定めている場合には、そ

れによる出来高は、当初からの契約に基づく対価の額として取り扱うことが可能です。

ただし、当初の契約で定めた単価の額が、指定日（27年指定日）以降に増額され、役務の全部を完了した日または目的物の引渡しが施行日（一部施行日）以降となった場合には、その増額された単価部分の金額に、その目的物に係る役務の提供量を乗じて計算した金額については、役務の全部を完了した日または目的物の引渡日における消費税率が適用されることとなります。

Q16 変更工事等が生じる場合

以下の1、2、3、それぞれの場合、指定日（平成25年10月1日）以降に合意された建物内装に係る仕様変更等の追加工事代金については、5％、8％いずれの消費税率が適用されるでしょうか。

1　指定日の前日までに建物の請負契約を締結し、引渡しが施行日（平成26年4月1日）以降である場合に、仕様変更等による追加工事代金が建物引渡し前に確定していた場合
2　指定日の前日までに建物の請負契約を締結し、引渡しが施行日（平成26年4月1日）前である場合に、仕様変更等による追加工事代金が施行日以降に確定した場合

また、

3　指定日（平成25年10月1日）の前日までに建物の請負契約と外構工事の請負契約を締結しましたが、指定日以降に、建物の請負契約で増額（100万円）の変更工事依頼が、外構工事の請負契約で減額（150万円）の変更工事依頼がそれぞれありました。この場合、両者差し引きすると50万円の減額となるので、建物の変更工事部分だけについて8

％の消費税率が適用されることはないと考えていますが正しいでしょうか。請負契約書は建物と外構工事の2通を作成しているので気になっています。なお、引渡しはいずれも施行日（平成26年4月1日）以降に行っています。

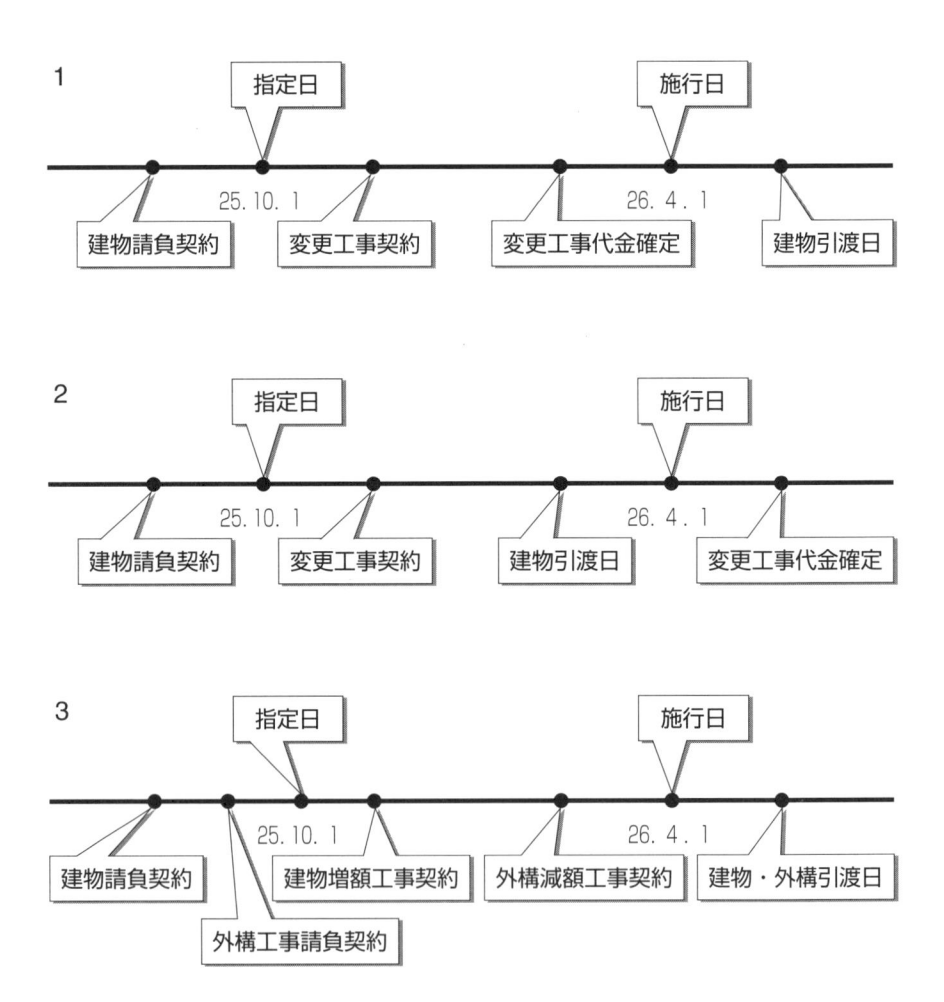

1

指定日　25.10.1
施行日　26.4.1
建物請負契約　変更工事契約　変更工事代金確定　建物引渡日

2

指定日　25.10.1
施行日　26.4.1
建物請負契約　変更工事契約　建物引渡日　変更工事代金確定

3

指定日　25.10.1
施行日　26.4.1
建物請負契約　外構工事請負契約　建物増額工事契約　外構減額工事契約　建物・外構引渡日

Ans

1 当初の請負代金には5％、仕様変更等による追加工事代金には8％の税率が適用されます。
2 当初の請負代金、仕様変更等による追加工事代金のいずれにも5％の税率が適用されます。
3 請負契約書が建物部分、外構部分と分けて作成、締結されていることだけをもって、直ちに別個独立した契約であると評価されるべきではなく、当初から、建物のみならず、外構工事も含めた請負工事を想定していたものの、外構工事の仕様、予算等で決めかねていたため、取り急ぎ、外構工事を除く建物の請負契約を締結し、その後、指定日の前日までに外構工事の請負契約を別途、締結したような場合には、建物の変更工事部分だけについて8％の消費税率が適用されることはありません。

解説

① 値増金に関する経過措置の適用

改正法附則第5条第3項では、工事等の請負契約に関し、指定日以降に請負契約の対価の額が増額された場合には、増額される前の対価部分についてだけが経過措置の対象となることを規定しています。

したがって、指定日（平成25年10月1日）以降に請負契約の対価の額が増額された場合には、引渡しが施行日（平成26年4月1日）以降である以上、増額部分について新税率である8％が適用されることとなります。仕様変更等による追加工事代金が、たとえ建物の引渡し前に確定していたとしても、建物の引渡し自体が施行日（平成26年4月1日）以降となる以上、同様の結論となります。

なお、資産の貸付契約、指定役務の提供契約に関する経過措置では、指

定日以降に対価の額が変更された場合、増額された部分だけでなく、増額される前の対価部分を含めたすべてにつき経過措置の適用を受けることができなくなるので注意が必要です。

② 施行日前に引き渡された場合

　相談2で相談1と異なる点は、建物の引渡しが施行日（平成26年4月1日）以降か否か、という点です。この点、物の引渡しを要する請負契約では、その目的物の全部を完成して相手方に引き渡した日が「資産の譲渡等をした日」であり、引渡日の属する課税期間に、増額分も含めた見積概算金額で課税売上げを計上することになります。その結果、たとえ、仕様変更等による追加工事代金が施行日以降に確定した場合であっても、仕様変更等に係る建物の引渡しが施行日前になされていれば、仕様変更等による追加工事代金について旧税率である5％の税率が適用されることとなります。

③ 別個の請負契約となる場合

　増額変更と減額変更が両方行われた結果、最終的に指定日前に合意されていた契約金額よりも減額となった場合には、その全額について旧税率が適用されることとなります。

　そのため、本件でも、100万円の増額変更と150万円の減額変更が行われた結果、両者合わせて50万円の減額となり、指定日前に合意されていた契約金額の範囲内である以上、旧税率の5％が適用されるとも思われます。

　しかしながら、本件では、建物の請負契約と外構工事の請負契約とが別々に行われているため、それぞれ独立した請負契約であると認められる可能性があります。そのような場合、建物の請負契約では増額変更のみが、外構工事の請負契約では減額変更のみがそれぞれ行われたことになるので、両者合わせて差し引きすることはできません。したがって、建物の増額変

更部分100万円については、指定日（平成25年10月１日）以降に受注し、かつ施行日（平成26年４月１日）以降に引渡しがなされている以上、100万円全額について８％の消費税率が適用されることになります。

外構工事の請負契約については、減額変更のみで当初の契約金額の範囲内となるので、当初の請負金額から150万円を差し引いた残金について５％の消費税率が適用されます。

ただし、建物の請負契約の場合には、通常、外構工事を含むものであり、請負契約書が建物部分、外構部分と分けて作成、締結されていることだけをもって、直ちに別個独立した契約であると評価されるべきではありません。

例えば、当初から、建物のみならず、外構工事も含めた請負工事を想定していたものの、外構工事の仕様、予算等を注文者が決めかねていたため、取り急ぎ、外構工事を除く建物の請負契約を締結し、その後、指定日の前日までに外構工事の請負契約を別途、締結したような場合も考えられます。そのような場合には、たとえ請負契約書が２通作成されていたとしても、別個独立した契約であると考えるべきではありません。

したがって、そのような事情が認められる場合には、１つの請負契約に関して、100万円の増額変更と150万円の減額変更が行われたことになるので、両者合わせて50万円の減額となります。例えば、当初の建物の請負代金が3,000万円、外構工事の請負代金が300万円とした場合、合計3,300万円の請負契約に関し、合計50万円の減額変更が行われたことになるので、差額3,250万円について、旧税率の５％が適用されることとなります。なお、別個独立した請負契約かどうかについては、単に同一の請負契約の対象となっているかではなく、各建造物の構造、機能、独立性、契約締結時期、契約締結に至る事情等を考慮した上で、個別具体的に判断されるべき事項といえます。そのため、例えば、家屋と倉庫の建築に関する請負契約の場合に、倉庫が建物として登記できるだけの要件を満たすなど、家屋とは独立して生活や業務のために使用できるものであれば、たとえ同時期に１つの請負契約書にて締結したとしても、別個独立した請負契約であると

判断される可能性が高いといえます。

Q17 多額の請負代金を設定した上で減額する方法の妥当性

平成9年の消費税改正時には、工事等の請負契約に関し、値増金に対する新税率適用を回避するため、取り急ぎ、多額の請負代金の額を決めておき、その後、減額していく方法もとられたと聞きますが、そのような方法にはどのようなリスクがあるでしょうか。

Ans

指定日以降に変更工事が多数見込まれる工事に関し、当初の金額と減額された後の最終金額との間に大きな隔たりがあるような場合には、請負代金の全額について経過措置の適用が受けられないリスクが生じます。

解説

工事等の請負契約に関し、指定日以降に請負契約の対価の額が増額され、かつ引渡日が施行日以降となった場合には、増額される前の対価部分についてだけが経過措置の対象となり増額部分については経過措置の適用はありません。他方で、指定日以降に請負契約の対価の額が減額された場合には、引渡日がいつであるかを問わず、減額された後の対価全額について経過措置の対象となります。

そのため、平成9年改正時においては、経過措置の適用を受けるために、あえて多額の請負代金の額を決めておき、その後、工事等の進捗状況に合わせて請負代金額を減額することで、請負代金全額について経過措置の適

用を受けるやり方も少なからず行われたようです。

　このような方法については、工事等の請負契約に関する対価を定めないで契約したと評価されるような場合、請負代金の全額について、経過措置の適用を受けることができなくなるリスクがあります。

　既述のとおり、工事等に関する請負契約に関し、経過措置の適用を受けるためには、指定日の前日までに請負契約が締結されていることが必要です。そして、請負契約が成立したといえるためには、成立要件の1つである請負代金の額が契約当事者間で確定している必要があります。ところが、当初の金額と減額された後の最終金額との間に大きな隔たりがあるような場合には、当初の請負契約を締結したとされる時点において、「対価を定めないで契約した後、指定日以降に対価が確定した」のではないかと評価される可能性があります。そもそもこのような方法をとる場合には、指定日以降に変更工事等が多数見込まれる工事をあらかじめ想定していることが多く、そのような場合に、例えば、請負契約書では5,000万円と記載し、最終的な請負代金を3,000万円前後となるよう契約時に合意していたとしても、将来的に変動する工事内容を認識しながら、3,000万円前後との合意をもって当初から対価が本当に確定していたといえるかどうか疑問です。

　平成9年改正時では、工事等の請負契約に関し、「対価を定めないで契約した後、指定日以降に対価が確定した場合」には、その対価の全額が増額されたものとみなすとの運用がなされました。今回の消費税改正においても、同様の取扱いがなされることが見込まれますが、そのような場合、請負代金の全額について経過措置の適用が受けられないとのリスクが生じます。

Ⅲ 契約締結に至るまでの留意点・対応策

　消費税改正に当たり、経過措置やその他の優遇税制が適用されることを見込んで顧客にとって有利と思われるようなセールストークを行ったり、税制改正に関する説明・表示等を行う場合、その程度や内容いかんによっては、申込みの意思表示や承諾の意思表示の取消し、錯誤を理由とした無効主張、その他損害賠償責任へと発展することがあります。

　そこで、本節では、消費者契約法、動機の錯誤、契約締結上の過失、景品表示法等、契約締結に至るまでに留意しなければならない法令等を概観した上で、具体的な問題点、対応策について説明していきます。

1　消費者契約法

　契約締結に至るまでの関係において、商品やサービス、それらに関連する知識・情報の量や質、または交渉力等では、消費者よりも事業者のほうが勝っているのが一般的です。このような両者の情報格差や交渉力格差を正面から認め、それらを是正することを目的として、平成12年4月28日に消費者契約法が成立し、翌年の平成13年4月1日から施行されています。

　消費者契約法の適用対象となる契約は、雇用契約を除いた、事業者と消費者との間で締結される契約すべてをいい（消費者契約法2③）、以下の3つの制度を大きな柱としています。なお、事業者と消費者との間で締結される契約を消費者契約といいます。

① 誤認させられた場合の取消権
② 困惑させられた場合の取消権
③ 不当な契約条項の無効

消費税改正等に伴い法的紛争が見込まれるのは、この3つのうち、①誤認させられた場合、③不当な契約条項の無効の2つの制度であると考えられるので、以下、この2つを中心に説明していきます。

① 誤認させられた場合の取消権

　下記(1)から(3)の3つの場合において、事業者から誤認させられたことを原因として契約の申込み、または承諾の意思表示をした消費者は、その申込みの意思表示、または承諾の意思表示を取り消すことができます。事業者から契約締結の媒介の委託を受けた第三者や、代理人が誤認させる行為を行った場合も同様です（消費者契約法5）。取消権を行使できるのは、消費者が追認することができる時、すなわち誤認させられたことを消費者が知った時から6か月、または契約締結時から5年までとなっています（消費者契約法7①）。

　取消権が行使された場合には、取消しに伴う原状回復（支払済の代金の返還、受け取っている商品の返還等）という問題は生じますが、損害賠償請求権を直ちに消費者に認めるものとはなっておりません。

(1)　重要事項の不実告知
　勧誘に際し、事業者が消費者に対し、重要事項について、事実と異なることを告げたことにより、告げられた内容が事実であると誤認させた場合（消費者契約法4①一）。
　重要事項とは、消費者契約の目的となるものの質、用途その他の内容で契約を締結するか否かについての判断に通常影響を及ぼすべきもの、また

は消費者契約の目的となるものの対価その他の取引条件で契約を締結するか否かについての判断に通常影響を及ぼすべきものをいいます（消費者契約法4④）。

事実と異なることとは、真実または真正でないことをいい、告知の内容が客観的に事実または真正でなければ足り、そのことを事業者が知っているかどうかは問いません。

(2) 断定的判断の提供

勧誘に際し、事業者が消費者に対し、物品、権利、役務その他の消費者契約の目的となるものに関し、将来におけるその価額、将来において当該消費者が受け取るべき金額その他の将来における変動が不確実な事項につき断定的判断を提供した場合（消費者契約法4①二）。

断定的判断の提供の場合には、重要事項についてなされなければならないという要件はありませんが、消費者が将来において財産上の利益を得るかどうかを見通すことが契約の性質上困難な事項について、事業者が断定的判断を提供する場合に限定されます。

(3) 不利益事実の故意の不告知

勧誘に際し、事業者が消費者に対し、重要事項または当該重要事項に関連する事項について当該消費者の利益となる事実だけを告げ、不利益な事実を故意に告げなかったことにより、当該不利益事実が存在しないものと消費者が誤認した場合（消費者契約法4②）。

ただし、利益となる事実の告知によって、告げられた不利益事実が存在しないものと消費者が通常考えるべき場合に限定されます。また、消費者の利益となる事実を告げていなければ、不利益な事実を告げなかったとしても、不利益事実の故意の不告知には該当しません。

事業者が不利益事実を告げようとしたにもかかわらず、消費者がこれを拒んだ場合には、この規定は適用されません。

② 不当な契約条項の無効

不当な契約条項の無効とは、消費者契約において、民法、商法等の規定に基づき負うこととなる損害賠償責任を、特約により完全に免除したり、または一部免除する以下のような場合に、その特約の効力を否定することをいいます。

① 事業者の債務不履行・不法行為に基づく損害賠償責任をすべて免除する条項（消費者契約法8①一・三）
② 事業者の故意または重過失による債務不履行・不法行為に基づく損害賠償責任の一部を免除する条項（消費者契約法8①二・四）
③ 商品やサービスに瑕疵がある場合の損害賠償責任や交換・補修の責任を全部免責する条項（消費者契約法8①五・②）

また、消費者に債務不履行があった場合に、消費者が支払うべき損害賠償の額を予定したり、違約金の額を定める条項が設けられている場合に、以下の部分については無効となります。

① 契約解除の場合に消費者が支払うべき損害賠償額の予定と違約金の合算額のうち、相手方事業者に生ずべき平均的な損害の額を超える部分（消費者契約法9一）
② 金銭支払債務の不履行の場合に消費者が支払うべき損害賠償額の予定と違約金の定めの合算額のうち、年利14.6％を超える部分（消費者契約法9二）

上記①の「平均的な損害」とは、解除事由、解除時期等の区分に応じ、問題となっている消費者契約の当事者である当該事業者に生じる損額の額に関し、契約の類型ごとに合理的な算出根拠に基づいて算定された平均値を意味し、当該業種における業界の水準に基づいて算定された平均値を意味するものではありません。

2　動機の錯誤

　錯誤とは、表示に対応する意思が欠缺し、しかも意思の欠缺につき表意者の認識が欠けていること、つまり、表示行為から推測される表意者の意思と真意とが一致しておらず、表意者本人がそのことに気づいていない場合をいいます。意思表示に錯誤があったときは、その錯誤がなかったならば表意者がその意思表示をしなかったであろうと認められる場合には、無効となります（民95）。この点、動機に錯誤がある場合には、表示行為から推測される表意者の意思と真意とに不一致はなく、単に意思決定の過程に事実等の誤認があるに過ぎないため、本来的には、錯誤の定義には含まれません。

　例えば、あるマンションを購入するに当たり、法規制上、近くに建造物が建てられることもなく、将来にわたって見晴らしがいいとの情報に基づき購入したものの、契約締結後に当該情報が間違った情報であったことに気づいたような場合、契約締結時での「このマンションを購入する」との意思表示から推測される表意者の意思と、「このマンションを購入する」という表意者の真意との間に不一致はなく、当該マンション購入という意思決定の過程（動機）に事実等の誤認があったに過ぎないこととなります。

　しかしながら、動機の錯誤が様々な紛争の原因となっていることや、契約締結に至るまでの要素として影響力が大きいこと等を理由に、動機の錯誤を民法上の保護の対象とすべく、判例においても、その動機が相手方に明示または黙示に表示された場合には意思表示の内容となり、その錯誤がなかったならば表意者がその意思表示をしなかったであろうと認められる場合には、法律行為の要素の錯誤として、無効主張を認めるとの立場をとっています（最判昭和29年11月26日、最判昭和45年5月29日）。

　なお、当該錯誤に関し、表意者に重大な過失がある場合にまで相手方の犠牲の下に表意者を保護する必要性はないことから、表意者に重過失ある場合には無効主張が制限されます（民95但書）。

3 契約締結上の過失

　消費者契約法は、民法・商法の特別法としての位置づけであるため、不実告知が重要事項に関してなされていない等、消費者契約法が適用されない場合であっても、別途、詐欺の要件を満たしていれば、民法上の詐欺取消し（民96）の対象となります。

　しかしながら、詐欺、すなわち意図的に相手方を欺罔して錯誤に陥れ、錯誤による意思表示をさせたとまではいえないケースや、仮にそのようにいえる場合であっても意図的（故意）の立証が困難な場合も少なくありません。

　そのため、詐欺とはいえないものの、契約交渉過程において、誤った説明や虚偽の情報が一方当事者によって提供された結果、契約が締結されたような場合に、他方当事者が救済される法的手段はないのか、という問題意識が生じます。この問題は、一般的に、契約締結上の過失の一類型（不当表示型）といわれています。

　契約締結上の過失とは、契約成立過程における一方当事者の故意・過失によって相手方が損害を被った場合には、一定の要件を満たせば何らかの責任を肯定すべきであるとの法理と理解されています。もともとは、原始的不能（債権が成立する前からその債務の履行が不可能なこと。例えば建物の売買契約を締結したが、契約前日に建物が火事によって消失していたような場合）により、本来無効な契約を締結したことについて過失のある当事者に対し、信義則に基づいて、相手方が契約を有効と信頼したことによって被った損害の賠償責任を認めるために構成されたものです（契約無効型）。

　その後、契約無効型に限定せずに、様々な場面において、契約締結過程における注意義務違反が広く問題となりました。契約交渉段階に入った当事者は、何ら接触のない者同士よりも密接な関係になった以上、交渉の相手方に損害を与えないようにしなければならないという信義則上の義務を

負うことを根拠としています。

消費増税に際しては、この契約締結上の過失の一類型である不当表示型が特に問題となり得ます。

では、このような説明義務違反が認められた場合に、その損害の範囲については、いかなる範囲まで認められるのでしょうか。

この点、通説的な見解では、契約締結のための調査費用や履行のための準備費用等、その契約が有効である、または契約が締結されると信じて行動したことにより支出した、または被った損害（信頼利益）に限り、損害賠償として請求することができるというものです。

他方で、不当表示型での損害賠償の範囲については、不完全履行の損害賠償論に従って履行利益の賠償まで認めるべきであるとの見解もあり（谷口知平・五十嵐清編『新版注釈民法(13)債権(4)（補訂版）』有斐閣、2006年、159頁）、信頼利益の範囲に限らず履行利益まで認めたと解釈できる判例も存在します（東京高判平成10年4月22日）。履行利益とは、契約が約定どおり履行されていた場合に得たであろう利益をいいます。

なお、契約締結上の過失のうち、不当表示型については、契約の解除まで認めるべきだとする学説も存在しますが、一般的な考えとはなっておらず、それを認めた判例も存在しません。

4　景品表示法

不当景品類及び不当表示防止法（景品表示法）は、第4条において、虚偽・誇大表示等、一般消費者を誤認させ、不当に顧客を誘引する表示を規制しています。ここで、表示とは、値札、ラベル、店頭表示、ビラ、チラシ、パンフレット、新聞、雑誌、放送による広告その他をいいます。

消費税率の引上げに伴い、消費税等の円滑かつ適正な転嫁が行われるためには、その転嫁等に関する表示が適正に行われる必要があります。その

ため、消費税等を転嫁しない等の表示を行うことは、これが明らかに事実に反する場合はもちろん、事業者の販売価格または料金（販売価格等）に消費税等が実際に転嫁されているかどうか曖昧なままに、これをことさら強調する場合には、一般消費者にその販売価格等が他に比べ著しく有利であるとの誤認を生じるおそれがあり、景品表示法上の問題を生じさせます。

　具体的に、どのような表示が景品表示法上、問題となるかについては、平成9年の消費税改正に当たり公表された「消費税率の引上げ及び地方消費税の導入に伴う転嫁・表示に関する独占禁止法及び関係法令の考え方（平成8年12月25日）」の「第4　消費税率の引上げに伴う表示に関する景品表示法の考え方」が参考となるので、以下、当該の部分を紹介します。

1　消費税等を事業者が負担している旨を、その根拠があいまいなままにことさら強調することにより、その販売価格が他に比べ有利であるかのような表示
　（例）
　　(1)　消費税及び地方消費税は転嫁していません。消費税及び地方消費税は一部の商品しか転嫁していません。消費税及び地方消費税を転嫁していないので、価格が安くなっています。
　　(2)　当商店街は、消費税及び地方消費税を転嫁しません。
　　(3)　消費税及び地方消費税はおまけしています。消費税及び地方消費税はサービスしています。
　　(4)　消費税は据え置いています。
　　(5)　消費税は引き上げずに、当店が負担しています。
　　(6)　消費税は3％分しかいただきません。
2　非課税の商品又は役務は、土地、有価証券など、ごく限られているのに、それ以外の商品又は役務について、消費税等が課税されていないかのような表示
3　消費税率の引上げに際して、事業者の販売価格等について、実際には消費税率の引上げ分相当額を超えて値上げしたにもかかわらず、消費税率の

引上げ分相当額しか値上げしていないかのような表示
4　免税事業者でないにもかかわらず、免税事業者であるかのような表示、又は免税事業者と取引していないにもかかわらず、免税事業者と取引しているかのような表示
5　二重価格表示（小売業者が商品又は役務について、実際の販売価格に、これよりも高い価格を併記するなど、何らかの方法により、販売価格に比較対照する価格を付すことをいう。）を行う場合に、税抜きの販売価格の比較対照価格として、税込みのメーカー希望小売価格等を用いる表示

　なお、このような不当表示がなされた場合、内閣総理大臣、都道府県知事は、不当表示を行い、または行っていた事業者に対し、その行為の差止め、もしくはその行為が再び行われることを防止するために必要な事項またはこれらの実施に関連する公示その他必要な措置を命ずることができるとされています（景品表示法6・7）。

契約締結に当たり留意すべき事項に関するQ&A

Q18 消費者契約法の適用対象となり得るセールストーク

営業担当者が、次のようなセールストークを行って契約を締結した場合に、消費者契約法によって取消しの対象となるでしょうか。

1　「消費税が上がる前に契約するのがお得ですよ」とのセールストーク
2　分譲マンションの販売に当たり「今後１、２年ほどで価格が最終的に200万円も違ってきます」とのセールストーク
3　「平成25年10月１日以降の契約となりますが、平成26年３月末までには必ず引渡しをするので、消費税は５％のままです」と説明したが、引渡しは平成26年４月１日以降となってしまった場合
4　「この契約内容で経過措置の適用を受けることができるか税理士に確認したところ、受けることができるとの回答がありましたので大丈夫です」と説明し契約締結したところ、その税理士の判断が間違っていた場合

Ans

1　重要事項についてなされたものではない以上、重要事項の不実告知とはいえず、消費者契約法による取消しの対象とはなりません。
2　断定的判断の提供として取消しの対象となり得ます。
3　原則として消費者契約法による取消しの対象とはなりませんが、事業者が表示をした時点での客観的事実関係に基づき、平成26年３月末日までの引渡しの実現がおおよそ不可能であるにもかかわらず、その旨告げた場合には、重要事項の不実告知として取消しの対象となり得ます。

4 原則として重要事項の不実告知として取消しの対象となりますが、場合によっては不実告知の対象とはならないケースもあります。

解説

① 重要事項の不実告知

　本件で、「消費税が上がる前に契約するのがお得ですよ」と告げていることが、重要事項の不実告知に当たるかどうかが問題となります。

　重要事項の不実告知とは、勧誘に際し、事業者が消費者に対し、重要事項について、事実と異なることを告げたことにより、告げられた内容が事実であると誤認させることをいいます（消費者契約法4①一）。

　「消費税が上がる前に契約するのがお得ですよ」との説明は、施行日までに契約を締結すれば引上げ前の税率が適用される旨の趣旨と解することができますが、施行日までに資産の譲渡等を行っていなければ、たとえ契約がそれまでに締結されていたとしても、引上げ後の税率が適用されてしまう以上、「事実と異なることを告げた」ということができます。

　なお、「お得ですよ」という表示だけを見れば、事実に基づかない単なる意見であり、「事実と異なることを告げた」とはいえないのではないかとも思われます。しかし、「消費税が上がる前に契約するのがお得」という文言を全体的にみれば、一般消費者であれば、消費税が上がる前に契約すれば引上げ前の税率が適用され利益となる旨解釈するのが通常である以上、単なる主観的な評価とはいえないと考えます。

　ただし、このような「事実と異なることを告げた」ことが、「重要事項について」なされたといえるかは問題です。

　ここでいう重要事項とは、消費者契約の目的となるものの質、用途その他の内容で契約を締結するか否かについての判断に通常影響を及ぼすべきもの、または消費者契約の目的となるものの対価その他の取引条件で契約

を締結するか否かについての判断に通常影響を及ぼすべきものをいいます（消費者契約法4④）。

つまり、重要事項の範囲は契約の対象物の内容や、対価・支払時期等の取引条件に限定されます。

ところが、本件では、たとえ事実と異なることを告げていたとしても、契約の対象物の内容や対価・支払時期等の取引条件に関して虚偽の事実を告げているのではなく、契約締結時期をいつにするのかという契約の背景的事情に関してなされているため、「重要事項について事実と異なることを告げた」とはいえません。

したがって、「消費税が上がる前に契約するのがお得ですよ」と告げていることは、重要事項の不実告知には当たらず、当該セールストークによって締結された契約の申込み、または承諾の意思表示は、消費者契約法による取消しの対象とはなりません。

② 断定的判断の提供

分譲マンションの販売に当たり、「今後1、2年ほどで価格が最終的に200万円も違ってきます」と告げることが、将来において不確実な事項につき断定的な判断を提供したものではないかが問題となります。

断定的判断の提供とは、勧誘に際し、事業者が消費者に対し、物品、権利、役務その他の消費者契約の目的となるものに関し、将来におけるその価額、将来において当該消費者が受け取るべき金額その他の将来における変動が不確実な事項につき断定的判断を提供し、当該断定的判断の内容が確実であると誤認させることをいいます（消費者契約法4①二）。

断定的判断は、契約の対象物に関する将来における変動が不確実な事項を対象としてなされなければなりませんが、重要事項についてなされる必要はありません。将来における変動が不確実な事項とは、消費者の財産上の利得に影響を与える変動事項で、その将来の変動状況が契約締結の際に

予測不可能な事項をいいます。

　この点、例えば、対価が4,000万円の分譲マンション売買契約を締結するに当たり、消費税率の引上げ分だけを考慮すれば、最終的に消費税率が10％となった場合に、その差額分である5％相当額の200万円、負担額が異なることとなります。

　しかし、今後、給付金制度等、消費増税に伴う様々な優遇税制が、別途、設けられる可能性があります。さらに、平成9年の消費税改正の際にみられたように、消費増税を前にマンション等、不動産購入の駆け込み需要が起こり、増税後の需要急減によってマンションの価格下落が生じることも想定できます。そのため、契約の目的となる分譲マンションの将来における価格、消費者が建物に関し受け取るべき最終的な金額は、それら優遇税制や需要変動によって影響を受ける事項であって、その将来の変動状況が契約締結の際には予測不可能な事項といえます。

　したがって、分譲マンションの販売に当たり「今後1、2年ほどで価格が最終的に200万円も違ってきます」と告げたことでその内容が確実であると消費者が誤認した場合には、断定的判断の提供として取消しの対象となり得ます。

　ただし、「消費税率の引上げだけを考慮した場合には、価格が最終的に200万円も違ってきます」と告げることは、それがあくまでも消費税率の引上げだけに絞って計算したものであり、その他優遇税制や需要変動等による影響を度外視したことが明らかである場合には、断定的判断の提供には当たりません。

③ 将来の出来事に関する告知

　本件で、「平成26年3月末日までには必ず引渡しをします」との説明が、重要事項の不実告知に該当しないかが問題となります。

　まず、「事実と異なることを告げること」は、重要事項についてなされなけ

ればなりませんが（消費者契約法4①一）、引渡時期は、「当該消費者契約の目的となるものの取引条件」に該当するので、重要事項に含まれます。

次に、「事実と異なることを告げること」といえるかどうかについてですが、表示が事実に反するか否かは、事業者が表示をした時点を基準として客観的に判断される事項です。そのため、表示は過去または現在の事実に関するものでなければならず、将来の出来事については除外されます。

したがって、本件でも、引渡時期という将来の出来事に関するものである以上、原則として、「事実と異なることを告げること」とはいえません。ただし、引渡時期を経過したことによる債務不履行責任を追及されることになります。

他方で、将来の出来事に関するものであっても、事業者が表示をした時点での客観的事実関係に基づき、その実現がおおよそ不可能であるにもかかわらず、そのような表示を行った場合には「事実と異なることを告げること」に該当し、重要事項の不実告知として取消しの対象となり得ます。

なお、「必ず引渡しをします」との説明が、断定的判断の提供に当たるかどうかも問題となり得ますが、引渡時期については、「将来における変動が不確実な事項」、すなわち変動する事項であって、その将来の変動状況が契約締結の際に予測不可能な事項とはいえないので、断定的判断の提供には当たりません。

④ 専門家に確認した上での不実告知

本件では、担当者が税理士に確認した上で顧客に説明した内容が、結果的には誤っていた場合でも、重要事項の不実告知といえるかが問題となります。

表示が事実に反するかどうかは、客観的に判断されるべき事項であり、事業者の主観的な認識や、その認識に至るまでの合理的理由、やむを得ない事情等は一切問題となりません。そのため、事業者が、税理士に確認す

るなどして、その説明内容が事実に合致するものと確信していたとしても、客観的に事実に合致していなければ「事実と異なることを告げること」に該当します。

次に、「事実と異なることを告げること」は、重要事項についてなされなければなりませんが、経過措置の適用の有無が重要事項といえるかどうか問題となります。

重要事項とは、「物品、権利、役務その他の当該消費者契約の目的となるものの対価その他の取引条件」をいいますが、経過措置の適用の有無により、契約の対象物の価格に影響を与えるものである以上、重要事項について事実と異なることを告げたことといえます。

では、「大丈夫です」と告げたことが、単なる意見に過ぎないもので、「事実」と異なることを告げることにはならないでしょうか。

単なる意見とは、表意者がそれを基礎づける客観的な情報を持たないで行う表示をいうところ、本件では、意見の表明が一定の事実の表示、すなわち、経過措置の適用があるとの客観的な情報とともに行っており、その表示が事実に反するものである以上、「事実と異なることを告げること」に該当します。

ただし、表示が事実に反するか否かは、事業者が表示をした時点を基準として客観的に判断される以上、経過措置の詳細が、いまだ通達等によって明らかにされていない段階において、その当時、明らかにされている経過措置の内容に従えば間違った判断をしていないと評価できるような場合には、「事実と異なることを告げること」には該当せず、当該説明によって締結された契約の申込み、または承諾の意思表示が、消費者契約法によって取り消されることはありません。

Q19 税法に関する正しい情報を説明・提供すべき義務

消費増税やそれに伴う経過措置、その他消費増税に当たっての優遇税制等、とても複雑で理解しにくいものですが、契約を締結するに当たり、事業者としては、このような税制に関することまで正しく説明しなければならない義務がそもそもあるのでしょうか。仮にそのような義務があるとした場合、違反した場合の損害はどこまで賠償しなければならないのでしょうか。

Ans

事業者が、一般消費者である相手方に対し、契約締結の意思形成に影響を与えるような消費税改正に伴う情報をもって、取引を勧誘するなどし、相手方において、事業者の説明内容に頼って契約締結に至ったような場合には、これら税法に関する正確な情報を提供すべき信義則上の義務が認められ、その説明義務を怠った場合には、履行利益について賠償責任を負う可能性があります。

解説

① 税法に関する正確な情報を提供・説明すべき義務

経過措置、住宅ローン減税の拡張・拡充、給付金制度等、消費増税に伴う様々な情報が複雑に錯綜するなかで、勧誘ないし交渉過程において、これら税制に関する誤った説明、あるいは不十分な説明を行い、相手方がその説明内容を信じて契約を締結したものの、説明内容等が誤っていた、不十分であったこと等により、それによって生じた損害の賠償を請求される事態は十分に想定できます。

ただし、ここで、税法の専門家でない事業者に、税制改正等、複雑困難な税法に関する正確な情報まで提供しなければならない義務がそもそもあるのか、という疑問が生じます。

　この点、東京高裁平成10年4月22日判決では、節税対策（等価交換方式）のため、マンション建築を持ちかけた建築業者に対し、契約締結段階及び契約履行段階において、発注者に正確な税法知識、節税対策を教示すべき義務等があるとして、不法行為に基づく損害賠償責任を認めています。

　建築業者が大手建設業者であったこと、建築業者自身が節税対策を売りにして勧誘したこと、一般消費者である発注者は当該建築業者の説明に依拠して準備する状況にあったこと等を考慮した上で、顧客に対し税法に関する正確な情報を説明しなければならない旨判示したものと解されます。

　また、学説においても、当事者間において、情報量や情報処理能力等の格差がある場合などには、これを埋めるための信義則上の説明義務・情報提供義務を負うとする考え方が有力です（横山美夏「契約締結過程における情報提供義務」『ジュリスト』有斐閣、1094号、131〜134頁）。

　すなわち、取引を①事業者と消費者、②そうでない場合（例えば事業者間等）とに分け、①の場合は、事業者は、消費者である相手方に対し、その契約締結の意思を左右し得る事実について情報提供義務を負い、その義務違反は故意のみならず過失による場合においても違法となるものの、②の場合には、原則として積極的に情報を提供する義務はないものの、自己が契約によってなすべき給付について、相手方に故意に虚偽情報を提供したり、情報を故意に秘匿することを違法とする考え方です。

　最終的には、個々の案件ごとに当該契約の性質、当事者の属性や相互の関係、交渉経緯、その他諸事情を総合的に考慮した上で検討することになりますが、事業者が、一般消費者である相手方に対し、契約締結の意思形成に影響を与えるような消費税改正に伴う情報をもって取引を勧誘するなどし、相手方において、事業者の説明内容に依存しているような場合には、消費税改正に伴う正しい税法に関する情報を提供すべき信義則上の義務が

認められる可能性があることには注意が必要です。

② 損害の範囲

では、このような説明義務違反が認められた場合に、その損害の範囲については、いかなる範囲まで認められるのでしょうか。

この点、通説的な見解では、契約締結のための調査費用や履行のための準備費用等、その契約が有効である、または契約が締結されると信じて行動したことにより支出した、または被った損害（信頼利益）に限り、損害賠償として請求することができるとしています。

他方で、不当表示型での損害賠償の範囲については、不完全履行の損害賠償論に従って履行利益の賠償まで認めるべきであるとの見解もあります（谷口知平・五十嵐清編『新版注釈民法⑬債権⑷（補訂版）』有斐閣、2006年、159頁）。

履行利益とは、契約が約定どおり履行されていた場合に得たであろう利益をいいますが、上記高裁判決では、節税効果が認められた場合と現実の課税額との差額を基準に損害額を算定しており、信頼利益ではなく、むしろ履行利益まで認めたものと解釈することが可能です。ただし、顧客においても、顧問税理士等の専門家にまったく相談していないことを理由に損害の発生につき過失があったとして、2割の過失割合により損害額が減額されています。

Q20 税額表示（内税・外税）

当社は、戸建ての注文住宅の建築を行っている建設会社です。この度依頼された建物の請負契約については、指定日が経過した後に受注したため、

経過措置の適用はありません。そこで、建物の引渡しを施行日である平成26年4月1日までに行うことで消費税率が5％となるよう、「引渡日平成26年3月25日」「請負代金5,000万円」との内容で請負契約を締結し、工事に取りかかりました。ところが、注文者からの度重なる変更工事の依頼により、引渡日が平成26年4月1日を過ぎてしまいました。変更工事分は後日支払いを受けることとし、当初の請負代金5,000万円に消費税8％を加えた5400万円を請求したところ、注文者から請負代金5,000万円は当然に消費税も含まれていると思っていたといわれ、8％の消費税分400万円の支払いを拒否されています。当社の請求は認められるでしょうか。

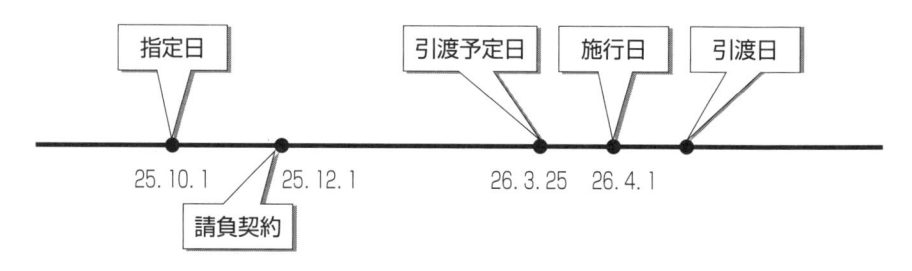

指定日　　　　　　　　引渡予定日　施行日　　引渡日
●―――――●――――――――●―――●―――●
25.10.1　25.12.1　　　　　26.3.25　26.4.1
　　　　　請負契約

Ans

5,000万円とは別に消費税額を支払うとの合意がなされていたことを立証できれば、8％の消費税分400万円を合わせた5,400万円の請求が認められます。

解説

「請負代金5,000万円」と記載した場合のように、契約書に本体価格（税抜価格）と消費税額とを明らかにしていない場合、その請負代金5,000万円には消費税額が含まれていると考えるべきでしょうか。それとも、外税として消費税額は含まれていないと考えるべきでしょうか。

この点、類似の案件として、那覇地裁平成12年4月25日判決は、以下のとおり、判示しています。

　「消費税法28条1項には、『課税資産の譲渡等に係る消費税の課税標準は、課税資産の譲渡等の対価の額（対価として収受し、又は収受すべき一切の金銭又は金銭以外の物若しくは権利その他経済的な利益の額とし、課税資産の譲渡等につき課されるべき消費税額及び当該消費税額を課税標準として課されるべき地方消費税額に相当する額を含まないものとする。）』と規定されており、売買契約等において本体価格（税抜価格）と消費税額とを明らかにしていない場合には、その課税資産の譲渡等の対価は、消費税を含んでいるものと解すべきであるところ、本件では、前記認定のとおり、本件契約に際して消費税についての話が何らされていないこと、本件契約書に消費税についての記載がされておらず、総額として代金が8,000万円である旨の記載があるにすぎないこと、本件契約締結日に被告から原告へ代金の交付がされ、同日付で被告に対する所有権移転登記がされていること、本件契約締結前に被告は銀行に対して本件契約の売買代金は消費税込の価格であることを確認していたことからすると、本件契約は、その売買代金8,000万円に消費税が含まれていると解するのが相当であり、被告が本件契約の代金8,000万円とは別に消費税分を支払うという約束がされていたと認めることはできない。」

　すなわち、この判決は、本体価格（税抜価格）と消費税額とを明らかにしていない場合には、別途、外税である旨の当事者間の合意がない限り、消費税込みの価格を表示したと解するのが相当であると判示しています。

　そうすると、本件でも、注文者の言い分が認められそうに思われますが、本件と上記判決の事例とは、消費税改正により消費税率が引渡時期によって変わってしまう状況か否かという点で異なります。そのため、引渡時期が施行日をまたぐような場合に備え、あえて本体価格（税抜価格）だけを記載し、消費税については、現実の引渡時期がいつになるのかに応じて、別途、確定させることとしていたことも想定できます。これまでの請負契

約書では、常に本体価格（税抜価格）と消費税額とを明らかにしていたものの、本件だけ異なる記載をしたのであればよりそのような意図が伺えます。しかも、本件では、経過措置の適用がないことを前提に消費税率が5％となるように引渡時期を決めたということで、消費税について当事者間で話題になったことが認められる以上、外税なのか内税なのかについても同様に話題の対象となったと考えるのが自然ともいえます。

したがって、相談者として、以上のような間接事実を主張することにより、請負代金5,000万円とは別に消費税額を支払うとの合意がなされていたことを立証できれば、8％の消費税分400万円を合わせた5,400万円の請求が認められます。

税額表示の記載例

※　甲を発注者、乙を受注者とする

請負代金額　￥50,000,000.（税抜き）

　但し、本件請負契約に基づく建物引渡しが平成26年4月1日以降となる場合には、8％の消費税率による消費税額（地方消費税を含む。以下同じ。）を、平成27年10月1日以降となる場合には10％の消費税率による消費税額を、別途、甲は乙に対して支払うものとする。本件請負契約に関する変更工事等代金に関しても同様とする。

　また、本件請負契約に基づく建物引渡しが平成26年4月1日以降となる場合において、甲から乙に対し、本件請負代金に関する前払金または部分払金が5％の消費税率にて既に支払われている場合には、甲は乙に対し、当該前払金総額または部分払金総額に、本件建物引渡時における消費税率と5％との差額税率（3％または5％）を乗じた消費税額を追加して支払わなければならない。なお、これら金員の支払時期については、甲乙間で別途合意する場合を除き、本件建物完成時とする。

Ⅲ　契約締結に至るまでの留意点・対応策

Q21 リスク回避のための注意点

契約を締結するに当たり、消費増税、経過措置、その他優遇税制等を顧客に説明するような場面では、どのようなことに注意すればいいのか教えてください。

Ans

説明が勧誘をするに際しなされたものか、営業のためにもしくは営業として契約が締結されたものかどうか、その説明が何を対象に、どの程度までなされたか、説明に虚偽の事実や情報が含まれており、相手方が当該説明内容により誤信した結果、契約を締結したことが信義則上相当でないと評価されるかどうか等がポイントとなります。

解説

顧客との契約締結に至るまでに、消費増税や経過措置、その他の優遇税制に関する説明を行う場面としては、大きく分けて、当初からこれら税制の活用方法や節税対策をうたい文句として事業者自ら積極的に顧客を勧誘する場合と、事業者自らそれらをうたい文句として勧誘したのではないものの、商談中において、顧客から消費増税等に関する質問をされ、その質問に応じて説明を行う場合との2つに大きく分けることができます。そこで、以下、それぞれの場面に応じ、留意すべき事項について解説していきます。

1　税制の活用方法や節税となる旨のうたい文句にて勧誘する場合

(1)　消費者契約法

消費者契約法で問題となる重要事項の不実告知、断定的判断の提供、不

利益事実の故意の不告知は、すべて、事業者が消費者契約の締結について「勧誘をするに際し」なされることを要件としているため、契約締結に至るまでに「勧誘」があったといえるかが問題となります。

「勧誘」とは、契約締結の意思形成に影響を与える程度の勧め方を、特定の消費者を対象として行うこと意味しますが、広告、チラシの配布、ホームページによる勧誘等、不特定多数に向けられているような場合であっても、当該消費者がそれを見て誤認し、契約の申込みをしたような場合には、「勧誘」に該当する可能性があります。

そのため、広告、チラシ、ホームページ等に、税制の活用方法や節税となる旨の記載がなされており、それが契約締結の意思形成に影響を与える働きかけであると評価されると、「勧誘をするに際し」との要件を満たすことになるので注意が必要です。

次にポイントとなる点は、その説明が何を対象に、どの程度までなされたかということです。

例えば、重要事項の不実告知は、「重要事項」についてなされる必要があります。重要事項とは、消費者契約の目的となるものの質、用途その他の内容で契約を締結するか否かについての判断に通常影響を及ぼすべきもの、または消費者契約の目的となるものの対価その他の取引条件で契約を締結するか否かについての判断に通常影響を及ぼすべきものをいいますが（消費者契約法4④）、税制の活用方法や節税となる旨の説明を行うに当たり特に問題となるのは、「対価その他の取引条件」、すなわち、価格、支払時期、支払方法、引渡時期等に関しても説明がなされたかどうかです。

そのため、消費税率の適用時期、経過措置、その他住宅ローン減税等の優遇税制について誤った説明を行ったに過ぎない場合には、「対価その他の取引条件」そのものに関してなされたものではないため、重要事項について誤った説明を行ったことにはなりません。

それに対し、これら税制に関して誤った説明を行っただけでなく、その結果、契約対象物の「対価その他取引条件」についても数字や時期をあげ

た上で誤った説明を行ったような場合には、重要事項について誤った説明を行ったことになります。

なお、表示が事実に反するか否かは、事業者が表示をした時点を基準として客観的に判断されます。そのため、経過措置の詳細が、いまだ通達等によって明らかにされていない段階において、その当時、明らかにされている経過措置の内容に従えば間違った判断をしていないと評価できるような場合には、たとえ重要事項に関するものであっても、「事実と異なることを告げること」には該当しません。

他方、断定的判断の提供については、その対象を重要事項に限定しているわけではありませんが、「将来におけるその価額、将来において当該消費者が受け取るべき金額その他の将来における変動が不確実な事項」に対してなされることが必要で、しかも、「当該消費者契約の目的となるものに関し」とある以上、契約の対象物に関してなされる必要があります。そのため、今後の税制改正の見通し等に関し、それが確実であるかのような断言的な説明を行ったとしても、それだけでは必ずしも断定的判断の提供には該当しませんが、今後の税制改正の見通し等と絡めて、当該契約の対象物の価格、消費者が将来受け取るべき金額につき断言的な説明を行った場合には、断定的判断の提供に当たることとなります。なお、

- 非断定的な予想や個人的見解を示すこと
- 専門家の分析や見解を紹介すること
- 一定の前提、仮定のもとで試算・分析を行いその結果を示すこと

などは断定的判断の提供には当たりませんが、説明内容全体から断言的であると受け取られるものであれば、断定的判断の提供に該当するので注意が必要です。「絶対」、「確実に」、「必ず」との表現が使われていなかった場合であっても同様です。

(2) 説明義務違反

　本来、契約を締結するに際して必要な情報は、各当事者が自己の責任において自ら収集し、自己の判断において契約を締結するかどうかを最終的に決するのが原則です。

　他方で、契約締結に至るまでの過程において、一方当事者による誤った説明・表示がなされ、他方当事者においてそれを信頼した上で契約締結に至ったような場合にまでかかる原則論を貫いた場合には、信義誠実の原則に反する事態も生じ得ます。

　そのため、当該契約の性質、当事者の属性や相互の関係、交渉経緯、その他諸事情を総合的に考慮した上で、事業者が、一般消費者である相手方に対し、契約締結の意思形成に影響を与えるような消費税改正に伴う情報をもって取引を勧誘するなどし、相手方において、事業者の説明内容に依存する形で契約締結に至ったような場合には、消費税改正に伴う正しい税法に関する情報を提供すべき信義則上の義務が認められ、当該義務を怠った場合には、損害賠償責任を負う可能性があることはQ19で触れたとおりです。

　ここで判断の決め手となるポイントは、説明に虚偽の事実や情報が含まれており、相手方が当該説明内容により誤信した結果、契約を締結したことが、信義誠実の原則に反する、もしくは信義則上相当でないと評価されるかどうか、ということです。そのような判断に影響を与える事項として、積極的な勧誘が行われたのか否か、事業者と消費者との関係か否か、事業者としてその事業規模や世間的評価・信用性、交渉開始時から契約締結に至るまでの期間・打合せ回数、打合せの総時間、説明内容や説明の程度、契約締結の意思形成に及ぼす影響力、説明内容に対する相手方の依存度等が考慮されることになります。

　したがって例えば、以下のような事情が存在し、いまだ信義誠実の原則に反するとはいえないような場合には、説明義務違反を否定する方向への判断へと傾きます。

- 外見上、事業者と消費者との関係であるように見えるものの、実質的には両者間において情報の格差がないと認められる場合
- 税制に関する誤った説明はあったものの、それが契約締結の意思形成に影響力を与えるものとはいえない場合
- 税制に関する説明を行った当時、そのような認識・理解が世間一般においてほぼ常識的なものとなっており、疑いを入れる余地がない程度に通説的な見解となっていたような場合
- 事業者の説明内容が正確かどうか相手方自身も疑問を有しており、それでも構わないとのことで取り急ぎ契約が締結されたような場合
- 税理士・弁護士等の専門家に相談した上で、それら専門家からも説明内容と同様の見解・判断がなされていた場合（ただし、1人だけでなく、複数の専門家からの意見・判断を入手して検証するのが望ましい）

また、契約締結過程において、相手方が事業者の説明とは別に、自ら積極的に専門家に相談するなどし、以後、当該専門家の意見・判断のみを参考に、自らの判断で契約が締結された場合にも、説明義務違反を否定する方向への判断へと傾きます。

ただし、事業者が、一般消費者である相手方に対し、契約締結の意思形成に影響を与えるような消費税改正に伴う情報をもって取引を勧誘するなどし、相手方においても、既に当該説明内容に依存しているような状況の下、「後は専門家の意見をご自身で確認してください」と言い放っただけでは、責任を免れることは難しいといえます。

② 契約締結過程において、顧客から消費増税等に関する説明を求められ、それに応じて説明等を行った場合

(1) 消費者契約法

事業者から勧誘がなされていないため、「勧誘をするに際し」との要件

を満たさず、原則として消費者契約法の適用はありません。ただし、勧誘をするに「際し」とは、事業者が消費者と最初に接触してから契約を締結するまでのスパンを意味するものです。そのため、接触当初、事業者からの勧誘がなされていない場合であっても、消費者から消費増税等に関する説明を求められ、それに応じた説明と絡めて、契約の締結を勧めたような場合には「勧誘をするに際し」に該当し、消費者契約法の適用対象となり得ます。

(2) 説明義務違反

事業者が、一般消費者である相手方に対し、契約締結の意思形成に影響を与えるような消費増税等に伴う情報をもって取引を勧誘していない、というだけで、一切、責任を負わないとの結論とはなりません。このような勧誘の有無は、信義則違反かどうか評価するに当たっての重要な要素ではあるものの、あくまでも1つの判断要素に過ぎないからです。

例えば、事業者が、一般消費者である顧客から契約締結の意思形成に影響を与えるような消費増税等に関する説明を求められ、それに対し全面的に事業者において調査し、回答するなどと顧客に告げた結果、以後、完全に事業者の説明内容を顧客が信頼し、事業者においても当該状況を十分に認識していたような場合には、正しい情報を提供すべき信義則上の義務が認められる可能性があります。

そして誤った情報を提供し、不十分な説明した結果、相手方に損害を与えたことが信義則上相当でないと評価された場合には、最終的に相当の過失相殺がなされることはあっても、損害賠償責任を追及されることとなります。

親切心が仇となり、当事者双方にとって後味の悪い結果となってしまいますが、契約締結に向けたサービスの一環としてでも、いったん、依頼を引き受けた以上は、正確な情報を提供すべきといえます。

このような事態を回避するため、顧客から尋ねられた際にも、専門外の

ことなのでわからないと言えれば簡単ですが、顧客との関係上、そのようなことも実際には困難と思われます。

そこで、顧客からの依頼に応じて調査結果を説明するに当たっては、「専門外の事項に関して当方で調べた範囲内での情報なので、誤っている可能性が十分にあります。お客様ご自身でもお調べになられるか、最終的には、税理士、弁護士等の専門家の意見を聞いてください。」と告げ、メモ等を作成した場合には、その旨、注意的に記載して手渡しておくことをお勧めします。

なお、このような場合であっても、基本的には、依頼された調査内容についてのみ回答すれば足ります。事業者自ら調査対象を広げてしまうことは、かえってトラブルの原因を広げてしまうことにもなるので注意が必要です。

③ その他の留意点

消費者契約法についても、民事訴訟法の立証責任の大原則どおり、当事者双方が、自己に有利な法律効果の発生を定める事実について証明責任を負います。そのため、消費者契約法に基づき消費者契約の申込み・承諾の意思表示の取消しを主張する場合は、当該主張をする者、すなわち消費者において、重要事項の不実告知がなされたこと、断定的判断の提供がなされたことを立証しなければなりません。しかしながら、これらについては、「言った」「言わない」の水掛け論となりやすく、その立証は容易ではありません。

そのため、重要事項の不実告知、断定的判断の提供等の不当勧誘行為については、それが訪問販売や電話勧誘販売等によってなされた場合、消費者契約法に基づく取消しではなく、これら立証を伴わないクーリングオフ（特商法9①）によって解除されることもあります。

この点、特定商取引法第26条第1項第1号では、申込者において「営業

のために若しくは営業として」締結されたものは、クーリングオフの適用対象とはならないことを規定しています。そのため、販売業者等において、相手方が事業者であると認識し契約を締結する場合には、適用対象外である以上、クーリングオフができる旨を記載した書面（法定書面、特商法5①）を交付しないのが通常です。

　ところが、販売事業者等において、相手方が事業者であると認識し、そのためクーリングオフの適用がないものと考え法定書面を交付せずに契約を締結したところ、相当期間経過後に、相手方からクーリングオフが行使されるといったトラブルが多発しています。クーリングオフの権利行使期間については、契約締結時からカウントされるのではなく、法定書面が交付された時からカウントされるので、仮にクーリングオフの適用対象となる契約関係の場合に法定書面が交付されていなければ、いまだクーリングオフの権利行使期間が経過していないことになります。そして、名古屋高裁平成19年11月19日判決では、申込みをした者が事業者であり、かつ、これらの者にとって、当該契約の目的、内容が営業のためのものである場合にのみクーリングオフの適用除外となる旨判示しました。そのため、たとえ相手方が事業者であっても、相手方の営業のために、もしくは営業として締結したものではなく、かついまだ法定書面を交付していない場合には、クーリングオフが行使され、当事者間にて裁判等の紛争が生じる可能性があります。

　このような紛争を事前に回避するため、たとえ相手方が事業者名で契約する場合であっても、当該事業者の営業のために使われるものであるかについて十分に確認した上で、記録等に残しておくことが無難といえます。

Q22 税負担に関する動機の錯誤

この度、契約を締結した顧客から、節税対策の一環として今回の契約を締結したものの、節税効果が認められなかったとして、契約はなかったことにしてほしいとの連絡を受けました。顧客がいうには、「節税対策のために今回の契約を締結することは契約締結の際に御社にも告げた。弁護士に相談したところ、動機の錯誤として無効主張できると聞いた」ということです。確かに、当社は契約締結の際に、顧客から節税対策のため云々ということは聞いておりますが、今更、無効にしてほしいといわれても納得できません。裁判で争った場合、当社に勝ち目はあるのでしょうか。

Ans

単に節税対策である旨の表示では足りず、顧客が節税スキームの一部となる本件契約に係る課税関係や、仮にそれが認められなかった場合に、一連のスキームに与える課税関係についてまで十分に認識・把握した上で、それゆえに本件契約を締結する旨の動機まで黙示的にでも表示されていない場合には、顧客の錯誤無効主張は認められません。

また、本件が、節税対策と考えた法形式に関し、自己にとって有利となる選択をしたつもりが結果的に節税対策として効を奏しなかった場合である場合には、そもそも錯誤に関する規定の保護の対象外と判断される可能性も十分にあり得ます。

解説

① 動機の錯誤

錯誤とは、表示に対応する意思が欠缺し、しかも意思の欠缺につき表意者の認識が欠けていること、つまり、表示行為から推測される表意者の意

思と真意とが一致しておらず、表意者本人がそのことに気づいていない場合をいいます（民95）。この点、動機に錯誤がある場合には、表示行為から推測される表意者の意思と真意とに不一致はなく、単に意思決定の過程に事実等の誤認があるに過ぎないため、本来的には、錯誤の定義には含まれません。

　例えば、あるマンションを購入するに当たり、法規制上、近くに建造物が建てられることもなく、将来にわたって見晴らしがいいとの情報に基づき購入したものの、契約締結後に当該情報が間違った情報であったことに気づいたような場合、契約締結時での「このマンションを購入する」との意思表示から推測される表意者の意思と、「このマンションを購入する」という表意者の真意との間に不一致はなく、当該マンション購入という意思決定の過程（動機）に事実等の誤認があったに過ぎないこととなります。

　しかしながら、その動機が相手方に明示または黙示に表示された場合で、その錯誤がなかったならば表意者がその意思表示をしなかったであろうと認められる場合には、動機の錯誤の場合であっても錯誤無効主張を認めるとの立場を判例はとっています（最判昭和29年11月26日、最判昭和45年5月29日）。

　この点、税負担に関する動機の錯誤の場合にも同様に、錯誤による無効主張が認められるかどうかにつき争われたのが、最高裁平成元年9月14日判決です。

　同判決は、離婚に伴い、財産分与者には譲渡所得税の課税はされないとの誤信のもとでなされた財産分与契約に関し、財産分与者が財産分与に伴う課税の点を重視していたこと、他に特段の事情がない限り、財産分与者に課税されないことを当然の前提とし、かつ、その旨を黙示的には表示していたことを理由に、動機の錯誤を認める余地があるとして原審に差し戻し、差戻しを受けた原審は、財産分与契約に関する動機の錯誤を認めました（東京高判平成3年3月14日）。

② 判例分析

　しかしながら、上記裁判例は、あくまでも問題となった財産分与契約という個人間における1つの法律行為に関し、誤信ながらも自ら主体的に判断した結果、税負担に関する錯誤に陥った事案に関するものであり、①節税対策に関するスキームの一環として問題となる法律行為が含まれている場合に、結果的に当該法律行為に関する節税効果が認められなかったとの錯誤や、②複数の法形式のうち、節税対策となる法形式を選択したつもりが結果的に節税対策として効を奏しなかった場合の錯誤についてまで判断しているものではありません。

　①節税対策に関するスキームの一環として問題となる法律行為が含まれている場合に結果的に当該法律行為に関する節税効果が認められなかったとの錯誤に関する裁判例としては、東京地裁平成13年7月5日判決、東京高裁平成14年4月30日判決が挙げられます。これら裁判例では、いずれも、一連の節税対策スキームを税理士等の専門家に任せており、本人は何ら細かい内容まで理解していなかった以上、当該スキームの一部に係る贈与や売買に係る個々の課税関係についてまで十分に認識・把握していたとはいえず、そうである以上、当該スキームの一部の取引対象に係る評価額そのものについて意思表示の内容となっていたり、税負担に関する動機の錯誤があったとはいえないと判示しています。

　また、②複数の法形式のうち、節税対策となる法形式を選択したつもりが結果的に節税対策として効を奏しなかった場合の錯誤に関する裁判例として、千葉地裁平成12年3月27日判決が挙げられます。同判決では、節税対策の一環として行われた貸付行為が、結果的に節税対策として効を奏しなかったとして錯誤無効が問題となった事案につき、「一定の経済目的の達成や経済的効果の発生を実現する複数の手段が存在する場合、そのうちいかなる法形式を用いるかは、私的自治の原則の下では当事者の自由な選択に委ねられており、節税もこのような原則の下で、これを選択する当事

者自らの責任と負担において行われるものであるから、そもそも節税対策であることの認識がある以上、それが効を奏して他の法形式を選択した場合よりも税金の点で利益を享受することがある反面、場合によっては期待するような節税効果があげられないことのあり得ることも当然想定すべきものである」と判示した上で、そのような場合には、「もはや意思表示の観点から取引安全に制約を加えることによって表意者を保護しようとする錯誤の適用場面とは異なるものである」としています。

③ 結論

このように、いわゆる税負担に関する動機の錯誤といっても、一律に判断するのではなく、錯誤の対象となった法律行為だけが問題となっているのか、それとも節税対策に関するスキームの一環として含まれているものか、自ら主体的に判断した結果、税負担に関する錯誤に陥ったものか、それとも一連の節税対策スキームを税理士等の専門家に任せており、本人は何ら細かい内容まで理解していなかったものか等の事情を考慮した上で、表意者が錯誤に陥っていたのかどうかを見極める必要があります。

本件でも、節税対策の一環として本件契約を締結したということですが、単に節税対策である旨表示されているだけでは足りず、顧客が当該スキームの一部である本件契約に係る課税関係や、仮にそれが認められなかった場合に一連のスキームに与える課税関係についてまで十分に認識・把握した上で、それゆえに本件契約を締結する旨の動機まで黙示的にでも表示された結果、意思表示の内容となっていたかどうかが問われなければなりません。

さらに、本件が、考えられる複数の法形式のうち、自己にとって有利となる選択をしたつもりが結果的に節税対策として効を奏しなかった場合である場合には、そもそも錯誤に関する規定の保護の対象外と判断される可能性も十分にあり得ます。

なお、上記最高裁平成元年9月14日判決のように、1つの法律行為に関し、自ら主体的に判断した結果、税負担に関する錯誤に陥ったような場合であっても、税理士等の専門家に何ら相談等していないような場合には、通常人であれば注意義務を尽くして錯誤に陥ることはなかったのに、著しく不注意であったために錯誤に陥ったものとして重過失が認められることがあります（高知地判平成17年2月15日）。

④ 対応策

今後の対応策としては、動機の錯誤をめぐって事後的に紛争となることを回避すべく、税負担に関する錯誤があった場合であっても、契約の有効性には影響を与えない旨、十分に協議、確認した上で、錯誤無効排除条項をあらかじめ特約として盛り込んでおくことをお勧めします。このような特約の意味を十分に理解した上で、それでも問題となる契約を締結した以上、「その錯誤がなかったならば表意者がその意思表示をしなかったであろうと認められる場合」に該当せず、税負担に関する動機の錯誤無効主張は認められないとの判断に繋がる可能性は高いといえます。

■「税負担に関する錯誤無効排除条項」雛形

甲と乙とは、本契約ないし本契約と関連する契約関係を基因として生ずる課税関係が、たとえ本契約締結時において甲または乙が認識していた、もしくは想定していた結果と異なることが事後、判明したとしても、甲または乙において本契約を締結する意思には何ら影響を与えず、その結果、本契約成立の有効性には何ら影響を与えないことを各自十分に認識した上で、本契約が締結されたことを甲乙相互に確認する。

Q23 裁判を見据えた記録の作成・証拠等の残し方

説明内容に関し事後的に契約当事者間で疑義が生じるなど、将来的に裁判等の紛争を回避するため、また裁判になった場合に備え、どのような記録を残しておけばいいですか。

Ans

① 社内コンプライアンス対策として事前に作成された、消費税率の適用時期、経過措置等に関して説明する際の留意事項・禁止事項等が記載されたマニュアル等
② 社員教育としての消費増税に関する講演の講習履歴
③ 専門家への照会・質問の有無、時期、内容
④ 説明担当者の肩書、税法関連の資格の有無、経歴
⑤ 説明の際に交付された消費税率の適用時期、経過措置等に関する概要・解説が記載されたパンフレット、メモ、チラシ等
⑥ 商談中に作成した打合せメモ
⑦ 商談後に作成された業務日誌、報告書
⑧ メール、手紙等のやりとり（顧客との間のみならず、社内間等でのやりとりも含む）
⑨ 備忘録、手帳、日誌、日記等への走り書き
⑩ 紛争直後に送られた通知書・反論通知書
⑪ 事業者の風評、類似案件のクレーム件数・内容

等の記録を残しておくことをお勧めします。

解説

① 証拠となる記録と証明力

　消費税率の適用時期、経過措置等に関して、重要事項の不実告知、断定的判断の提供等の不当勧誘行為、または説明義務・情報提供義務違反等を理由に、最終的に裁判所まで持ち込まれるケースは、およそ問題となる説明内容が当事者間において取り交わされた契約関連書類には記載されておらず、その結果、契約当事者間では解決できない認識の齟齬が生じている場合といえます。

　説明内容そのものを裏付ける直接的な証拠がない以上、裁判においては、当該説明内容を間接的に証明する証拠（間接証拠）を積み重ねて主張立証、反論反証していくことになりますが、その際、提出する間接証拠としては、例えば以下のようなものが挙げられます。

---

① 社内コンプライアンス対策として事前に作成された、消費税率の適用時期、経過措置等に関して説明する際の留意事項・禁止事項等が記載されたマニュアル等
② 社員教育としての消費増税に関する講演の講習履歴
③ 専門家への照会・質問の有無、時期、内容
④ 説明担当者の肩書、税法関連の資格の有無、経歴
⑤ 説明の際に交付された消費税率の適用時期、経過措置等に関する概要・解説が記載されたパンフレット、メモ、チラシ等
⑥ 商談中に作成した打合せメモ
⑦ 商談後に作成された業務日誌、報告書
⑧ メール、手紙等のやりとり（顧客との間のみならず、社内間等でのやりとりも含む）
⑨ 備忘録、手帳、日誌、日記等への走り書き

⑩　紛争直後に送られた通知書・反論通知書
⑪　事業者の風評、類似案件のクレーム件数・内容

　間接証拠といえども証拠なので、担当者が書いたメモ等も証拠となり得るのか疑問に思われるかもしれませんが、民事訴訟においては、証拠方法として用いることのできる適格、すなわち証拠能力については原則として無制限とされており、ありとあらゆる書面が証拠となり得ます。
　ただし、当該間接証拠がどの程度、裁判官の心証を左右し得る効果を有するか（証明力）は別問題です。
　例えば、上記⑤「説明の際に交付された消費税率の適用時期、経過措置等に関する概要・解説が記載されたパンフレット、メモ、チラシ等」についても、単なる概要・解説が記載されたものよりも、末尾に説明を受けた者のサインがなされているもののほうが、正しくその旨説明したことを証明するための証拠として、より証明力が高いといえます。加えて、説明条項ごとにチェックボックスが設けられており、それぞれの説明内容が理解できた旨の相手方のチェックがなされていれば、より証明力は高まるでしょう。
　また、約款のような小さな文字で隙間なく記載されているものよりも、わかりやすく大きな文字で記載されているもののほうがより証明力が高いといえます。
　さらに、⑦については商談後、数日経過してから作成された業務日誌、報告書よりも、商談直後の記憶の鮮明なうちに作成されたもののほうがより証明力が高く、商談後よりも⑥のように商談中にリアルタイムで作成された打合せメモのほうが、より証明力が高いといえます。
　打合せメモについていえば、改ざんされやすい鉛筆等で記載されているものよりも、ペンで記載されており、間違った記載には二重線で消した上で、続けて正しい記載が書かれているもののほうがベターです。
　打合せメモを作成した後、ワード等で清書した場合には、相手方にも、

同じものを郵送するなどしておくのも１つの方法です。相手方がそれを受領した後、その内容に関して異議がなかったことを裏付ける事実、もしくは何らかの異議を受けた事実も重要な間接証拠となるからです。

　このような方法をとれない場合でも、打合せ中に、相手方も打合せ内容を手帳等にメモしていることがあります。そのような場合には、自己の打合せメモに、相手方も打合せ内容を手帳にメモしている旨記載しておきます。仮に裁判となった際、担当者の打合せメモを証拠として提出するとともに、メモ記載の説明どおり、正しく行った旨主張します。それに対し、相手方が当該主張を否認・反論するだけで、相手方記載のメモを反証として提出してこない場合には、相手方のメモに相手方自身の主張と矛盾する、もしくは不都合な記載がなされている可能性が伺えるので、そこを突くことになります。

　なお、すべての証拠についていえることですが、コピーよりも原本のほうが、証明力が高いため、なるべく原本を残しておくことが必要です。

② 証明責任

　消費者契約法が適用される場面においても、民事訴訟法の立証責任の大原則どおり、当事者双方が、自己に有利な法律効果の発生を定める事実について証明責任を負います。そのため、消費者契約法に基づき消費者契約の申込み・承諾の意思表示の取消しを主張する者、すなわち消費者において、重要事項の不実告知がなされたこと、断定的判断の提供がなされたことを立証しなければならず、それら事実が真偽不明の場合には消費者の請求は認められません。

　説明義務・情報提供義務違反に基づく損害賠償請求については、損害を負ったと主張する者が、相手方の過失に基づき誤った説明を受けたこと、その説明を誤信し契約を締結したが、信義則違反と評価されるものであること、及び損害額等を立証しなければなりません。

Ⅳ 課税庁との関係

　消費税改正に当たり、改正内容、経過措置、その他の優遇税制等に関する説明内容に誤りや錯誤があったとして、契約当事者間で契約の取消し、解除、無効主張がなされた結果、契約関係が遡及的に無効となり、経済的成果の清算（原状回復）が行われることとなりますが、これら清算結果を課税関係においても反映・調整する必要が生じます。

　また、これら紛争解決のために、当事者間で示談や裁判上の和解が行われることもありますが、せっかく示談や和解を行ったにもかかわらず、基礎となっている事実関係や権利関係に関し、課税庁が当事者とは異なる判断に基づいて課税権を行使してくることもあります。

　そのため、慎重に事を進めようと、改正内容、経過措置、その他の優遇税制等について、事前に税務職員に相談・確認したところ、その後の税務調査で否認されてしまうこともあり得ます。

　そこで、本節では、当事者間において締結された契約関係を取消し、解除、無効主張、合意解除、示談、和解等によって清算するに当たり、課税庁との関係で留意すべき点、及び税務職員の誤指導が国との関係でどのように解決されるのかについて触れていきます。

課税庁との関係で留意すべき事項に関する Q&A

Q24 取消し・解除・無効主張・合意解除がなされた場合の課税関係

いったん、締結した契約が、消費者契約法に基づく取消し、債務不履行に基づく解除、動機の錯誤等によって遡及的に無効となる場合、契約が締結された事業年度に遡って更正の請求をすることはできるでしょうか。契約締結後に契約を合意の上で解除した場合はどうでしょうか。

Ans

法人での契約の取消し等により生じた損失は、これら取消し等に伴う原状回復がなされたことを前提に、収益の額に相当する金額を当該事業年度における損金（前期損益修正損等）に算入し、契約が締結された事業年度に遡って更正の請求をすることはできません。個人事業者の不動産所得、山林所得、事業所得についても同様です。合意解除によって契約が遡及的に無効とされた場合であっても同様の結論となります。

解説

① 取消し・解除・無効主張の場合

個人事業者の不動産所得、山林所得、事業所得について、契約の解除により生じた損失は、その解除の日の属する年の必要経費に算入されます（所法51②、所令141三）。そのため国税通則法第23条第2項の更正の請求により、契約が締結された事業年度に遡って更正の請求をすることはできませ

ん。事業所得は、一定の事業により継続的に発生するものであり、その収益及び費用が期間的に対応するものとされているからです。

法人税については、所得税のような規定はありませんが、その所得が事業により継続的に発生することから、個人の事業所得における取扱いと同様に解すべきとされています（法基通2－2－16）。

すなわち、過去の1事業年度において計上された収益の発生原因となる契約が、その後の事業年度において解除され、取り消され、または錯誤により無効であることが裁判または合意等によって確認されるなどし、原状回復を行うことで当初の契約に関する経済的成果が消滅した場合には、収益の額をその収益が発生した事業年度に遡及して修正（減額）するのではなく、消滅した事業年度において、収益の額に相当する金額を損金（前期損益修正損等）に算入する処理を行います。

この点、錯誤に関し、収益の発生原因となる取引が錯誤により無効である場合には、その課税所得に対する課税も当然に無効となるのではないかが問題となり得ます。しかし、契約当事者が錯誤無効を主張しない限り、第三者も錯誤に基づく無効主張をすることは原則として許されない以上、錯誤無効といっても、絶対的に無効なものではありません。契約当事者が錯誤無効を主張することによってはじめて無効となる以上、それまでは有効に当該契約に基づく経済的効果が存続しているといえます。そういう意味では解除や、取消しがなされた場合と同様に、錯誤無効が主張されるまでに当該契約に基づく経済的効果が存続するものとして課税されたとしても、違法であるとはいえません（東京地判平成12年9月29日）。

なお、上記処理に当たっては、取消権・解除権の行使や、錯誤による無効主張がなされただけでは足りず、これら取消し等に伴う原状回復がなされていることが必要です。

また、契約解除等による損失を当期の損失として計算した結果、当期の所得計算が欠損となった場合には、欠損金の繰越控除（法法57）、または欠損金の繰戻しによる法人税額の還付（法法80）の制度によって、課税関

係の調整が図られることとなります。

② 合意解除の場合

　合意解除によって契約が遡及的に無効とされた場合も①と同様の結論となり、原状回復がなされた上で、収益の額に相当する金額を損金（前期損益修正損等）に算入することとなります。

　この点、個人事業者の不動産所得、山林所得、事業所得以外の所得、例えば譲渡所得が問題となる契約関係に関して合意解除を行った場合には、やむを得ない事情がない限り、更正の請求によって遡及的に当初の課税訂正を行うことはできません（通則法23②三）。例えば、節税対策が失敗したことを理由に契約当事者間において合意解除を行っても、やむを得ない事情とは認められません。

　他方で、個人事業者の不動産所得、山林所得、事業所得、及び法人の所得が問題となる契約関係に関して合意解除を行う場合には、このような制約はありません。合意解除がなされた事業年度において、収益の額に相当する金額を損金（前期損益修正損等）に算入することとして取り扱うこととなります。ただし、あくまでも原状回復がなされた上で、当初の契約に関する経済的成果を消滅させていることが前提となります。

　合意解除による損失を当期の損失として計算した結果、当期の所得計算が欠損となった場合には、欠損金の繰越控除（法法57）、または欠損金の繰戻しによる法人税額の還付（法法80）の制度によって、課税関係の調整が図られることとなります。

第3章　消費増税にまつわる契約実務対策・留意点

Q25　示談金への課税

　今般、戸建住宅請負の注文者から、「平成26年4月1日までに体裁だけ整えてでも建物の鍵の引渡しはできたはずで、そうすれば5％の消費税で済んだ。差額3％分の消費税額を返してほしい」との要求がありました。

　注文者とは、平成25年12月1日に請負契約を締結しており、その過程で、できる限り努力はするが引渡しができるのは施行日である平成26年4月1日以降となるのはほぼ確実であり、その場合には8％の消費税がかかる旨十分に説明した上で納得してもらっており、請負契約書でも引渡日を平成26年4月20日、請負代金に係る消費税率8％として締結しています。ただ、請負代金の残金が支払われていなかったとはいえ、平成26年3月末頃には未完成ながらも建物の鍵を渡そうと思えば渡すことができ、注文者の言い分にも一理ありと考え、差額3％分の消費税相当額の半額を、損害賠償金として支払う旨の示談書を取り交わした上で支払いました。この示談金を損金として計上したいのですが、税務調査の際に否認されることはないでしょうか。

　なお、当社は工事完成基準で会計処理しており、引渡時期については管理権移転基準を採用しています。

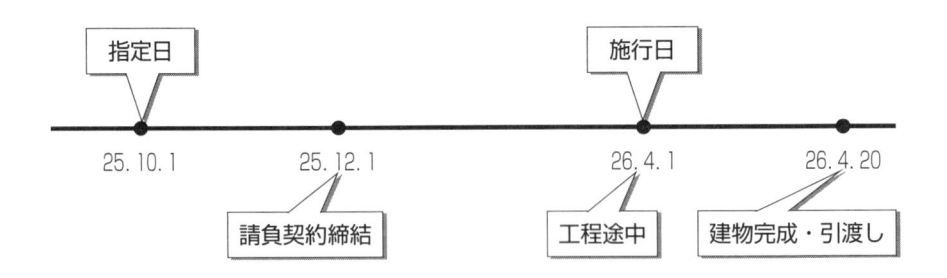

指定日		施行日	
25.10.1	25.12.1	26.4.1	26.4.20
	請負契約締結	工程途中	建物完成・引渡し

Ⅳ　課税庁との関係

Ans

　示談書において、「損害賠償金として」との文言を用いたとしても、本件示談金は損害賠償金としての性質を有するものとはいえず、交際費とみなされる可能性があります。

解説

① 示談金の性質

　工事完成基準のもとでは、請負契約の内容が建物の建設を目的とする場合、資産の譲渡等の時期はその目的物の全部を完成して相手方に引き渡した日となります（消基通9-1-5）。その建設工事の目的物の引渡しの日がいつであるかについては、作業を終了した日（作業結了基準）、相手方の受入場所へ搬入した日（受入場所搬入基準）、相手方が検収を完了した日（検収完了基準）、相手方において使用収益ができることとなった日（管理権移転基準）等、当該建設工事等の種類、性質、契約の内容等に応じ、その引渡しの日として合理的であると認められる日のうちで、事業者が継続して建設工事等が完了したものとする日とされます（消基通9-1-6）。

　本件では平成25年12月1日に請負契約を締結しているため、経過措置の適用はありません。そして、引渡時期に関し、管理権移転基準を採用しているため、工事すべてを完成させた上で請負代金の支払いを受け、鍵を引き渡した日が引渡日となり、その時点での消費税率が適用されることとなります。本件では、施行日以降となる平成26年4月20日に引渡しがなされている以上、8％の消費税が課せられることとなります。

　他方で、注文者からは、施行日である平成26年4月1日までに体裁だけでも整えて建物の鍵の引渡しはできたはずで、その場合には5％の消費税率が適用されたとの主張がなされています。

しかしながら、平成26年3月末頃には、いまだ工事は完成していなかった以上、たとえ鍵を引き渡したとの体裁だけを整えても、「その目的物の全部を完成して相手方に引き渡した」(消基通9-1-5)とはいえません。その後、工事がすべて完成し、請負代金全額が支払われた時点においての消費税率が適用されることとなるため、仮にそれ以前に建物の鍵だけが渡されていたとしても、結論は同じです。

　また、この時点では、引渡期限である平成26年4月20日は到来しておらず、それまでに引渡しを行わなかったことが債務不履行であるとはいえません。施行日である平成26年4月1日までに引き渡すよう努力するとの発言についても、請負契約書には引渡日が別途、明記されており、あくまでも工事をすべて完成させた上で引き渡すよう努めるとの発言に過ぎず、当事者間で引渡時期が別途、合意されていたと評価することもできません。

　このように、相談者としては何ら法的責任を負わない以上、たとえそれが損害賠償との認識で、「損害賠償金として」との文言を用いて示談したとしても、損害賠償金としての性質を有するものとはいえません。本件示談金は、一応事業に関連する費用であるといえるため、金銭その他の資産または経済的な利益の贈与または無償の供与として寄付金課税がなされる可能性は低いといえますが、交際費とみなされる可能性はあります。その場合には、一定額を超えて損金算入することはできません（資本金の額または出資金の額が1億円を超える法人の場合には全額損金不算入（租税特別措置法61の4））。

② 「損害賠償金として」との文言

　「損害賠償金として」との文言を用いて示談した場合であっても、上記のように、実態がそれに反する場合には、その実態に即した課税がなされます。逆に「和解金として」等の中立的な文言が用いられた場合であっても、その金員が損害を補填する趣旨で交付されるのであれば、損害賠償金としての性質を有することとなります。裁判上の和解における和解調書で

IV　課税庁との関係

あっても、民事訴訟上の和解は当事者の権利関係につき証拠調べが尽くされた上で形成されるとは限りません。いわゆる馴れ合い判決の場合も同様です。実質課税の原則の下、実体的な事実・権利関係を課税庁が認定した上で課税されるので注意が必要です。

Q26 税務職員による誤指導

申告に当たり消費税改正に関する点でわからないことがあったので、税務職員に相談し、指導内容に従って申告しました。ところがその後、税務署から連絡があり、説明内容が誤っていたとして修正申告をするように求められました。当社としては納得できないので、修正申告を拒絶したところ、この度、更正処分がなされました。以後、異議申立等を経て裁判となった場合に、更正処分が取り消される可能性はあるでしょうか。また、誤指導を理由とした損害賠償を請求する場合はどうでしょうか。

Ans

税務職員による指導は税務官庁による公的見解とはいえず、たとえ誤指導であったとしても、更正処分が取り消される可能性は低いといえます。また、国家賠償法に基づく損害賠償請求についても、漫然と誤った税務指導が行われたとの事情が認められない限り、賠償請求が認められる可能性は非常に低いといえます。

解説

1 更正処分取消訴訟

　異議申立、不服審判、更正処分取消訴訟では、課税庁による更正処分が、税務職員による従前の税務指導の内容を覆すものであり、著しく信義に反し違法であるとの主張により争うこととなります。

　これまでにも、同様の案件で税務訴訟が提訴されていますが、ことごとく納税者が敗訴しています。

　最高裁昭和62年10月30日判決では、「信義則の法理は法の一般原理であるが、租税法律主義の原則が貫かれるべき租税法律関係においては、右法理の適用については慎重でなければならず、租税法規の適用における納税者間の平等、公平という要請を犠牲にしてもなお当該課税処分に係る課税を免れしめて納税者の信頼を保護しなければ正義に反するといえるような特別の事情が存する場合に、初めて右法理の適用の是非を考えるべきものである」とした上で、誤指導の場合にこのような特別の事情があるといえるためには、「税務官庁が納税者に対し信頼の対象となる公的見解を表示したこと、納税者がその表示を信頼して行動したところ、後に右表示に反する課税処分により経済的不利益を受けたこと並びに右信頼及びこれに基づく行動につき納税者の責めに帰すべき事由がないことが必要」と非常に厳格な要件を要求しています。

　そして、名古屋地裁平成2年5月18日判決では、「信頼の対象となる公的見解の表示であるというためには、少なくとも、税務署長その他の責任ある立場の正式の見解の表示であることが必要」としています。

　したがって、税務職員が相談に応じて回答したというだけでは、「税務官庁が納税者に対し信頼の対象となる公的見解を表示した」とは認められません（東京高判昭和63年11月30日、千葉地判平成2年10月31日、那覇地判平成8年4月2日）。

なお、確定申告の納税相談等において、納税者から十分な資料の提出等があったにもかかわらず、税務職員等が納税者に対して誤った指導を行い、納税者がその指導に従ったことにより過少申告となった場合で、かつ、納税者がその指導を信じたことについてやむを得ないと認められる事由がある場合には、国税通則法第65条第4項の「正当な理由」に当たるとして、過少申告加算税は課されません。

② 国家賠償請求訴訟

では、誤指導を行った税務職員に注意義務違反があるとして、国家賠償法に基づく損害賠償請求を行う場合はどうでしょうか。

この点、税務署長が行った更正処分の違法性に関して争われた案件で、最高裁平成5年3月11日判決では、「税務署長のする所得税の更正は、所得金額を過大に認定していたとしても、そのことから直ちに国家賠償法1条1項にいう違法があったとの評価を受けるものではなく、税務署長が資料を収集し、これに基づき課税要件事実を認定、判断する上において、職務上尽くすべき注意義務を尽くすことなく漫然と更正をしたと認め得るような事情がある場合に限り、右の評価を受ける」と判示しており、ここでもかなり厳格な要件を要求し、実際の事実認定や上記判断基準への事実のあてはめにおいても厳格な姿勢が貫かれています。

なお、東京高裁平成21年9月29日判決では、最終的には損害との間に相当因果関係がないとして納税者の請求自体は棄却したものの、税務職員が誤った指導を行ったことに関し注意義務違反を認めています。外国法人から付与されたストックオプションを行使して利益を得た納税者が、税務職員の指導に従い一時所得として申告、納税したところ、後に給与所得が正しい申告であったとして更正処分を受け、延滞税等の損害が生じたとして国に対し国家賠償法に基づく損害賠償請求を求めた事案です。

この判決で特徴的なのは、一時所得か給与所得かという明確な論点で

あったこと、納税者において十分な資料を税務職員に提出していたこと、指導当時には通達の定めはなかったものの課税庁の職員が執筆した多くの文献で給与所得であるとの解説がなされていたこと、説明当時、課税庁の見解は給与所得で統一されていたこと（国税局職員の陳述書）等の事実関係のもとで、当該税務職員は、これら文献等を何ら調べることなく、また電話にて国税局へ問い合わせれば容易に回答を得ることができたにもかかわらず、そのようなことさえ行わずに、自己の見解のみに基づいて誤った指導を行った、ということです。

このような特殊事情ゆえに、上記東京高裁平成21年9月29日判決では当該税務職員の注意義務違反を認めたものであり、上記最高裁平成5年3月11日判決の基準自体には何ら変更はありません。

したがって、このような特殊事情がない限り、漫然と誤った税務指導を行ったとの認定がなされるケースは非常に少ないものと考えられます。

Ⅴ 税制改正に関する税理士の依頼者に対する責任と対応策

　税理士は税務に関する専門家として、納税義務者の信頼にこたえ、納税義務の適正な実現をはかることを使命とする専門職である以上（税理士法1）、納税者から税務書類の作成や税務申告の代行を委任され、税務相談を受けたときは、委任の趣旨に従い、専門家としての高度の注意をもって委任事務を処理する義務を負います。

　消費税、その他関連法令等が改正された場合であっても、税理士がその委任の趣旨に従った業務を適切に行う必要があることに何ら変わりはありませんが、時代の変遷に伴い、税理士に求められる役割、責任に関し、裁判所の判断はより厳格な方向に推移しているといえます。

　過去の判例では、依頼された個別的な申告手続代行についてのみ善良な管理者としての注意義務を負うに過ぎないとし、依頼者の租税に関してあらゆる有利を計らなければならない準委任上の義務を負うものではないとして（岐阜地大垣支判昭和61年11月28日）、税理士の役割を極めて限定的に解釈していました。そのため、税理士が依頼者に対して節税案を提案することまでは特段求められていませんでした。

　しかしながら、近年、法令に適合した適切な申告をすべきことは当然であり、それ以上に、「法令の許容する範囲内で依頼者の利益を図る義務」（東京高判平成7年6月19日）や、「できる限り節税となりうるような措置を講ずべき義務」（東京地判平成7年11月27日）が税理士にはあるとする判決が出されています。

　さらに、税理士が依頼者に対し、申告手続等を離れ、積極的に節税案を提案する場合においても、東京地裁平成10年11月26日判決は、税理士は

「租税立法、通達及び課税実務等について専門的知識を有するのであるから、右立法の趣旨に反せず、課税実務において認められる内容の相続税対策を考案」する義務があるとしています。

　上記東京高裁平成7年6月19日判決は、税理士が無償で相続税の修正申告（期限後申告）手続を受任するに当たり、相続税の延納許可申請をするかどうかの話が依頼者からなかったため、延納許可申請に関する助言、指導を税理士が行わなかったという事案です。遺産総額が10億円を超えており、相続税の総額も2億円強であったにもかかわらず、修正申告書を提出した日に相続税全額を納付できるかどうか依頼者に確認せず、そのため延納の許可申請がなされず、附帯税の額に大きな差が生じたというものです。

　1審の横浜地裁平成6年7月15日判決は、委任契約には延納許可申請手続は含まれていないとして依頼者の請求を棄却しました。しかし、控訴審である本件判決は、「納付についての指導、助言を行うことは、本件の事情のもとにおいては、単なるサービスというものではなく、相続税の確定申告に伴う付随的義務であり、この懈怠については債務不履行責任を負う」とし、委任を受けた相続税の修正申告手続だけでなく、申告に伴う納付についても助言、指導をしなければならないとしました。

　この点、弁護士は依頼者に対し、委任事項に関連する依頼者の利益に関わるもので、通常、弁護士として想定しておかなければならない留意事項については助言等しなければなりませんが、それと同様の義務が税理士にも認められたといえるでしょう。

　以上の判例の考え方を前提に、消費税改正、優遇税制等に絡んだ節税案や否認されるリスクのある節税案を提案した税理士の責任、情報収集義務、その他税理士の責任の免責に関する論点について、以下、解説していきます。

税理士の職務責任に関するQ&A

Q27 節税案・否認されるリスクのある節税案を提案した税理士の責任

消費税改正、及び消費税改正に絡んだ優遇税制等に関する節税案、否認されるリスクのある節税案を依頼者に提案するに当たり税理士として注意すべき事項を教えてください。

Ans

依頼者にとって有利となるいくつかの選択肢（節税案）がある場合には、特別の事情がない限り、法令等の範囲内においてより依頼者にとって利益となる選択肢を選択すべき義務が税理士にあります。否認されるリスクのある節税案については、十分な調査、分析、検討を行った上で、当該節税案が相当な合理性と必要性を有していることが必要で、課税当局の見解等に鑑み、将来否認される可能性がどの程度あるのかを見極め、仮に否認される可能性がないと判断した場合であっても、最低限、否認された場合のリスクについては依頼者に、十分に、かつ具体的に説明する義務があります。

解説

① 節税案の提案

節税とは、租税法規が予定しているところに従って税負担の減少をはかる行為をいいます。税理士が、法令、通達により認められている範囲内での合法的な方策、すなわち節税案を提案、推奨することは何ら問題があり

ません。

　むしろ、税理士としては、依頼者にとって有利となるいくつかの選択肢がある場合には、法令等の範囲内においてより依頼者にとって利益となる選択肢を選択した上で説明すべき義務を有しているといえます。

　この点、東京地裁平成9年10月24日判決でも、「税理士は、税務の専門家として、納税義務者から税理士業務を依頼された場合には、特別の事情がない限り、租税関係法令に適合した範囲内で依頼者にとってより有利な税理士業務の遂行を選択すべき義務がある」と判示しています。なお、「特別の事情」として、税理士業務を特定の方法で遂行することを指定されたとき、特定の税理士業務のみを独立に指定して依頼されたとき、または納税義務者にとってより有利な途を選択することに何らかの困難、弊害が伴うときを例示として挙げています。

　したがって、このような特別の事情がない限り、租税関係法令に適合した範囲内で依頼者にとってより有利な税理士業務の遂行を選択すべき義務を負います。

② 否認されるリスクのある節税案の提案

　他方、否認されるリスクのある節税案を提案することが直ちに許されない行為であるともいえません。というのも、個々の事案によっては、課税実務において認められる内容の節税案なのかそうでないのかが明確に区別できない場合も多々あり、仮に後者であると解釈された場合であっても、個別にそれを禁止する租税法規が存在しない限り、租税法律主義の観点からは、安易に拡張解釈、類推解釈がなされたり、歪曲した事実認定によって否認されるべきではないからです。

　この点、最高裁平成23年2月18日判決（いわゆる「武富士事件」）においても、「明確な根拠が認められないのに、安易に拡張解釈、類推解釈、権利濫用法理の適用などの特別の法解釈や特別の事実認定を行って、租税回

避の否認をして課税することは許されないというべきである。そして、厳格な法条の解釈が求められる以上、解釈論にはおのずから限界があり、法解釈によっては不当な結論が不可避であるならば、立法によって解決を図るのが筋である」との補足意見が述べられています。

このように、否認されるリスクのある節税案といっても、許容されるものとそうでないものとの境界線は必ずしも明確ではありません。そのため、問題となる節税案が適法か否かという判断は、個別案件ごとに具体的に検討せざるを得ません。

そこで、以下、税理士が否認されるリスクのある節税案を提案するに当たり、共通して留意すべき事項について検討します。

まず、法令、通達、文献等に当たるなど専門職業人としての標準的な税理士が通常行うような調査、分析、検討を行っていれば、問題となる節税案が否認されることを容易に判明しえたような場合には、そのような調査、分析、検討を怠ったこと自体が善管注意義務違反として責任追及されることとなります。

次に、同様または類似の節税案に関し、既に租税当局から否認される旨の情報が出回っていた等、将来的に税務当局から否認されるおそれがあることを税理士自身が予見できたような場合には、当該状況において当該節税案を提案したこと自体が過失ありと認定される危険性があります。

この点、相続税に関する節税案を提案した税理士に損害賠償責任を認めた東京地裁平成10年11月26日判決は、「(税理士が) 考案した本件相続税対策は、租税立法の趣旨を大きく逸脱しており、課税実務上、到底認めがたいものであること、右対策が考案されたころには、いわゆる節税商品については、形式的に通達に従っていても税務当局から否認される流れが出始めていたこと、(当該税理士を代表者とするコンサル会社に勤めていた) 税理士のうち2名が右相続税対策は税務当局に否認されるリスクがあると考え退職したこと、(当該税理士) 自身も本件株式の購入価額と配当還元方式による評価額に差異がありすぎたことを自認していることなどからすれ

ば、(当該税理士において)右対策が税務当局から否認されるおそれがあることは十分に予見することが可能であったというべきであり、それにもかかわらず、前記注意義務に反して課税実務において否認されるような本件相続税対策を考案し、これをもって自己が経営する会社等を介して税務相談をさせたことについて過失が認められる」(カッコ内は筆者による)と判示しています。

さらに、過去において否認の実例もなく、いまだ税務当局から否認される旨の情報も出回っていないなど、同様もしくは類似の節税案に関し、将来的に税務当局から否認されるおそれがあることを予見できなかったような場合であっても、当該節税案の内容、否認されるべきでないとする根拠、否認リスクの程度、否認された場合に依頼者が被る不利益、損害等について正確かつ適切な情報、分析をもとに依頼者に十分な説明を行わなかった場合には、説明義務違反として責任追及される可能性があります。

③ 対応策

以上からいえることは、否認されるリスクのある節税案を提案するに当たり、法令、通達、文献等に当たるなど専門職業人としての標準的な税理士が通常行うような調査、分析、検討を行った上で、当該節税案が相当な合理性と必要性を有することが最低限、必要といえます。そして、同様または類似の節税案に関する課税当局、税理士会、その他関係機関の見解等をもとに、将来否認される可能性がどの程度あるのかを見極めることになります。なお、具体的事案によっては事前に課税庁に確認すべき義務が税理士に認められることもあるので注意が必要です(大阪高判平成10年3月13日)。

これらすべてについて問題がないと判断した場合であっても、当該節税案の内容、否認されるべきでないとする根拠、否認リスクの程度、否認されるとした場合に想定される課税庁の理論構成、否認された場合に依頼者

が被る不利益（税務調査、更正処分、過少申告加算税の賦課等）、損害等に関し、正確かつ適切な情報、分析をもとに、依頼者が十分理解できる程度に具体的に説明を行う必要があります。その上で、依頼者の真の決断によってなされたといえる場合には、税理士の責任が問われる可能性はかなり低いものになると考えられます。

Q28 税理士の情報収集義務

消費税申告業務を遂行するに当たり、消費税率の適用時期に関する事実関係について依頼者への質問を尽くしたものの、受領した資料や依頼者からの説明だけでは十分に事実関係を把握できずに疑問点が残ったままです。このような状況であっても、把握できた範囲内での情報を前提に、業務を遂行すれば足りるでしょうか。それともそれ以上に税理士が積極的に調査を尽くす義務まであるのでしょうか。

Ans

情報収集に関し実効的かつ容易に確認する手段があるにもかかわらず、それを漫然と怠った場合には、善管注意義務違反として損害賠償責任を負う可能性があります。

解説

① 税理士の情報収集義務

税理士が業務遂行のために必要となる情報については、帳簿等の記録調査、依頼者との打合せ等によって収集していくこととなりますが、調査、

質問を尽くしたものの、それだけでは十分な事実関係を把握できず疑問が残った場合に、それ以上に税理士が情報収集義務を負うかどうかが問題となります。

　この点、消費税に関する事案ではないものの、京都地裁平成7年4月28日判決が参考となります。確定申告等を依頼された税理士が、本件建物は過去に他の土地を売却して入手した旨の説明を依頼者から受けていたにもかかわらず、その際に買換え特例の対象としたか否かについて調査せず、取得価格を実際の購入価格で申告したため、事後的に修正申告を余儀なくされ、延滞税、過少申告加算税等の損害が生じたという事案で、裁判所は、税理士に調査義務違反があったと認定しました。

　同判決は、当時、税理士からの求めがあれば、税務職員としては過年度の申告書類の閲覧を許可していたとの事実関係を前提に、「税理士は、依頼者からの事情聴取で生じた疑問点については、課税庁に出向いて過年度の申告書類の閲覧を求め、拒否された場合には、少なくとも疑問点を特定して質問し、回答を求めなければならない」と判示しています。

　この判決では、申告書類の閲覧が比較的容易に可能であったことを前提としており、その点、当時、実際にそうであったかについて疑問の余地がありますが、少なくとも現在では、申告書作成に当たり過去に提出した申告書等の内容を確認する目的であれば、申告書等閲覧サービスによって閲覧が可能との運用がとられているため、比較的容易に過去の申告書等の調査、確認ができるといえます。

　また、大阪高裁平成8年3月15日判決は、相続財産である土地が市街化区域内にあるのか市街化調整区域内にあるのかによって課税価格が大きく異なるにもかかわらず、相続財産である土地がいずれの区域内にあるのかを調査、確認しないまま過少申告した税理士に善管注意義務違反を認めています。

　この判決では、市役所で販売されている都市計画図を見るか、所轄の税務署において尋ねることで、いずれの区域内にあるのか把握できたこと、

しかもこれら調査、確認が極めて容易であったことを前提に、それを怠った税理士の責任を認めています。

これら2つの判決からは、依頼者から入手した情報だけでは業務を適切に遂行することができない状況であっても、残る疑問点を解明するに当たり実効的かつ容易に行える調査手段、確認手段がある場合には、そのような調査手段によって対象となる情報を収集すべきであり、それを怠った場合には、税理士の善管注意義務違反が認められるとの結論が導かれます。

② 今後の対応策

そのため、今後の対応策としても、税理士として当然気づかなければならないポイントとなる事項に関しては、依頼者から曖昧な説明しかなされず、資料も開示されない場合であっても、当該重要事項に関してさらに突っ込んだ質問を行い、もしくは関連する資料の開示を求めることは当然に必要となります。

それでも明らかにならない場合であっても、当該疑問点・不明点を解明するに当たり実効的かつ容易に行える調査手段、確認手段がある場合には、そのような調査、手段によって対象となる情報を収集する必要があります。

Q29 免責約款がある場合の情報収集義務

税理士の情報収集義務については理解しましたが、例えば依頼者との委任契約書等に、「委嘱事案の処理に必要な書類、帳簿及びその他の資料は、委嘱者（依頼者）において一切取り揃えるものとする。これらの資料の不備に起因して生じる委嘱事案の瑕疵は委嘱者の責任である」との免責条項を記載した場合はどうでしょうか。

Ans

そのような免責条項を記載した場合でも、税理士は依然として情報収集義務を負います。

解説

① 免責約款の効力について

税理士は、法令の許容する範囲内で依頼者の利益をはかる義務があるとされていますが、免責条項を委任契約書等に記載することで、依頼者自身が税理士の情報収集義務を免除した場合には、それ以上に税理士が情報収集義務を負う余地はないとも考えられます。

この点に関し、京都地裁平成7年4月28日判決では、「(免責約款があったとしても)税理士は、税務に関する専門家として、依頼者の信頼に答え、租税に関する法令に規定された納税義務の適正な実現を図るために、誠実に職務を行う義務があり(税理士法第1条参照)、指導、助言及び税務申告代行にともなう税務書類作成の際には、十分に依頼者である納税者の経済活動を把握して、納税者の税務申告が適切に行われ、納税者の財産権等の利益が害されないように配慮し、その事務を遂行しなければならない」(一部カッコ内は筆者による)と判示しました。

この判決では、免責条項があるにもかかわらず税理士の責任を認めた根拠について明らかにしていませんが、依頼者の説明、提出書類だけでは十分に事実関係を把握できない局面が多いなかで、税理士においてそれ以上、調査を尽くさないとの合意の有効性を一般的に求めることは、納税義務の適正な実現をはかるという税理士の使命(税理士法1)放棄を認めるに等しいとの価値判断に基づいているといえます。

加えて、「委託契約書は(当時の)大阪税理士会が発行している税理士

業務必携に記載されている契約書のモデルそのままのものである」と判示しているように、税理士、依頼者いずれもが、当該免責条項を十分に認識した上で締結したかどうかについて定かではないことも理由の1つに挙げられるでしょう。

② 対応策について

　上記のとおり、判決は、免責条項が付されていたとしても税理士が責任を負う範囲には変わりはないとの見解に立っています。実務上も、そのような判断を前提とせざるを得ないでしょう。

　もっとも、上記判決は、一般的に使用されているモデル契約書において、その対象に何ら絞りをかけない免責条項が付された場合に、税理士の情報収集義務が免責されないことを示したとも解釈できます。そのため、不明な事実関係を特定した上で、当該事実についてのみ情報収集義務を免責する旨の合意がなされた場合には、収集対象となる情報の内容、入手の難易度、免責特約が付されるまでに税理士が尽くした調査の有無、範囲、程度、依頼者への説明、免責条項に関する理解の程度等を総合的に考慮した上で、当該免責合意が有効と判断されることもあります。ただし、その場合であっても事業者でない依頼者との間において、税理士による債務不履行または不法行為により生じた損害賠償責任を全部免除するような条項を設けた場合には、消費者契約法第8条第1項第1号・第3号により当該条項は無効とされます。また、税理士による債務不履行または不法行為により生じた損害賠償責任を一部免除する条項であっても、税理士に故意・重過失が認められた場合には、消費者契約法第8条第1項第2号・第4号により当該条項は無効となります。

Q30 税務職員の誤った説明に従い申告した場合

依頼を受けた税務申告に当たり、消費税改正の詳細についてどうしても不明な点があったため、所轄税務署の職員に相談し、説明を受けました。かかる説明に従って税務申告をしたところ、その後、説明内容が誤っていたとして依頼者が更正処分を受けました。このような場合であっても、税理士の善管注意義務違反として依頼者から損害賠償責任を追及されるのでしょうか。

Ans

たとえ税務職員から教示された説明内容が間違いであったとしても、その説明どおり申告した場合には、税理士の善管注意義務違反が認められ依頼者が被った損害を損害しなければなりません。

解説

① 所轄税務署の教示に従った場合の税理士の責任

税理士は、その業務を遂行するに当たり、難解かつ膨大な租税法及び通達等を精査、検討しなければならず、明確な解釈が導きだせないことも多々あります。特に税制改正直後は、その解釈や運用についても明確に述べられた文献等が少ないといえ、税務職員による教示内容に頼らざるをえない場合も多々想定されます。

この点、税理士の責任を認めた神戸地裁平成5年11月14日判決では、税務署の担当官から法令の解釈として誤った教示を受けた結果、税理士もそのように信じたとの反論に対し、「仮にそのような事実があったとしても、税理士としての租税に関する法令に精通すべき職務上の義務を何ら軽減するものではな」いと判示しています。そして、所轄税務署の教示の有無

は、税理士の善管注意義務に何の影響も与えない旨明言しています。

2 公的見解

　税務職員の判断については公的見解であると認識してしまいそうですが、裁判例としては、「信頼の対象となる公的見解の表示であるというためには、少なくとも、税務署長その他の責任ある立場の正式の見解の表示であることが必要」としています（名古屋地判平成2年5月18日）。

　税務職員の執筆・監修による書籍についても、個人の責任において書かれたものであり、課税当局の見解を公的に表明したものではないといわれています。

　また、国税庁の公表する質疑応答事例については、公的見解といえますが、納税者の個別事例に関して限定的に触れられているものであり、類似する事例であっても、その取引に係る事実関係等に応じて回答の内容と異なる旨の免責文言が末尾に記載されています。

VI 下請法・優越的地位の濫用に関連する留意点

1 消費税率引上げに伴う下請法・独占禁止法違反行為

　平成9年の消費税率の引上げの際に、下請事業者に対して、消費税率引上げ分相当額を実質的に負担させるなど、消費税の不当な転嫁事例があったことを踏まえ、内閣は、今回の消費税率の2段階引上げに際し、消費税を円滑かつ適正に転嫁することを目的として、「消費税の円滑かつ適正な転嫁等に関する対策推進本部」を設置、平成24年10月26日、「消費税の円滑かつ適正な転嫁・価格表示に関する対策の基本的な方針（中間整理の具体化）」を決定しました。

　そもそも、消費税は、製造から消費に至るまでに介在する各事業者において、順次、消費税負担が転嫁され、最終的には消費者が負担することを予定している税です。そのため、取引業者間において、立場の強い業者が、立場の弱い業者に対し、消費税率引上げに伴う様々な負担を強いる行為は、不当な転嫁行為と評価され、下請代金支払遅延等防止法（いわゆる「下請法」）違反や、優越的地位の濫用として独占禁止法違反に該当する可能性があります。

　そこで本節では、下請法及び優越的地位の濫用の適用場面・法制度について概説した上で、Q&Aにおいて、消費税率の引上げに関連して予想される下請法違反あるいは優越的地位の濫用事例を検討していきます。

2　下請法

　下請法は、「親事業者」(立場の強い業者)と「下請事業者」(立場の弱い業者)との間の取引に適用される法律であり、下請事業者保護の観点から、親会社に対し、一定の行為をするよう義務を課し、また、一定の行為することを禁止する法律です。

　下請法の適用対象となる取引類型は、物品の製造委託・修理委託、情報成果物委託、役務提供委託に関する取引です（下請法2参照)。

　公正取引委員会及び中小企業庁は、下請法上定義される「親事業者」に下請法違反の疑いがある場合、親事業者の保存している取引記録の書面調査や立入検査を行うことができます（下請法9①②)。親事業者がこれらの検査を拒否した場合や、下請法が要求している書面を保存していない場合には、50万円以下の罰金が課せられます（下請法10～12)。

　また、公正取引委員会は、下請法違反であると判断した場合、不当減額分を下請事業者に返還するなど、下請事業者の利益を保護するために必要となる措置をとるよう親事業者に対し勧告することができます（下請法7)。

親事業者・下請事業者の定義（下請法2①～⑧)

a. 物品の製造・修理委託及び政令で定める情報成果物作成・役務提供委託

親事業者	下請事業者
資本金3億円超	資本金3億円以下　(個人を含む)
資本金1,000万円超3億円以下	資本金1,000万円以下　(個人を含む)

※　政令で定める情報成果物……プログラム
※　政令で定める役務……………運送、物品の倉庫における保管、情報処理

b．情報成果物作成・役務提供委託（政令で定めるものを除く）

親事業者	下請事業者
資本金5,000万円超	資本金5,000万円以下（個人を含む）
資本金1,000万円超5,000万円以下	資本金1,000万円以下（個人を含む）

※　公正取引委員会「下請法の概要」を参考に作成。

　消費税率引上げに伴って、親事業者の行為が下請法違反となり得る事例に関しては、平成9年に消費税率が3％から5％に引き上げられた際に公正取引委員会が作成した、「消費税率の引上げ及び地方消費税の導入に伴う転嫁・表示に関する独占禁止法及び関係法令の考え方」の「第2　消費税率の引上げに伴う下請取引の適正化に関する下請法の考え方」が参考になるので、以下、当該の部分を紹介します（なお、「適用日」とは平成9年4月1日を意味します）。

公正取引委員会「消費税率の引上げに伴う下請取引の適正化に関する下請法の考え方」（抄）

(1)　受領拒否（下請法第4条第1項第1号）
　ア　引上げ後の消費税率（以下「新税率」という。）適用日以後の課税仕入分として税額控除の対象となるようにするため、新税率適用日前であった納期を新税率適用日以後に変更すること
　イ　自己の取引先との間で新税率適用日以後の単価交渉がまとまらないことを理由に、納期を延期し、または発注を取り消すこと
(2)　下請代金の支払遅延（下請法第4条第1項第2号）
　ア　新税率適用日以後の課税仕入分として税額控除の対象となるようにするため、新税率適用日前に納入されたものを新税率適用日以後に納入されたものとして取り扱うことにより、下請代金を支払期日の経過後に支払うこと

イ　新税率適用日前に納入されたものを帳簿上返品し、新税率適用日以後再度納入があったものとして取り扱うことにより、下請代金を支払期日の経過後に支払うこと
(3)　**下請代金の減額（下請法第4条第1項第3号）**
　　ア　自己の取引先に消費税率の引上げ分相当額を転嫁できないことなどを理由として、下請代金から消費税率の引上げ分相当額の全部又は一部を差し引いて支払うこと
　　イ　自己の取引先から消費税率の引上げ分相当額の支払がなかったことなどを理由として、既に支払った消費税率の引上げ分相当額の全部又は一部を次に支払うべき下請代金の額から減額すること
　　ウ　消費税率の引上げに伴い社内事務等に要した費用の一部を、消費税率の引上げの負担金などとして、下請代金から差し引くこと
　　エ　消費税率の引上げ分相当額の下請代金の額の引上げを行ったことなどを理由として、下請代金の端数を1円以上の単位で切り捨てて支払うこと
(4)　**不当返品（下請法第4条第1項第4号）**
　　ア　新税率適用日前に納入された在庫分を新税率適用日以後に引き取るとの約束を付して返品すること
　　イ　自己の取引先との間で新税率適用日以後の単価交渉が難航し、取引先への納入が順調でないとして返品すること
(5)　**買いたたき（下請法第4条第1項第5号）**
　　消費税率の引上げに際して、新税率適用日以後の下請代金の額は、新税率適用日前の下請代金の額に消費税率の引上げ分相当額を加えた額となります。
　　したがって、以下のような行為は合理的な理由がない限り買いたたきに当たるおそれがあります。
　　ア　新税率適用日以後の下請代金の額について、新税率適用日前の下請代金の額に消費税率の引上げ分相当額を加えた額を下回って定めること
　　イ　新税率適用日以後の下請代金の額について、新税率適用日前のまま据え置き、消費税率の引上げ分相当額を上乗せしないこと
　　ウ　本体価格を一律に一定比率で引き下げることなど、消費税率の引上げを理由に新税率適用日以後の本体価格を引き下げること

なお、前記のとおり、下請事業者が免税事業者であっても、消費税率の引上げにより、仕入れ等において負担が増加しているため、それを考慮に入れて、下請事業者と十分話し合った上、下請代金の額の決定を行う必要があります。

(6) 購入強制（下請法第4条第1項第6号）
　ア　自社商品を購入することなどを条件として、下請代金の消費税率の引上げ分相当額の引上げに応じること
　イ　自社商品を購入しなければ消費税率の引上げに伴う下請代金の額の引上げに当たって不利な取扱いをする旨を示唆して購入を要請すること

(7) その他
　消費税率の引上げに際して、上記の他に、親事業者が下請事業者との取引において、不当に取引を拒絶すること、役務の提供を強制すること、取引条件を不当に不利益となるように変更することなどは独占禁止法上問題となるおそれがあります。

3　優越的地位の濫用

　優越的地位の濫用とは、「私的独占の禁止及び公正取引の確保に関する法律」（独占禁止法）において、以下のとおり定義される行為をいいます（独占禁止法2⑨五）。

独占禁止法第2条第9項第5号（優越的濫用の定義規定）　　　※　太字は筆者

> 五　自己の取引上の地位が相手方に優越していることを利用して、正常な商慣習に照らして不当に、次のいずれかに該当する行為をすること。
> 　　イ　継続して取引する相手方（新たに継続して取引しようとする相手方を含む。ロにおいて同じ。）に対して、当該取引に係る商品又は役務以外の商品又は役務を購入させること。
> 　　　　⇒　**購入・利用強制**

> ロ　継続して取引する相手方に対して、自己のために金銭、役務その他の経済上の利益を提供させること。
> 　⇒　**不当な経済上の利益の提供要請**
> ハ　取引の相手方からの取引に係る商品の受領を拒み、取引の相手方から取引に係る商品を受領した後当該商品を当該取引の相手方に引き取らせ、取引の相手方に対して取引の対価の支払を遅らせ、若しくはその額を減じ、その他取引の相手方に不利益となるように取引の条件を設定し、若しくは変更し、又は取引を実施すること。
> 　⇒　**受領拒否、返品、支払遅延、支払代金の減額、その他不利益な取引条件変更**

　要するに、優越的地位の濫用とは、優越的な地位に立つ者が、優越的な地位を利用して、取引先業者に上記のような不当な行為を強いることをいいます。

　優越的地位の濫用に該当する場合、公正取引委員会は、排除措置（独占禁止法20）や課徴金の納付（独占禁止法20の6）を命じることができます。

　この点、下請法と優越的地位の濫用がいずれも適用可能である場合に、いずれを優先適用すべきかという問題が生じますが、一般的に、下請法が優先適用されると考えられています（下請法8参照）。

　もっとも、下請法第7条に基づく勧告が出されたにもかかわらず、これに従わなかった場合には、公正取引委員会は、優越的地位の濫用に該当する場合の制裁措置である排除措置（独占禁止法20）や課徴金の納付（独占禁止法20の6）を命じることができるので注意する必要があります（下請法8参照）。

　では、逆に、下請法の適用がなく、優越的地位の濫用のみを検討すべき場面というのは、どのような場合でしょうか。

　1つは、下請法の適用対象となる取引類型以外の取引の場合です。下請法は、物品の製造委託・修理委託、情報成果物委託、役務提供委託に関す

る取引を適用対象としているので、これら以外の取引類型、例えば、継続的売買契約の場合には、優越的地位の濫用を検討すべきことになります。

もう1つは、ある取引が、下請法が適用対象とする「親事業者」「下請事業者」間の取引には該当しないものの、取引先との関係で優越的な地位に立つといえる場合です。

下請法では、資本金の大小によって、「親事業者」「下請事業者」の該当性を判断しますが、資本金が小さくても、取引先との関係で優越的な地位にあるといえる場合があり得ます。そのような場合には、下請法ではなく、優越的地位の濫用を検討すべきことになります。

なお、ある業者が取引上、優越的地位にあるかどうかについては、「当該納入業者にとって当該小売業者との取引の継続が困難になることが事業経営上大きな支障を来すため、当該小売業者の要請が自己にとって著しく不利益なものであっても、これを受け入れざるを得ないような場合であり、その判断に当たっては、当該小売業者に対する取引依存度、当該小売業者の市場における地位、販売先の変更可能性、商品の需給関係等を総合的に考慮」することとなります（公正取引委員会「総額表示方式の実施に伴う優越的地位の濫用及び下請法に関するQ&Aについて」）。

また、消費税率の引上げに伴って、優越的地位の濫用と評価される具体例としては、下請法のところで紹介した公正取引委員会「消費税率の引上げに伴う下請取引の適正化に関する下請法の考え方」と同様に考えることができます。

つまり、上記に例示列挙されている行為を行う場合には、たとえ下請法の適用対象外であるとしても、さらに優越的地位の濫用に該当しないかを検討する必要があるということになります。

4 特殊指定

　特殊指定とは、公正取引委員会が、特定の事業分野について、独占禁止法上の「不公正な取引方法」の具体内容を指定した告示です。

　特殊指定には、①「新聞業における特定の不公正な取引方法」（新聞業特殊指定）、②「特定荷主が物品の運送又は保管を委託する場合の特定の不公正な取引方法」（物流業特殊指定）、③「大規模小売業者による納入業者との取引における特定の不公正な取引方法」（大規模小売業特殊指定）の3つがあります。優越的地位の濫用は、「不公正な取引方法」の1類型であり、特殊指定においても優越的地位の濫用は禁止されています。

　これらの特殊指定の違反行為が認められる場合、公正取引委員会は、排除措置を命じることができます。他方、課徴金については、特殊指定のなかに明記されていませんが、特殊指定違反と同時に、一般的な優越的地位の濫用の成立要件も満たす場合には、独占禁止法第20条の6に基づく課徴金納付命令を免れるわけではありません。

　また、下請法と特殊指定の関係については、下請法と一般的な優越的地位の濫用の関係と同様に、下請法が優先適用されるものの、下請法第7条に基づく勧告が出されたにもかかわらず、これに従わなかった場合には、公正取引委員会は、排除措置（独占禁止法20）や、課徴金の納付（独占禁止法20の6）を命じることができると解釈される余地があるので注意が必要です。

5 消費税の円滑かつ適正な転嫁・価格表示に関する対策の基本的な方針

　本節の冒頭でも紹介しましたが、内閣は、今回の消費税率の2段階引上

げに際し、消費税を円滑かつ適正に転嫁することを目的として、消費税の円滑かつ適正な転嫁等に関する対策推進本部を設置し、平成24年10月26日、「消費税の円滑かつ適正な転嫁・価格表示に関する対策の基本的な方針（中間整理の具体化）」を決定しました。

同基本方針には、①各業界の所管省庁に消費税の転嫁拒否等をされた事業者の相談窓口を設置する、②消費税の転嫁拒否等の行為を取り締まるとともに被害者の救済をはかるため独占禁止法・下請法の特例となる立法措置を講ずる、といった内容が記載されています。

さらに、同基本方針によれば、上記の独占禁止法・下請法の特例となる立法措置には、以下の事項を含む予定であるとのことです。

- 全国各地からの転嫁拒否等に関する電話相談、メール相談に対応する政府共通の相談窓口として、消費税価格転嫁等総合相談センター（仮称）を内閣府に設置することとし、そのための内閣府設置法の改正を行う。
- 各業者の所管省庁が転嫁拒否事案等について書面調査等による情報収集や調査を実施し必要な指導を行う。
- 経済産業省（中小企業庁）及び各業者の所管省庁は指導に従わない事業者について公正取引委員会に対して措置請求を行う。
- 転嫁拒否等をされた事業者の対面相談に応じるため、各業界の所管省庁に相談窓口を設ける（相談窓口は本省等だけでなく、地方部局にも設ける）。
- 転嫁拒否等をされた事業者からの相談内容に応じて転嫁対策調査官（仮称）の調査につなげられるよう、相談窓口と転嫁対策調査官との連携を確保する。
- 公正取引委員会は違法行為があると認める場合には、転嫁を拒否した税額分等を被害者に支払うことその他必要な措置をとるよう勧告・公表する。
- 公正取引委員会及び経済産業省（中小企業庁）は、違法行為を効果的

に摘発するために、特別調査を平成25年度から実施する。平成26年度以降は、各業者の所管省庁とともに、平成元年導入時及び平成9年の引上げ時を大幅に上回る規模の書面調査を実施する。
- 公正取引委員会は、大規模小売店等への納入取引に係る大規模な書面調査を実施する。

このように、今回の消費税率の引上げに伴う、下請法違反ないし独占禁止法違反行為に対する取締りは、過去の消費税率の引上げ時の教訓を踏まえて、主に運用面において大幅に強化される予定であり、消費税率引上げに伴う下請事業者に対する行為には、十分に注意を払う必要があります。

下請法・独占禁止法上の留意点に関する Q&A

Q31 消費増税に伴う下請法違反事例

　当社は、自社ブランドの食品・雑貨類の製造・販売を行っている会社（資本金3億円）です。当社ブランドの商品の中には、A社（資本1,000万円）に製造委託をしている商品Xがあります。A社とは、平成25年12月1日に、商品Xの製造委託契約を締結し、税込単価50円で商品Xを納品してもらうことを合意しました。

1　A社が使用する原材料の相場が若干値下がりしていることを踏まえ、当社としては、消費増税の施行日以降も、これまでどおり税込単価50円で商品の納入してもらおうと考えています。しかし、A社からは、消費税率8％の施行日以降の納入分については、税込単価51円に、消費税率10％の施行日以降の納入分は税込単価52円にしてほしいと要望されています。このまま、新単価の交渉がまとまらない場合、当社は、当初の合意どおり、税込単価50円を支払えば問題ないでしょうか。

2　当社とA社は、消費税率8％の施行日以降は、商品Xの税込単価を51円とすることで合意しましたが、消費税率5％時に大量に商品Xの仕入発注をし、納入を受けてしまったために、売れ残り在庫が大量に生じる見込みです。そこで、当社は、商品Xの一部を、帳簿上、A社に返品して消費税8％の施行日以降に再度、納入したこととし、A社に対しては、税込単価51円とする代わりに代金支払時期の延期を要請しようと考えています。A社に対し、このような要請をすることに下請法上、問題はあるでしょうか。

3　また、2の場合に、A社に対し、発注はしたものの、いまだ納品されていない商品については、当社倉庫への納品をストップするよう指

示を出すことを考えていますが、問題ないでしょうか。
4　当社商品は、客先に未出荷の商品については、消費増税に伴い、当社において、包装に表示している税込価格を改訂する必要があります。とりあえず、新たな税率に基づく税込価格を表示したシールを貼り付けようと考えていますが、商品Xについては、この貼付作業を、A社の社員に倉庫に来てもらい、手伝ってもらおうと考えています。このような依頼をすることに問題はないでしょうか。

Ans

　物品の製造委託・修理委託、役務提供委託、情報成果物委託に関する取引で、かつ、下請法で定義される「親事業者」と「下請事業者」間の取引に該当する場合（237〜238頁参照）、下請法の適用を受けます。下請法の適用を受ける取引に関し、親事業者が、消費増税に伴い、下請事業者に対し、①受領拒否、②下請代金の支払遅延、③下請代金の減額、④不当返品、⑤買いたたき、⑥購入強制を行うことは、下請法違反となります。

解説

① 下請法の適用の有無

　下請法の適用対象となる取引類型は、物品の製造委託・修理委託、情報成果物委託、役務提供委託に関する取引です。もっとも、下請法の適用対象となる取引であるか否かは、取引の名称ではなく、実態として上記取引の要素を含むか否かによって判断されます。

　よって、本件でも、実際に、商品Xの仕様を指定して製造を委託するなど、製造委託契約の実態を有している場合には、下請法の適用対象となる物品の製造委託取引に該当します。

　また、資本金3億円超の法人事業者と資本金3億円以下の事業者（個人

を含む）との取引、または資本金1,000万円超3億円以下の法人事業者と資本金1,000万円以下の事業者（個人を含む）との取引の場合、下請法の適用対象となる「親事業者」と「下請事業者」の取引となるところ、本件では、相談者が資本金3億円で、取引先A社の資本金が1,000万円なので、相談者を「親事業者」、取引先A社を「下請事業者」として、下請法が適用されることになります。

なお、継続的売買契約など下請法の適用対象外取引であるケースや、下請法上の「親事業者」「下請事業者」に該当しないケースであっても、取引先との関係で優越的な地位にある場合には、別途、独占禁止法上の優越的地位の濫用の問題を検討する必要があります。

② 下請法違反の法効果

237、241頁において説明したとおり、公正取引委員会が下請法違反であると判断した場合、下請法違反の違法状態を解消するための措置を講じる旨の勧告が出されるリスクがあり、さらに、この勧告を無視した場合には、排除措置（独占禁止法20）や課徴金納付命令（独占禁止法20の6）を受けるリスクがあります。

③ 相談1について

本件では、A社との間で締結された製造委託契約において、税込単価を50円と合意しているわけですから、新たに両当事者間で価格改定の合意をしない限り、消費増税の施行日以降も、税込単価を50円として取引を継続することが契約違反となるわけではありません。

しかし、下請法違反の問題は、契約違反の問題とは別問題です。

本件では、下請事業者であるA社から、消費税率8％の施行日以降の納入分については、消費税増税分を考慮して、税込単価51円としてほしい

との要請があったにもかかわらず、親事業者がこの要請を拒否しているので、下請法が禁止する「買いたたき」(下請法4①五)に該当するかが問題となります。

この点、A社が使用する原材料の相場が下がっていることを理由とする場合であっても、下請法違反とならないためには、A社との間で原材料の相場を反映した税抜単価の改訂協議を十分に行った上でA社の任意の合意を得ることができ、かつ、実際にも原材料の相場に相応した引下げであるなど、税抜単価の引下げに客観的に正当な理由が認められることが必要です。

したがって、新単価の交渉がまとまらないとの理由で、税込単価50円を維持する場合には下請法違反に該当すると考えられます。

なお、公正取引委員会が下請法違反であると判断した場合、税抜単価の減額分について、A社への返還勧告が出されるリスクがあり、この勧告を無視した場合には、排除措置(独占禁止法20)や課徴金納付命令(独占禁止法20の6)を受けるリスクがあります。

④ 相談2について

相談者は、消費税が5％のうちに駆け込みで商品Xを大量に発注して納品を受けたにもかかわらず、売れ残り在庫が予想されるという理由で、A社に対し、実際には商品Xの返品は行わないものの、商品代金の支払時期の延期を要請しようとしています。

下請法違反の観点からは、相談者がA社に対し、A社から納品を受けた日から起算して60日を超える商品代金の支払延期を強行した場合(下請法2の2)には、下請法が禁止する下請代金の支払遅延(下請法4①二)に該当することとなります。

⑤ 相談3について

　発注済みであるにもかかわらず、いまだ納品を受けていない商品Xについて、納品をストップするよう指示を出す行為は、それが発注の取消しや無期限に延期の要請をするなど、事実上、受領拒否の意思表示であると評価できる場合には、下請法の禁止する「受領拒否」（下請法4①一）に該当します。

　また、当初決められていた納期を一定期間延期する要請にとどまる場合であっても、A社に対し商品Xの保管費用等を支払うなど、A社に生じた追加費用及び損害の補填をすることなく延期要請する場合には、下請法の禁止する不当な給付内容の変更（下請法4②四）に該当すると考えられます。

⑥ 相談4について

　消費増税に伴う値札の付け替えなどの労務作業を下請事業者に行わせることは、下請法の禁止する「不当な経済上の利益の提供要請」に該当することになります（下請法4②三）。

Q32　消費増税に伴う優越的地位の濫用・その他独占禁止法上の問題

　当社は、工作機械の製造・販売を行っている会社ですが、当社の工作機械に使用する汎用部品Xを、継続的売買基本契約に基づき、A社から大量購入しています。継続的売買基本契約書では、部品Xの値段は、個別の売買契約において決めることになっていますが、実際には、当社から、注文書（数量、税抜単価、税込合計額を記載しているのみ）を送っているだ

けで、A社から異議を唱えられたことはありません。ただし、毎年１回１月に、A社の社長と部品Xの単価の改訂のための協議を行います。

　なお、A社の売上げの半分以上は当社販売分とのことであり、他には大口の販売先はなく、当社以外の大手企業とはコネクションがないと聞いています。

1　当社は、消費税率８％の施行日以降に発送する発注書において、税抜単価の記載をやめ、税込単価を記載することとし、かつ、１円以下の端数を切り捨てて単価記載することを考えていますが、問題ないでしょうか。

2　当社は、消費税率の引上げ相当分の代金の支払いには応じる一方、部品Xの検査基準については、継続的売買基本契約時に定めた検品基準を厳しく運用することとし、基準に合格しないものについては全品返品する運用にしたいと考えています。当社としては、検品基準を本来あるべき姿に戻しただけなので問題ないと考えていますが、大丈夫でしょうか。

3　当社は、これまで部品Xの運送に関し、当社が指定する運送会社によりA社から当社倉庫に運送してもらっていましたが（運送料は当社負担）、消費増税に伴う経費削減のため、部品Xの一部をA社に無料配送してもらうようお願いしたいと考えています。なお、使用するトラックは、当社所有名義のトラックであり、ガソリン代も当社が負担するので、問題はないと考えていますがどうでしょうか。

4　当社は、当社工作機械を大手自動車メーカーB社に納入していますが、今回の消費税率の引上げに伴い、B社からは、商品単価の実質値下げを求められることが予想されます。そこで、当社と競業他社であるC社、D社と共同して、消費税増税分を製品価格への上乗せしてもらうよう、一丸となって申入れをしようと考えています。このような行為は独占禁止法上のカルテル等に該当するのでしょうか。

Ans

継続的売買取引については、下請法の適用対象外ですが、独占禁止法上の優越的地位の濫用を検討する必要があります。取引先との関係で優越的地位にある場合、正当な理由のない売買代金の値下げ、経済上の利益の提供要請、受領拒否、返品、支払遅延、その他取引先に不利益となる取引条件の変更は、独占禁止法上違反な優越的地位の濫用となります。

解説

① 取引上の優越的地位の有無

本件は、継続的売買に関する取引に関するものなので、下請法の適用対象となる取引類型に属しません。

もっとも、下請法の適用を受ける取引か否かは、取引実態に着目して判断する必要があり、本件でも、継続的売買とは名ばかりで、A社に対して商品の仕様を指定した上で製造させているような場合には、物品の製造委託取引として、下請法の適用対象取引となります。

本件では、実際にも、A社に仕様を指定しておらず、汎用品である商品Xを継続的に購入していることを前提に、独占禁止法上の優越的地位の濫用（独占禁止法2⑨五）の該当性を検討します。

取引上優越的地位を有するか否かは、242頁において説明したとおり、「当該納入業者にとって当該小売業者との取引の継続が困難になることが事業経営上大きな支障を来すため、当該小売業者の要請が自己にとって著しく不利益なものであっても、これを受け入れざるを得ないような場合であり、その判断に当たっては、当該小売業者に対する取引依存度、当該小売業者の市場における地位、販売先の変更可能性、商品の需給関係等を総合的に考慮」すべきであると解されています。

本件では、A社は、売上げの半分以上は相談者販売分であり、他に大口の販売先がなく、相談者以外の大手企業とはコネクションがないとのことなので、A社の相談者に対する取引依存度は高く、代替販売先を確保できる可能性も低いといえます。

よって、特段の事情のない限りは、相談者は、A社との取引上、優越的地位を有することとなります。

以下、相談者がA社との取引上、優越的地位を有することを前提に検討します。

② 優越的地位の濫用に該当する場合の法効果

独占禁止法上の優越的地位の濫用（独占禁止法2⑨五）に該当する場合、公正取引委員会は、排除措置（独占禁止法20）や、課徴金の納付（独占禁止法第20条の6）を命じることができます（下請法8参照）。

③ 相談1について

相談者は、消費税8％の導入を契機として、発注書上、税抜単価の記載をやめ、税込単価を記載し、かつ、税込単価において1円未満の端数を切り捨てて発注することを考えているようです。

この点、相談者がA社との取引上、優越的地位を有する場合に、A社への発注を税込価格を記載した発注書面により行うこととし、これに伴って計算した単価に生じる1円未満の端数を切り捨てることにより、A社と十分協議することなく一方的に仕入単価を定めることは優越的地位の濫用（独占禁止法2⑨五ハ「支払代金の減額、その他不利益な取引条件の変更」）に該当する行為と考えられます。

なお、今回の消費税率引上げに伴う特別の立法措置によって、このような転嫁拒否行為に対し、より厳格な法規制が課される可能性もありますの

で、今後の立法動向を注視しておく必要があります。

④ 相談2について

　検査基準を継続的基本売買契約書に明記されている検査項目・検査方法・検査基準に従って運用すること自体が、直ちに優越的地位の濫用となるわけではありませんが、消費増税を契機として、十分に説明・協議を行うことなく、また検査運用の変更までに猶予期間等も設けることなく、継続的基本売買契約書に明記されていない検査項目・検査方法を付け加えたり、従来に比して不当に検査基準を厳しく運用したりすることは、優越的地位の濫用（独占禁止法2⑨五ハ「不利益な取引条件変更」）に該当する可能性があります。

　なお、今回の消費税率引上げに伴う特別の立法措置によって、このような転嫁拒否行為に対し、より厳格な法規制が課される可能性もあるので、今後の立法動向を注視しておく必要があります。

⑤ 相談3について

　運送に必要となるトラック及びガソリン代については相談者において負担するとのことですが、トラックを運転するドライバーをA社に提供させ、運転という役務提供をA社に負担させようとしています。

　このような場合、A社に対し、十分に説明・協議を行うことなく、またこのような役務を負担させるまでの猶予期間等も設けることなく、消費増税に乗じて、役務負担をさせるのであれば、優越的地位の濫用（独占禁止法2⑨五ロ「不当な経済上の利益の提供要請」）に該当する可能性があります。

　なお、この点についても、今回の消費税率引上げに伴う特別の立法措置によって、このような転嫁拒否行為に対し、より厳格な法規制が課される可能性もあるので、今後の立法動向を注視しておく必要があります。

⑥ 相談4について

　相談者が競業他社と連携をとり、共同して、大手自動車メーカーに消費税率引上げ分を製品価格に上乗せしてもらうことを要求することは、独占禁止法上禁止されているカルテルに該当する可能性が高いといえます（公正取引委員会「消費税率の引上げ及び地方消費税の導入に伴う転嫁・表示に関する独占禁止法及び関係法令の考え方（平成8年12月25日）参照」）。

　もっとも、内閣府が設置した「消費税の円滑かつ適正な転嫁等に関する対策推進本部」の作成資料である、平成24年5月31日付「転嫁対策・価格表示に関する対応の方向性についての検討状況（中間整理）」によれば、「必要に応じ、消費税導入時に実施した消費税の転嫁の方法の決定に係る共同行為（転嫁カルテル）を独占禁止法の適用除外とするための法的措置を講ずることを検討する」とされており、消費税率引上げに伴う一定類型の消費税転嫁カルテルが、独占禁止法上禁止されるカルテルから適用除外される可能性もあります。

第 4 章

消費増税にまつわる
国際取引での留意点

経過措置の適用は、居住者との間の取引関係に限定されません。非居住者（法人・自然人）との契約関係に基づく資産の譲渡等、課税仕入れについても、課税取引となることがあるので、その際には、経過措置適用の有無を検討しなければなりません。他方で、居住者との間の取引関係であっても、日本の消費税が不課税となり、その結果、経過措置の適用対象外となる場合もあります。

　国際取引に関して課税取引となるかどうかについては、①国内取引か国外取引かの区別、②輸出免税の対象となるかどうかの２つがポイントとなります。

　例えば、外国法人との間で、国内で建築する建物の請負契約を締結したような場合には、①国内で建物を建築する非居住者との請負契約が国内取引といえるか、②国内取引としても、非居住者に対する役務の提供であることから輸出免税となり、そもそも消費税が免税されるのではないか、といった事項を検討しなければなりません。

　なお、①の段階で国外取引と判断された場合には、経過措置適用との関係では、②の輸出免税の適用の有無を検討する必要はありません。消費税の課税はあくまでも国内において事業者が行った課税資産の譲渡等に該当するものを対象としているからです（消法４①）。

　そこで、本章では、経過措置の中でも、国際取引において問題となり得る工事等の請負契約に基づく課税資産の譲渡、資産の貸付契約に基づく資産の貸付け、通信販売による商品の販売、及び旅客運賃等を対価とする課税資産の譲渡等に関し、具体例とともに解説していきます。

工事等の請負契約に基づく課税資産の譲渡に関するQ&A

Q33 建物等の請負契約等

日本法人が、以下の契約を締結する場合、それぞれ課税取引となり、工事等の請負契約に関する経過措置が適用されるでしょうか。

1　外国法人A社（日本に支店等なし）との間で、日本で建築する建物の請負契約を締結する場合
2　外国法人B社との間で、外国で建築する建物の請負契約を締結する場合
3　日本法人C社との間で、外国で建築する建物の請負契約を締結する場合
4　日本法人D社の外国にある支店との間で、日本で建築する建物の請負契約を締結する場合
5　外国法人E社（日本に支店等なし）との間で、日本でプラント本体の一部を完成させた上で現地に搬送し、現地にて組立・設置工事を行う請負契約を締結する場合
6　日本法人F社との間で、外国で建設する工場のための現地での調査、企画、立案に関する業務委託契約を締結する場合

Ans

1　国内取引となり輸出免税の対象ともならないため、経過措置の適用対象となります。
2　国外取引として消費税は不課税となり、経過措置の適用もありません。
3　国外取引として消費税は不課税となり、経過措置の適用もありません。
4　国内取引となり輸出免税の対象ともならないため、経過措置の適用対

象となります。
5 外国にて引渡しを完了する以上、国外取引として消費税は不課税となり経過措置の適用もありません。
6 工場建設のために必要な資材の大部分が国内で調達される場合には国内取引となり、輸出免税の対象ともならないため、経過措置の適用対象となります。

解説

1 相談1について

建物の建築工事の請負は役務の提供に該当するところ、役務の提供に関する内外判定（国内取引か国外取引かの区別）は、その役務の提供を行った場所によって行います。本件で役務の提供が行われる場所は日本国内なので、国内取引となります。

このように、国内取引となる場合であっても、役務の提供が外国法人という非居住者に対してなされていることから、輸出免税の対象となるかが問題となります。

この点、非居住者に対して行われる役務の提供で、以下イ～ハに該当するもの以外については輸出免税の対象となります(消法7①五、消令17②七)。

イ 国内に所在する資産に係る運送または保管
ロ 国内における飲食または宿泊
ハ イ及びロに掲げるものに準ずるもので、国内において直接便宜を享受するもの

また、消費税法基本通達7-2-16では、輸出免税の対象とならない非居住者に対する役務の提供の具体例として以下のものが挙げられています。

① 国内に所在する資産に係る運送や保管

② 国内に所在する不動産の管理や修理
③ 建物の建築請負
④ 電車、バス、タクシー等による旅客の輸送
⑤ 国内における飲食または宿泊
⑥ 理容または美容
⑦ 医療または療養
⑧ 劇場、映画館等の興行場における観劇等の役務の提供
⑨ 国内間の電話、郵便または信書便
⑩ 日本語学校等における語学教育等に係る役務の提供

　本件では、外国法人Ａ社という非居住者に対する役務の提供であっても、日本で建築する建物の請負契約であることから、国内において直接便宜を享受するものとして、また上記基本通達の③に該当するものとして輸出免税の対象とはなりません。そのため、工事等の請負契約に関する経過措置の適用要件を満たす場合には、施行日（一部施行日）以降に引渡しが行われる場合であっても、請負代金に対し旧税率が適用されることとなります（改正法附則5③・16、改正施行令附則4⑤）。

② 相談2について

　建物の建築工事の請負は役務の提供に該当するところ、役務の提供に関する内外判定は、その役務の提供を行った場所によって行います。本件では、建物が外国で建築されるので、役務の提供が日本国外においてなされることとなり、国外取引となります。したがって、日本の消費税は不課税となる以上、経過措置の適用はありません。

③ 相談3について

　本件では、建物は外国で建築される契約内容となっています。そのため、請負契約の相手方が日本法人Ｃ社という居住者ではあるものの、役務の提供が日本国外において行われる以上、国外取引となり、日本の消費税は不課税となります。したがって、経過措置の適用もありません。

④ 相談4について

　本件では、建物は日本国内において建築されることから国内取引となります。しかしながら、本件では、日本法人Ｄ社の外国にある支店との間で請負契約を締結していることから、非居住者に対する役務の提供として輸出免税の対象となるかが問題となります。

　消費税法では、居住者と非居住者の区別を外国為替及び外国貿易法（いわゆる外為法）で定める居住者、非居住者の定義に従うとしており（消令1②一・二）、外為法において居住者とは、本邦内に住所または居所を有する自然人及び本邦内に主たる事務所を有する法人とし、非居住者とは、居住者以外の自然人及び法人としています（外為法6①五・六）。また、非居住者の本邦内の支店、出張所その他の事務所は、法律上代理権があるかどうかにかかわらず、その主たる事務所が外国にある場合であっても居住者とみなされます（外為法6①五）。そして、本件のように、日本国内に本店があるＤ社の外国にある支店に関し、「外国為替法令の解釈及び運用について」（昭和55年11月29日付蔵国第4672号）通達では、「本邦の法人等の外国にある支店、出張所その他の事務所は、非居住者として取り扱う」こととしています。

　そのため、本件でも、日本法人Ｄ社の外国にある支店との間で請負契約を締結した場合には、非居住者に対する役務の提供として取り扱うことになりますが、日本で建築する建物の請負契約である以上、国内において

直接便宜を享受するものとして輸出免税の対象にはなりません。そのため、工事等の請負契約に関する経過措置の適用要件を満たす場合には、施行日（一部施行日）以降に引渡しが行われる場合であっても、請負代金に対し旧税率が適用されることとなります（改正法附則5③・16、改正施行令附則4⑤）。

⑤ 相談5について

　本件では、日本でプラント本体の一部を完成させた上で現地に搬送し、現地にて組立・設置工事が行われるので、国内・国外の地域にわたって行われる役務の提供ととらえることもできそうです。

　一般的に、役務の提供が国内及び国外の地域にわたって行われる場合の内外判定（国内取引か国外取引かの区別）については、消費税法施行令第6条第2項により、以下のとおり判断されます。

① 国際輸送……旅客の出発地または到着地のいずれかが国内であれば国内取引、貨物の発送地または到着地のいずれかが国内であれば国内取引
② 国際通信……発信地または受信地のいずれかが国内であれば国内取引
③ 国際郵便……差出地または配達地のいずれかが国内であれば国内取引
④ 保険……保険事業を営む者（代理店を除く）の保険の契約の締結に係る事務所等の所在地が国内であれば国内取引
⑤ 情報の提供……情報の提供を行う者の情報の提供に係る事務所等の所在地が国内であれば国内取引
⑥ 設計……設計を行う者の設計に係る事務所等の所在地が国内であれば国内取引
⑦ 専門的な科学技術に関する知識を必要とする調査、企画、立案、助言、監督または検査に係る役務の提供で生産設備等の建設または製造に関するもの……建設等に必要な資材の大部分が調達される場所が国内であれば国内取引

⑧　上記以外で国内及び国外の地域にわたって行われる役務の提供、その他役務の提供が行われた場所が明らかでないもの……役務の提供を行う者の役務の提供に係る事務所等の所在地が国内であれば国内取引

　本件でも、プラント建設に係る請負契約については、上記⑧に該当するものとして、役務の提供を行う者の役務の提供に係る事務所等の所在地が日本国内であれば国内取引になるとも考えられます。
　しかしながら、不動産や物品を完成させて引き渡すことを約する契約については、完成物の引渡しをその目的とするものとして、その引渡しを完了する時点で内外判定を行う取扱いとなっています。そのため、本件では、外国にてプラントの引渡しを完了する以上、国外取引として消費税は不課税となり経過措置の適用もありません。

⑥　相談6について

　工場の建設に関する調査、企画、立案については、専門的な科学技術に関する知識を必要とするのが一般的なので、特段の事由がない限り、当該調査、企画、立案に関する役務の提供に関する内外判定は、建設等に必要な資材の大部分が調達される場所によって判断されることとなります（消令6②六）。したがって、本件でも、たとえ外国で建設される工場に関する現地での調査、企画、立案であっても、工場建設等に必要な資材の大部分（50％超）が日本にて調達される場合には国内取引といえ、日本法人F社が日本法人である相談者に対して行う役務の提供である以上、輸出免税の対象ともなりません。そのため、経過措置の適用要件を満たす場合には、施行日（一部施行日）以降に役務の全部が完了する場合であっても、委託料に対し旧税率が適用されることとなります。
　なお、改正施行令附則第4条第5項では、平成9年改正時と同様、工事

の施工に関する調査、企画、立案及び監理並びに設計に係る契約についても、工事等の請負契約に関する経過措置の適用対象となることが規定されています。

Q34 外国法人からの設計依頼

日本法人である当社は、外国法人から国外で建設する建物に関する設計の依頼を受けました。その外国法人が日本に支店等を有する場合と有しない場合とで日本の消費税が課税されるかどうか異なるでしょうか。また、日本の消費税が課税される場合には、経過措置の適用対象となるでしょうか。

Ans

いずれも国内取引となりますが、外国法人が日本に支店等を有しない場合には、輸出免税の対象となります。他方、外国法人が日本に支店等を有する場合には、原則として輸出免税の対象とはならず、工事等の請負契約に関する経過措置の適用要件を満たせば、施行日（一部施行日）以降に役務の全部が完了する場合であっても、設計料に対し旧税率が適用されることとなります。

解説

① 外国法人が日本に支店を有しない場合

設計の内外判定については、設計を行う者の設計に係る事務所等の所在地が国内であるかどうかによって判断されます（消令6②五）。本件では、設計を行う者が日本法人であり、その事務所等の所在地が国内にあると認

められるので、国内取引に該当します。

次に、本件では、非居住者である外国法人に対して役務の提供を行うことから輸出免税の対象とならないかが問題となります。

非居住者に対して行われる役務の提供であっても、以下イ～ハに該当するものについては輸出免税の対象とはなりません（消法7①五、消令17②七）。

　イ　国内に所在する資産に係る運送または保管
　ロ　国内における飲食または宿泊
　ハ　イ及びロに掲げるものに準ずるもので、国内において直接便宜を享受するもの

逆にいえば、上記イ～ハに該当しないものは、輸出免税の対象となるところ、本件では、上記イ、ロいずれにも該当せず、国外で建設する建物の設計については、外国法人が国内において直接便宜を享受するものではないので上記ハにも該当しません。そのため、輸出免税の対象となり経過措置の適用対象とはなりません。

② 外国法人が日本に支店等を有する場合

消費税法基本通達7-2-17では、事業者が非居住者に対して役務の提供を行った場合に、その非居住者が支店または出張所等を国内に有するときは、その役務の提供は、当該支店または出張所等を経由して役務の提供を行ったものとして、非居住者に対する役務の提供に関する消費税免除規定（消令17②七、消法7①）の適用はないとしています。

そのため、本件でも、外国法人が日本に支店等を有する場合には、当該支店を経由して役務の提供を行ったものとみなされ、輸出免税の対象とはなりません。

ただし、その場合であっても、以下のすべての要件を満たす場合には、非居住者に対する役務の提供として輸出免税の対象となります（消基通7-

2-17)。

① 役務の提供が非居住者の国外の本店等との直接取引であり、当該非居住者の国内の支店または出張所等はこの役務の提供に直接的にも間接的にもかかわっていないこと。
② 役務の提供を受ける非居住者の国内の支店または出張所等の業務は、当該役務の提供に係る業務と同種、あるいは関連する業務でないこと。

したがって、本件でも、上記①②の要件をいずれも満たす場合には、非居住者に対する役務の提供として輸出免税の対象となり、経過措置の適用はありませんが、上記①②のいずれかを満たさない場合には、輸出免税の対象とはなりません。その場合、工事等の請負契約に関する経過措置の適用要件を満たせば、施行日（一部施行日）以降に役務の全部が完了する場合であっても、設計料に対し旧税率が適用されることとなります（改正法附則5③・16、改正施行令附則4⑤）。

Q35 ソフトウェアの開発業務

日本法人である当社は、日本法人であるＡ社からソフトウェアの開発業務を委託され、その一部をインド法人のＢ社（日本に支店等なし）に外注した上で完成させ、Ａ社に納品しました。この場合、インド法人Ｂ社との取引、日本法人Ａ社との取引に関してそれぞれ経過措置の適用はあるでしょうか。

Ans

　インド法人 B 社との取引関係は国外取引であるため、消費税は不課税となり経過措置の適用はありません。日本法人 A 社との取引関係については、課税取引となり、工事等の請負契約に関する経過措置の適用要件を満たす場合には、施行日（一部施行日）以降に役務の全部が完了する場合であっても、ソフトウェア制作料に対し旧税率が適用されることとなります。

解説

① インド法人 B 社との取引関係について

　ソフトウェアを顧客の指示に基づき開発する業務は、製作したソフトウェア、すなわち著作権等を譲渡するのではなく、ソフトウェアの開発という役務の提供を行うものと考えられます。

　役務の提供に関する内外判定（国内取引か国外取引かの区別）については、役務の提供が行われた場所が国内かどうかによって判断されるので（消法4③二）、インドにおいて制作されるソフトウェアの開発という役務の提供は国外取引となり、消費税は不課税となります。そのため、インド法人 B 社との取引関係については、経過措置の適用はありません。

　なお、仮に、著作権の譲渡等と構成した場合であっても、著作権等の譲渡等を行う者、すなわちインド法人 B 社の住所地（本店もしくは主たる事務所の所在地）※によって内外判定を行うため（消令6①七）、結論は同じとなります。

　※　著作権等の譲渡または貸付けに関する内外判定は、「事務所等の所在地」ではなく「住所地」によって判断するので（消令6①七）、本店もしくは主たる事務所の所在地がどこにあるかが基準となります（消令6①一）。

② 日本法人A社との取引関係について

ソフトウェアの一部を外注した結果、当該役務の提供については不課税となる場合であっても、インド法人B社が制作したソフトウェアがそれ独自で単独で使用できるものではなく、全体のソフトウェアの一部として組み込まれ、相談者がカスタマイズするような場合には、相談者が制作するソフトウェアと合わせた全体について、相談者が国内において日本法人A社に対して役務の提供を行うものととらえることができます。そのため、役務の提供が行われる場所が日本国内である以上、国内取引に該当し、日本法人A社が居住者であるため輸出免税の対象ともなりません。

したがって、日本法人A社との取引関係については、課税取引となり、工事等の請負契約に関する経過措置の適用要件を満たす場合には、施行日（一部施行日）以降に役務の全部が完了する場合であっても、ソフトウェア制作料に対し旧税率が適用されることとなります（改正法附則5③・16、改正施行令附則4⑤）。

なお、仮に、著作権の譲渡等と構成した場合には、著作権等の譲渡等を行う者、すなわち相談者の住所地（本店もしくは主たる事務所の所在地）※によって内外判定を行うため（消令6①七）、国内取引に該当し、輸出免税の対象ともなりませんが、工事等の請負契約に関する経過措置の適用対象とはなりません。

※　前頁の当該の注書き参照

Q36 外国法人との製作物供給に係る契約

　日本法人である当社は、中国で設立した合弁会社A社に、海外向けの製品（衣料品）を製造させ、A社から世界各国の販売代理店に直送しています。この場合、当社と合弁会社A社との取引関係は課税取引となり、経過措置は適用されるでしょうか。また、当社がアメリカ企業B社（日本に支店等なし）から委託を受けて、衣料品を国内で製造した上で、アメリカ企業B社の指示に基づき国内にあるB社の販売代理店C社に納品する場合はどうでしょうか。

Ans

　合弁会社A社との取引関係については国外取引となり、日本の消費税は不課税となります。そのため、経過措置の適用もありません。アメリカ企業B社との取引関係については国内取引に該当し、非居住者が国内において直接便益を享受するものとして輸出免税の対象とはなりません。そのため、工事等の請負契約に関する経過措置の適用要件を満たす場合には、施行日（一部施行日）以降に引渡しが行われる場合であっても、製作物供給に係る対価に対し旧税率が適用されます。

解説

① 合弁会社A社との取引関係について

　相談者と合弁会社A社との契約関係については、合弁会社A社が相談者の指示する仕様に基づき衣料品を製造・完成させるので、非居住者から役務の提供を受けるケースといえます。役務の提供に関する内外判定については、その役務の提供を行った場所によって判断します。役務の提供が行われる場所は中国なので国外取引となり、日本の消費税は不課税となり

ます。そのため、経過措置の適用もありません。

② アメリカ企業B社との取引関係について

　相談者は、アメリカ企業B社が指示する仕様に基づき、日本国内において役務の提供を行うので、国内取引に該当します。

　次に、役務の提供がアメリカ企業である非居住者に対してなされていることから、輸出免税の対象とならないかが問題となります。本件で、アメリカ企業B社は、日本の販売代理店C社を通じて日本にて販売することを目的として衣料品の製造を委託しているので、非居住者が国内において直接便宜を享受するものとして輸出免税の対象とはなりません。したがって、衣料品の製作物供給に係る契約は課税取引となります。

　本件で、衣料品の製作物供給に係る契約は、製造の請負に係る契約（日本標準産業分類の大分類に掲げる製造業に係る製造（繊維工業））に該当するので、当該契約が指定日（27年指定日）の前日までに締結されている場合には、施行日（一部施行日）以降に引渡しが行われる場合であっても、工事等の請負契約に関する経過措置により製作物供給に係る対価に対し旧税率が適用されます（改正法附則5③・16、改正施行令附則4⑤）。ただし、衣料品の製造がいわゆる見込み生産による場合には、製造の請負に係る契約には該当せず、工事等の請負契約に関する経過措置の適用対象とはならないので注意が必要です。

貸付契約に基づく資産の貸付けに関する Q&A

Q37 外国法人との資産の賃貸借契約

日本法人である当社が、機械設備の賃貸借に関し、外国法人との間で以下の賃貸借契約を締結した場合には課税取引となり、経過措置の適用があるでしょうか。

1 当社を賃貸人、外国法人A社を賃借人として、国内にある機械設備を外国法人A社に輸出する場合
2 外国法人B社を賃貸人、当社を賃借人として、外国にある機械設備の引渡しを受け当該外国にて使用していたものの、その後、当社が国内への輸入通関手続を行った上で国内にて使用する場合
3 外国法人C社を賃貸人、当社を賃借人として、保税地域で外国貨物として機械設備の引渡しを受け、当社が輸入通関手続を行った上で使用する場合
4 外国法人D社を賃貸人、当社を賃借人として、外国法人D社の日本支店が輸入通関手続を行った後、当社に引き渡される場合

Ans

1 輸出免税の対象となり、経過措置の適用もありません。
2 当事者間の合意に基づき機械設備の使用場所を国内に変更することで国内取引となり、資産の貸付けに関する経過措置の適用要件を満たす場合には、経過措置の適用があります。
3 保税地域での引渡しであるため国内取引に該当しますが、輸出免税の対象となり経過措置の適用もありません。なお、相談者には輸入に係る消費税が課されます。

4　国内取引に該当し、資産の貸付けに関する経過措置の適用要件を満たす場合には、経過措置の適用があります。

解説

① 相談1について

　本邦からの輸出として行われる資産の譲渡または貸付けは輸出免税の対象となります（消法7①一）。ここで「本邦からの輸出として行われる資産の譲渡または貸付け」とは、資産の譲渡等のうち、当該資産を外国に仕向けられた船舶または航空機に積み込むことによって当該資産の引渡しが行われるものをいいます（国税不服審判所平成20年4月1日裁決）。本件でも、貸付資産である機械設備を引き渡すために相談者の名によって輸出の申告を行っている場合には、輸出免税の対象となり、経過措置の適用もありません。

② 相談2について

　本件でも、貸付資産である機械設備の引渡しが外国にて行われているので、国外取引となり、日本の消費税は不課税となり、経過措置の適用もありません。機械設備の引渡しを国外で受けた後、国内に輸入して日本国内で使用する場合であっても、上記判断に影響を与えることはありません。
　ただし、現状の賃貸借契約に関し貸付資産の使用場所が特定されており、当事者間の合意に基づき当該資産の使用場所を変更した場合には、変更後の当該資産の使用場所が国内にあるかどうかによって内外判定を行うこととなります（消基通5-7-12）。
　したがって、本件でも、相談者と外国法人B社との合意に基づき、機械設備の使用場所を日本国内へと変更した場合には、変更後の賃貸借契約

は国内取引となり、資産の貸付契約に関する経過措置の適用要件を満たす場合、もしくは指定日（27年指定日）の前日までに経過措置の適用要件を満たすように賃貸借契約が変更された場合には、資産の貸付契約に関する経過措置が適用されることとなります（改正法附則5④・16）。

③ 相談3について

保税地域は国内に該当するため、保税地域にて機械設備の引渡しがなされる場合には、国内での引渡し、すなわち国内取引となります。

ただし、当該機械設備は、外国から本邦に到着した貨物で輸入が許可される前のもので、外国貨物とされます（消法2①十、関法2①三）。そして、外国貨物の譲渡または貸付けは、これを輸入する際に貨物の譲受人または賃借人が輸入手続を行い、その際に、貨物の譲受人または賃借人に対して輸入に係る消費税が課されるので、外国貨物の譲渡や貸付けは輸出免税の対象として課税しないこととしています（消法7①二）。

したがって、輸出免税の対象となり、経過措置の適用もありません。

④ 相談4について

外国法人D社の日本支店が貸付資産の輸入通関手続を行った上で、相談者に引き渡される場合には、国内にて機械設備の引渡しが行われることから国内取引に該当します。したがって、機械設備の貸付けは国内における資産の譲渡等として課税取引となり、資産の貸付契約に関する経過措置の適用要件を満たす場合、もしくは指定日（27年指定日）の前日までに経過措置の適用要件を満たすように賃貸借契約が変更された場合には、資産の貸付契約に関する経過措置が適用されることとなります（改正法附則5④・16）。

通信販売による商品の販売に関するQ&A

Q38 インターネットによる国内外からの注文

インターネットによる商品の販売に関して、以下それぞれの場合に、課税取引となり、通信販売による商品の販売に関する経過措置の適用はあるでしょうか。

1. 日本法人A社が、外国の顧客からの申込みに応じて、商品を輸出する場合
2. 外国法人B社が、日本の居住者からの申込みに応じて、商品を日本に輸出し、日本の居住者が国際郵便物として受け取る場合
3. 外国法人C社が、日本の居住者からの申込みに応じて、日本での在庫商品を日本の居住者に対して配送する場合

Ans

1. 輸出免税の対象となり、経過措置の適用もありません。
2. 国外取引として消費税は不課税となり、経過措置の適用もありません。
3. 課税取引となり、経過措置の適用要件を満たす場合には、たとえ商品の引渡しが施行日（一部施行日）以降となっても、その対価に対し旧税率が適用されます。

解説

① 相談1について

通信販売による商品の販売に関する経過措置は、指定日（27年指定日）

の前日までに販売条件を提示し、施行日（一部施行日）の前日までに売買契約の申込みを受けるなど一定の要件を満たす場合には、たとえ引渡し（販売）が施行日（一部施行日）以降となっても、その対価に対し旧税率が適用されるというものです（改正施行令附則5③）。改正施行令附則第5条第3項では、「不特定かつ多数の者に商品の内容、販売価格その他の条件を提示し、郵便、電話その他の方法により売買契約の申込みを受けて当該提示した条件に従って行う商品の販売」とし、媒介手段としてインターネットは明確には含まれていませんが、「その他の方法」に含まれるものとされています。

　本邦からの輸出として行われる資産の譲渡または貸付けは、輸出免税の対象となります（消法7①一）。ここで「本邦からの輸出として行われる資産の譲渡または貸付け」とは、資産の譲渡等のうち、当該資産を外国に仕向けられた船舶または航空機に積み込むことによって当該資産の引渡しが行われるものをいいます（国税不服審判所平成20年4月1日裁決）。本件でも、譲渡資産である商品を引き渡すために日本法人A社の名によって輸出の申告が行われている場合には、輸出免税の対象となり、経過措置の適用もありません。

② 相談2について

　資産の譲渡についてはその譲渡を行った時にその資産が所在していた場所により内外判定を行います（消法4③一）。本件では国外に所在する商品の譲渡が行われているので、国外取引として消費税は不課税となり、経過措置の適用もありません。なお、購入者である日本の居住者は、課税価格の合計額が1万円を超える貨物の場合、輸入に係る消費税を納税する必要があります（輸入に係る消費税の納税義務者は課税事業者のみならず、免税事業者や消費者も含まれます）。

③ 相談3について

　本件では、商品の引渡しが国内の在庫場所から国内の居住者に対して行われるので、国内取引となります。また、商品を非居住者から購入したものの外国貨物の譲渡等とはならないので、輸出免税の対象とはなりません。したがって、通信販売による商品の販売に関する経過措置の適用要件を満たす場合には、たとえ商品の引渡しが施行日（一部施行日）以降となっても、その対価に対し旧税率が適用されることとなります（改正施行令附則5③）。

旅客運賃等を対価とする課税資産の譲渡等に関するQ&A

Q39 国際旅客輸送

以下それぞれの場合の国際旅客輸送は、課税取引となり、旅客運賃等を対価とする課税資産の譲渡等に関する経過措置の適用はあるでしょうか。

1 出発地がアメリカ、到着地がドイツ
2 出発地が日本、到着地がイタリア
3 関西国際空港から成田国際空港を経由して到着地がシンガポール

Ans

1 国外取引のため日本の消費税は不課税、経過措置の適用もありません。
2 輸出免税の対象となり、経過措置の適用もありません。
3 国内乗継地である成田国際空港への到着から同空港を出発するまでの時間が定期路線時刻表上で24時間を超える場合には、①関西国際空港から成田国際空港までの国内旅客輸送と、②成田国際空港からシンガポールまでの国際旅客輸送とに区分し、①については課税取引となり、②については輸出免税の対象となります。その結果、①について旅客運賃等を対価とする課税資産の譲渡等に関する経過措置の適用要件を満たす場合には、同経過措置が適用されます。

解説

① 相談1について

旅客輸送サービスなどの役務の提供の対価については、本来、その役務

の全部を完了した時点での消費税率が適用されるのが原則ですが、施行日（一部施行日）の前日までに料金を徴収するなど一定の要件を満たす場合には、たとえ役務の全部の完了が施行日（一部施行日）以降となっても、施行日（一部施行日）以降の料金に対して旧税率が適用されます（改正法附則5①・16、改正施行令附則4①）。

そこで、本件でも国内取引となり輸出免税の対象とならない場合には、課税取引となり、経過措置の適用要件を検討することになります。

国際旅客輸送は、役務の提供が国内及び国外の地域にわたって行われるので、その内外判定は、旅客輸送の出発地または到着地のいずれかが国内であれば国内取引となります（消令6②一）。

本件では、出発地と到着地のいずれもが国外なので国外取引となり、日本の消費税は不課税となるため、経過措置の適用もありません。

② 相談2について

本件では、到着地がイタリアであるものの、出発地が日本であるため、国内取引となります。

しかしながら、国内及び国内以外の地域にわたって行われる旅客の輸送については、消費税法第7条第1項第3号により輸出免税の対象となります。つまり、出発地または到着地のいずれかが国内であれば国内取引に該当するものの、出発地または到着地のいずれかが国外である場合には輸出免税の対象となるというものです。

そのため、本件でも、到着地が国外であるため輸出免税の対象となり、経過措置の適用もありません。

③ 相談3について

本件では、国際旅客輸送の一部に国内旅客輸送が含まれていますが、こ

のような場合でも、以下の①②いずれの要件も満たす場合には、国際旅客輸送に該当するものとして輸出免税の対象となります（消基通7－2－4）。
① 国際旅客輸送に係る契約において当該国内旅客輸送が国際旅客輸送の一環としてのものであることが明らかにされていること
② 国内乗継地または寄港地における到着から出発までの時間が定期路線時刻表上で24時間以内であること

そのため、本件でも、関西国際空港から成田国際空港までの国内旅客輸送が、シンガポールまでの国際旅客輸送の一環として行われる旨契約上明らかにされており、かつ国内乗継地である成田国際空港への到着から同空港を出発するまでの時間が定期路線時刻表上で24時間以内である場合には、全体として国際旅客輸送と取り扱われ輸出免税の対象となります。

他方で、国内乗継地である成田国際空港への到着から同空港を出発するまでの時間が定期路線時刻表上で24時間を超える場合には、全体として国際旅客輸送として取り扱われない結果、関西国際空港から成田国際空港までの国内旅客輸送と、成田国際空港からシンガポールまでの国際旅客輸送とに区分し、前者については課税取引となり、後者については輸出免税の対象となります。その結果、前者について旅客運賃等を対価とする課税資産の譲渡等に関する経過措置の適用要件を満たす場合には、同経過措置が適用されます（改正法附則5①・16、改正施行令附則4①）。

税金条項(タックスクローズ)に関するQ&A

Q40 税金条項

当初、日本の消費税が課税されない国際取引と考え外国法人との契約関係に基づき対価を受領したところ、取引後の税務調査において、日本の消費税が課税される取引であることが判明しました。外国法人と取引を行う場合にも日本の消費税が課せられることがあるということですが、このような場合であっても、外国法人に対して事後的に消費税を請求できるよう、事前に取り交わしておくべき契約条項(和文・英文)があれば教えてください。また、一般的に、各当事者が負担すべき税金については、その負担すべき当事者が支払うべきことを定めた条項の雛形(和文・英文)があれば教えてください。

Ans

和文・英文による各条項の雛形は以下のとおりです。

解説

① 消費税に関する取決めについて

下記雛形では、契約当事者間で合意した対価が税抜価格であり、税込価格ではないことを確認した上で、仮に取引関係が課税取引となることが判明した場合には、対価を支払うべきBは、別途、資産の譲渡等が行われた時点における消費税率に従って日本の消費税をAに対して支払わなければならないとの条項です。なお、経過措置の適用の有無に関しては条項

上、特に触れていませんが、経過措置の適用要件を満たす場合には、その適用があることはもちろんです。また、事業者は、国内において行った課税資産の譲渡等につき、日本の消費税を納める義務があり（消法5）、この場合の事業者は居住者のみならず、非居住者であっても同様です。

■ 消費税に関する合意条項雛形（和文）

第○条　日本国消費税に関する合意
1　両当事者は、本件契約に基づく資産の譲渡等（以下「本件資産の譲渡等」という）に関する対価が、日本国の消費税が課税されたものではない税抜価格としての対価であることを相互に確認する。
2　前項の規定にかかわらず、本件資産の譲渡等が、日本国の消費税の課税取引となることが判明した場合には、BはAに対し、本件資産の譲渡等に関する対価に本件資産の譲渡等がなされた時点における日本国の消費税率（地方消費税を含む）を乗じた消費税を支払わなければならない。

■ 消費税に関する合意条項雛形（英文）

Article ○　Agreement for Consumption Tax in Japan

It is confirmed by both parties that the payment for the transfer or lease of property or the provision of services hereunder (hereinafter called "Transfer of Property") does not include consumption tax in Japan.

Notwithstanding the provision of the preceding paragraph, in the event that the Transfer of Property turns out to be taxable transaction in Japan, B shall pay A the consumption tax calculated by multiplying the payment for the Transfer of Property by the rate of consumption tax (including local consumption tax) at the time of the Transfer of Property.

② 税金条項

上記①は日本の消費税に限定した上で、その支払いに関する取決めを行ったものですが、さらに広く、当事者間の契約関係に基づき各当事者に対して課税されるあらゆる税金について、課税された当事者が支払うべきことを一般的に定めたのが、以下の税金条項です。

■ 税金条項雛形（和文）

> 第○条　税金条項
> 　本契約、本契約に基づく取引関係、もしくは所得、他方当事者からの支払いに関し、適用される税法に基づき各当事者に課されるあらゆる税金については各当事者が支払い、他方当事者に損害を与えてはならない。

■ 税金条項雛形（英文）

> Article ○　Tax Clause
> 　Each party hereto shall pay and shall hold the other party harmless from any taxes imposed on each such party in accordance with applicable tax laws with respect to the execution of this Agreement, other transactions hereunder, or any income earned or payments received by the other party hereunder.

索　引

あ
青田売り　157

い
委託販売　115, 116
一般住宅の取得等、一般の増改築等に関する税制上の措置　22
違約金　137, 138, 177
インターネット　63, 276

お
親事業者　237, 242, 248

か
貸倒れ　98, 99
課税売上高　6, 17, 77, 79
課税売上割合　77, 79
課税仕入れを行った日　106, 110
間接証拠　209

き
基準期間相当期間　6, 12, 17
居住者　263

く
クーリングオフ　201

け
経過措置　5, 41, 142, 197, 260, 266, 268, 271, 273, 276, 279

こ
契約書の修正　146, 164
契約締結上の過失　179
合意解除　212, 213, 215
工事完成基準　121
工事進行基準　83, 121
　──の任意適用　83, 85, 123
工事等の請負契約　43, 45, 48, 120, 136, 143, 157, 160, 163, 172, 260, 270
国外取引　259, 261, 264
個人住民税からの税額控除　22, 25, 27, 30, 32, 33
国家賠償請求訴訟　221

さ
裁判上の和解　218

し
仕入税額控除　89, 114
事業者免税点制度　5, 12, 17, 18
資産の貸付契約　50, 52, 144, 161, 163, 275
資産の譲渡等をした時　105, 106, 110, 142
資産の譲渡等をした日　170
下請事業者　237, 242, 248
下請法　237, 246, 252
示談　212, 218
指定役務の提供契約　54, 56

支店	267
自動更新条項	152
重要事項の不実告知	175, 184, 186, 195, 201, 211
省エネ改修工事	28, 29, 30, 32, 33
——に関する税制上の措置	28
小規模事業者	86, 109, 121
情報収集義務	229, 232
証明責任	211
証明力	210
人的役務の提供	126
信頼利益	180, 191

せ

税額表示	191
税金条項	282
税務職員	220, 235
税務調査	108, 212, 216
セールストーク	174, 183
節税対策	190, 203
説明義務	180, 190, 198, 199, 200, 209, 211, 228

そ

ソフトウェア	122, 143, 152, 166, 269

た

対価の額の変更	48, 53, 57, 66, 144, 145, 149
対価の返還等	77, 79, 89, 90, 95, 96, 97
耐震改修工事	25, 30, 32, 33
——に関する税制上の措置	33
太陽光発電装置	29, 30, 32
建物の譲渡に係る契約	47, 157
棚卸資産	91, 92, 94, 107

他の者に支配	6, 8
短期前払費用	112
断定的判断の提供	176, 185, 195, 201, 211

ち

中間申告	20
長期割賦販売等	52, 79, 80, 82, 130, 133, 151
長期大規模工事	83, 85, 121
調整対象固定資産	17

つ

通信販売	60, 63, 276
通知義務	49, 53, 86, 147

て

定期的継続供給契約	60
停止条件付き契約	161
電気、ガス等の供給	70

と

動機の錯誤	178, 204, 206, 207, 213
特殊関係法人	6, 11, 17
特殊指定	243
特定新聞等の譲渡	74, 76

に

認定住宅の取得等に関する税制上の措置	25
認定長期優良住宅	25, 27
認定低炭素住宅	25, 27

の

延払基準の方法	80, 82, 130

索　引

延払条件付販売等　　82, 130

は

端数処理　　18
バックデイト　　154
バリアフリー改修工事　　30, 31, 32, 34
　　──に関する税制上の措置　　30

ひ

東日本大震災の被災者等の再建住宅ローン控除額等　　24
非居住者　　259, 261, 263, 267

ふ

複数税率　　34
不当な契約条項　　177
不当表示　　182
フランチャイズ加盟金　　119

ま

前払金　　121, 123, 136

み

民間（旧四会）連合協定工事請負契約約款　　137

め

メインテナンス契約　　144
免責条項　　232, 233

ゆ

優越的地位の濫用　　240, 248, 252
有料老人ホームに係る終身入居契約　　63, 65
輸出免税　　259, 261, 267, 272, 281

よ

予約販売　　57, 60

り

リース取引　　52, 53, 79, 83, 132, 133, 151
履行利益　　180, 191
旅客運賃等　　67, 69, 279

ろ

ロイヤリティ　　119

◆著者略歴

米倉 裕樹（よねくら・ひろき）
弁護士・税理士。現在、弁護士法人北浜法律事務所パートナー。1993年に立命館大学法学部を卒業後、1999年に弁護士登録（大阪弁護士会）。2006年に Northwestern University School of Law を卒業し、2007年に NY 州弁護士登録。2010年、近畿税理士会にて税理士登録し、現在に至る。
大阪大学大学院非常勤講師、近畿弁護士会連合会税務委員会委員も務める。

〈編集協力〉

藤原 耕司（ふじわら・こうじ）
税理士。税理士法人山田＆パートナーズ社員（パートナー）。2003年税理士法人山田＆パートナーズ入所。各種税務申告業務をはじめ、法人顧問業務、相続・事業承継、企業組織再編等の各種業務に従事。

そこが危ない！ 消費増税をめぐる契約実務 Q&A

2013年 7 月10日　初 版 発 行
2013年11月11日　第 3 刷発行

著　者	米倉　裕樹 ©
発行者	小泉　定裕
発行所	株式会社 清文社

東京都千代田区内神田1－6－6（MIFビル）
〒101-0047　電話 03(6273)7946　FAX 03(3518)0299
大阪市北区天神橋2丁目北2－6（大和南森町ビル）
〒530-0041　電話 06(6135)4050　FAX 06(6135)4059
URL http://www.skattsei.co.jp/

印刷：亜細亜印刷㈱

■著作権法により無断複写複製は禁止されています。落丁本・乱丁本はお取り替えします。
■本書の内容に関するお問い合わせは編集部までFAX（03-3518-8864）でお願いします。

ISBN978-4-433-51933-9